Der Mann ohne Erinnerung

Arthur W. Marchmont

Writat

Diese Ausgabe erschien im Jahr 2024

ISBN: 9789359946603

Herausgegeben von
Writat
E-Mail: info@writat.com

Inhalt

KAPITEL I

Wie ich mein Gedächtnis verloren habe

Es war ein herrlicher Kampf, und Dick Gunter und ich hatten bis zum letzten Moment das Beste daraus.

Wir befanden uns auf einer Höhe von etwa 1800 Metern und ungefähr eine Meile innerhalb der deutschen Linien, als ihre beiden Maschinen auftauchten, um uns zu vertreiben.

„Wir werden es mit ihnen aufnehmen, Jack", schrie Dick und kicherte wie der seltene alte Sportsmann, der er war, und wir begannen unser übliches Positionsmanöver . Unser Ausweichmanöver bestand darin, sie glauben zu lassen, wir seien Neulinge in diesem Spiel, und ich spielte mit dem alten Bus herum, als wären wir unentschlossen und völlig außer Kontrolle.

Sie fielen tatsächlich hinein, und im richtigen Moment drehte ich mich um und gab Dick eine Chance, die er sofort nutzte, indem er eine Breitseite abfeuerte, die eine der Maschinen mit der Nase voran auf die Erde schleuderte. Dies löste bei den anderen Angst vor Gott aus und sie versuchten davonzulaufen; aber wir waren zu schnell für sie und nach einem kurzen Laufkampf erwischte Dick sie. Der Pilot ließ die Maschine wie ein Stein auf und ab gleiten, um zu verhindern, dass sich der andere einsam fühlte.

Wir jubelten geradezu, als sich das Glück wendete. Eine dritte Maschine, die wir in der Aufregung des Gefechts nicht gesehen hatten, schoss aus den Wolken und verpasste uns aus nächster Nähe eine Breitseite, die uns ziemlich durcheinander brachte. Wir wurden beide getroffen, das Benzin floss aus dem durcheinandergebrachten Tank, der Motor ging aus, und mir wurde klar, dass wir die Fensterläden aufhängen konnten, da wir dem Bettler völlig ausgeliefert waren.

Ich habe mich jedoch geirrt. Dick hatte es geschafft, dem anderen Kerl eine Dosis Blei zu geben, und entweder weil wir genug davon hatten oder weil sein Bus beschädigt war, hielt er nicht an, um uns zu erledigen, sondern huschte nach Hause zu Mutter.

Ich wurde irgendwo in die Schulter getroffen, aber das war nicht schlimm genug, um mich daran zu hindern, die Kontrollen zu betätigen, und ich steuerte auf einer langen Gleitfahrt nach Hause. Während dieser Spritztour herrschte eine „gewisse Lebendigkeit", wie es in den Kommuniqués heißt. Die Archies bellten ununterbrochen, als wir die Linien überquerten, die Granatsplitter waren überall auf uns, Dick wurde erneut getroffen und der arme alte Bus wurde ziemlich durcheinander gebracht; Aber wir haben es irgendwie überstanden, obwohl mein Kumpel fast fertig war, als wir den Boden erreichten.

Es wurden einige hübsche Dinge darüber gesagt, und jeder von uns bekam den MC. Ich war kaum verletzt und kam ein oder zwei Wochen später aus dem Stützpunktkrankenhaus wieder topfit, aber wie der Chef entschied, hatte ich mir einen guten Aufenthalt verdient Nach meinem Urlaub ging ich zum alten Blighty, um mich zu erholen.

Dann hörte ich zum ersten Mal von den Problemen mit Nessa Caldicott. Meine beiden Eltern waren gestorben, als ich noch ein Kind war, und Mrs. Caldicott, die liebste und süßeste Frau der Welt, war für mich wie eine Mutter gewesen, hatte mich bei sich zu Hause aufgenommen, und so war ich mit Nessa und ihr aufgewachsen Schwester. Nessa und ich waren in Deutschland zur Schule gegangen; waren gemeinsam aus- und nach Hause gereist; Ich hatte meine Ferien in ihrem Haus verbracht; und ich kann mich nicht an die Zeit erinnern, als ich nicht in sie verliebt war.

Mrs. Caldicott wollte unbedingt heiraten, und ein oder zwei Jahre, nachdem ich von der Universität Göttingen endgültig nach England zurückgekehrt war, hatten wir uns verlobt. Aber da war ein „Nigger im Zaun". Ich hatte viel Geld und war lieber eine Art „Verrückter" als zu arbeiten; und Nessa mochte es nicht. Sie forderte mich auf, „etwas zu tun und Karriere zu machen"; aber ich war ein dickköpfiger junger Esel und scheute mich davor; So wurde die Verlobung schließlich gelöst, bis ich, wie sie es ausdrückte, „den Gedanken aufgegeben hatte, durchs Leben zu faulenzen und herumzulungern".

Sie hatte natürlich recht; aber wie ein Idiot würde ich es nicht sehen; Also stritten wir uns und sie ging nach Deutschland, um bei einer alten Schulfreundin zu wohnen. Sie war noch da, als der Krieg ausbrach, und wusste daher nicht, dass ich meine Chance gefunden und mich angeschlossen hatte. Es gab nichts „Verrücktes" an der Ausbildung und der Arbeit in der Armee, und als ich nach Hause ging, waren meine ersten Gedanken natürlich bei ihr und dem, was sie sagen würde, wenn sie wüsste, dass ich ihren Rat befolgt hatte.

Aber ich fand die arme Frau Caldicott in tiefster Angst und Verzweiflung. Nessa war nie aus Deutschland zurückgekehrt und es gab nur die beunruhigendsten und verwirrendsten Nachrichten über sie. In den ersten Monaten hatte sie nach Hause schreiben können, dass mit ihr alles in Ordnung sei, obwohl sie das Land nicht verlassen konnte.

Dann kam eine Lücke in der Korrespondenz, gefolgt von einem kurzen Brief, dass ihre Schulfreundin tot sei und sie befürchtete, dass sie nicht im

Haus bleiben dürfe. Etwa einen Monat später kam ein weiterer Brief, in dem es hieß, sie habe Hannover verlassen, um zu einer anderen Freundin nach Berlin zu gehen, und dass ihre Mutter sich keine Sorgen machen müsse, da sie erwarte, bald zu Hause zu sein.

„Und das ist der letzte Brief, den ich von ihr bekommen habe, Jack, und das ist drei Monate her", sagte Mrs. Caldicott, während ihr die Tränen über die Wangen liefen. „Die einzigen Neuigkeiten, die ich habe, sind diese beiden seltsamen Mitteilungen."

Sie waren in Wahrheit seltsam. Der erste war ein Satz, der offenbar in Nessas Handschrift aus einem längeren Brief ausgeschnitten und auf ein Blatt Papier geklebt worden war. „Mir geht es ganz gut, aber ich komme noch nicht weg." Das war alles, und es sah auch noch sehr hässlich aus. Die zweite war eine Postkarte mit einer seltsamen Handschrift, wie die Faust eines Mannes. „Ihrer Tochter geht es gut und sie wird heiraten. Sie wird nach dem Krieg mit Ihnen kommunizieren."

Ich ließ die liebe alte Dame nicht wissen, was ich von der Sache halte, und erzählte ihr auch nicht, wie meine Monate an der Front und das, was ich dort gesehen hatte, mich zu der düstersten Interpretation der Angelegenheit veranlassten.

„Ich habe alles versucht, was in meiner Macht stand, Jack, um Nessa zu finden", erklärte sie; „Aber ohne jegliches Ergebnis; und es bringt mich um."

Ich tat, was ich konnte, um sie zu beruhigen, und dann kam mir die etwas harmlose Idee, dass ich meinen Urlaub nutzen sollte, um nach Berlin zu fahren und Nachforschungen anzustellen. Wegen der Gefahr für mich wollte sie zunächst nichts davon hören; Aber ich zeigte ihr, dass das Risiko wirklich sehr gering sei, da ich oft als Deutscher galt, und dass die einzige wirkliche Schwierigkeit darin bestehe, die Erlaubnis der Behörden zu bekommen.

Ich machte mich sofort daran und hatte Erfolg – das Ergebnis der Tatsache, dass ich einen Freund am Hof im Kriegsministerium hatte; Doch bevor das geklärt war, kam Nessas Schwager Jimmy Lamb, ein amerikanischer Fabrikant, wegen eines Munitionsgeschäfts vorbei und wollte nichts von meinem Weg hören.

„Sieh mal, Jack, das ist meine Show, nicht deine. Zum einen kann ich das besser machen als du, da ich ein bisschen geschäftig bin und einen guten Freund, Greg Watson, in unserer Berliner Botschaft habe. Mehr als dass ich sicher gehen kann, während Sie als Spion erschossen würden, wenn Sie entdeckt würden;" und er wollte nicht auf meine Proteste hören.

Doch der Plan scheiterte im letzten Moment. An dem Tag, an dem er anfangen sollte, erhielt er ein Telegramm, dass sein Vater im Sterben lag; und er musste das erste Boot nach Hause nehmen.

heute einen Liegeplatz im *Slavonic gebucht.*"

„Dann werde ich gehen, Jimmy. Ich kann den Gedanken nicht ertragen, dass Nessa in den Händen dieser Bettler ist. Ich bin mir sicher, dass dahinter ein Teufelskreis steckt." und ich erzählte ihm einige der Dinge, die ich mit eigenen Augen gesehen hatte.

„Nun, auf welchen Preis gehen Sie in meinem Namen? Viel besser als der deutsche Stunt; und Sie können tatsächlich sehen, welches Geschäft ich machen wollte. Hier sind alle benötigten Papiere, mein Reisepass und meine Fahrkarte, ein paar deutsche Banknoten „Ich habe mit einem guten Preisnachlass abgeholt, und Sie können Greg Watson sehen – ich werde Ihnen einen Brief an ihn geben – und Sie werden feststellen, dass er ein durch und durch weißer Mann ist, der bereit ist, sein Bestes zu tun , um Ihnen zu helfen."

In wenigen Minuten war der Job erledigt; ein oder zwei Stunden reichten für alle Vorbereitungen, die ich für die Reise brauchte; und in dieser Nacht verließ ich Harwich in einem kleinen Dampfer namens *Burgen nach Rotterdam* , als Jas. R. Lamb, ein amerikanischer Kaufmann, der über alle nötigen Qualifikationen verfügt, um meinen Auftrag aufrecht zu erhalten.

Es war zwar alles ganz einfach, aber so einfach, wie es aussah, war es doch nicht. An Bord befand sich noch ein anderer Amerikaner, und ich ging ihm zunächst aus dem Weg, aber als er hörte, wie ich mich mit einem Kellner auf Deutsch unterhielt, kam er heran und schob sich an den Bekannten heran. Er ließ bald erkennen, dass er ein ebenso echter Amerikaner war wie ich, und das Beste daran war, dass er mich für das hielt, was er in Wirklichkeit war – einen Deutschen.

„Sie sprechen gut Deutsch für – einen Amerikaner", sagte er vielsagend. „Sie kennen vielleicht Deutschland?"

„Ich war dort zur Schule und danach in Göttingen."

Er war vorsichtig genug, dies zu testen, und ich überließ ihm einige ausgewählte Beispiele des Studentenjargons, die seine Meinung bestärkten.

„Ich war auch in Göttingen. Müssen wir noch länger so tun?" und er streckte seine Hand aus. Er hatte von Statur und Farbe her ganz meine eigene Ähnlichkeit , aber ich hoffte, dass die Ähnlichkeit hier aufhörte, denn sein Aussehen gefiel mir überhaupt nicht.

„Was vortäuschen?" Ich fragte wie auf der Hut.

„Dass wir Amerikaner sind.“

„Das brauchst du nicht, aber ich habe nicht gesagt, dass ich keiner bin.“

Er machte eine seltsame Bewegung mit der linken Hand, die unter den Studenten eines der Mitgliedszeichen einer Geheimgesellschaft war, und ich antwortete darauf. Es reichte, und dann ließ er sich gehen. Er war ein guter Prahler; erzählte mir, dass er aus Amerika nach England gekommen sei, wo er jede mögliche Information aufgespürt habe , indem er sich als Agent einer amerikanischen Munitionsfirma ausgegeben habe; er habe seinen Bericht nach Berlin geschickt und sei aufgrund dessen sofort dorthin gerufen worden; und dass er dem Geheimdienst beitreten sollte.

Er war so von seiner Selbstgefälligkeit erfüllt und scheinbar so froh, jemanden zu haben , der ihm zuhörte, dass er mir ohne große Aufforderung eine ganze Menge über sich selbst und die großartigen Dinge erzählte, die er getan hatte. Er hielt erst an, als er seekrank wurde, und bevor er nach unten ging , sagte er mir, dass sein richtiger Name Johann Lassen sei, und kritzelte seine Adresse in Berlin auf seine Karte, damit wir uns dort wiedersehen könnten.

Das Geschäft machte mir ein wenig Sorgen. Es könnte unangenehm sein, wenn wir in Berlin gegeneinander antreten würden; Aber es war nicht nötig, nach Ärger zu suchen, bevor er eintraf, also verwarf ich die Sache und dachte weiter über meinen eigenen Feldzugsplan nach. Doch die Affäre hatte sehr unerwartete Folgen.

Wir näherten uns der niederländischen Küste und ich überlegte, wie ich Lassen bei der Landung ausweichen könnte, als es zu einer heftigen Explosion kam . Als hätte sich der Deckel der Hölle selbst geöffnet!

Was passierte, erfuhr ich erst im Nachhinein, denn das nächste, was ich wusste, war, dass ich irgendwo im Bett lag und eine Krankenschwester mit ernstem Blick über mich beugte.

„Herr Lassen!“ Nur ein Flüstern. Nach einer Pause wurde der Name mit etwas besorgterer Betonung wiederholt.

Ich war zu schwach und erschöpft, um zu antworten, oder war überrascht oder neugierig über den Fehler in meinem Namen; und mit einem Seufzer völliger Müdigkeit schloss ich meine Augen und schlief ein. Als ich aufwachte, war es totenstill in der Nacht.

Ich war viel weniger erschöpft und mein Geist begann wieder zu arbeiten. Ich lag allein in einem kleinen Raum mit kahlen Wänden, beleuchtet von einem sorgfältig abgeschirmten elektrischen Licht. Es gab zwei weitere Betten im Zimmer, beide unbesetzt; und ich war nicht allzu benommen, um zu verstehen, dass es sich um eine Krankenstation handelte. Dann fiel mir ein, dass die Krankenschwester mich mit „Herr Lassen" angesprochen hatte; und rätselte über den Fehler, als mir die Erinnerung an Nessa und ihre Gefahr durch den Kopf schoss und ein wirres Durcheinander beunruhigender Gedanken auslöste.

Allerdings war ich damals noch zu schwach, um das Gewirr loszuwerden, und schlief wieder ein und erwachte erst am Morgen.

Mir ging es viel besser und die Krankenschwester freute sich sehr über meine Verbesserung. „Du wirst bald wieder du selbst sein", sagte sie und sprach Deutsch mit einem urigen Akzent. „Du warst so erschöpft, dass wir einmal befürchteten, du würdest dich von dem Schock nicht erholen."

„Du bist sehr gut", murmelte ich mit einem schwachen Lächeln.

„Glauben Sie, dass Sie feste Nahrung zu sich nehmen könnten? Der Arzt sagte, Sie könnten welche zu sich nehmen, wenn Sie wieder zu Bewusstsein kommen."

"Wo bin ich?" Ich fragte, nachdem ich ihr gedankt hatte.

„Das ist das Nazareth-Krankenhaus in Rotterdam. Du wurdest von den Fischern hierher gebracht, die dich im Meer gefunden haben, als die *Burgen* unterging."

Ich habe damals keine weiteren Fragen gestellt, weil ich darüber nachdenken wollte; und im Laufe des Tages gelang es mir, alles klar zu bekommen. Der einzige Punkt, der mich störte, war, warum man mich mit Lassen verwechseln sollte; aber das habe ich endlich verstanden. Ich erinnerte mich an die Karte, die er mir gegeben hatte, und daran, wie ich sie in meine Tasche gesteckt hatte.

Aber warum hatte man meine Brieftasche mit Reisepass, Papieren und allem anderen nicht gefunden? Es hatte in meiner Jackentasche gelegen. Es sah aus, als wäre es verloren gegangen. Das hat mich zum Nachdenken gebracht und kein Fehler. Wie sollte ich ohne Reisepass nach Berlin kommen? Es sah so aus, als müsste ich entweder die Suche nach Nessa aufgeben, wo jede Minute von unschätzbarem Wert sein könnte, oder nach England zurückkehren, um neue Papiere zu holen. Das würde nicht gehen, da zu viel von meinem Urlaub aufgebraucht wäre.

Es war ein großes Durcheinander, und dann kam mir eine Idee. Lassen muss mit dem Dampfer untergegangen sein, denn wenn er gerettet worden wäre, würden sie mich nicht für ihn halten. Und dann hatte ich bald einen Plan – die Rolle des Jimmy Lamb aufzugeben und so lange wie nötig Lassen zu bleiben. Auf diese Weise könnte ich die Grenze überqueren, und für den Rest muss ich mich auf meinen Verstand verlassen. Es mag ein gewisses Risiko darin liegen, aber das muss mich nicht aufhalten; Und dann ergab sich eine sehr hübsche kleine Entwicklung, die mir Sicherheit versprach, selbst wenn ich entdeckt würde.

Warum hätte der „Schock", von dem die Krankenschwester gesprochen hatte, mein Gedächtnis nicht zerstören sollen? Je länger ich darüber nachdachte, desto vielversprechender sah es aus. Es war die am einfachsten zu spielende Rolle; Ich hatte viele Amateurtheaterstücke gemacht; und jeder konnte wie ein Idiot aussehen und sich auch wie ein Narr verhalten.

Ich hatte eine erste Probe dieses Stunts – wie Jimmy es genannt hätte – mit der Krankenschwester; und das Ergebnis entsprach voll und ganz den Erwartungen. Ich ging davon aus, dass sie es dem Arzt sagen würde, und es war klar, dass sie es getan hatte, als er am nächsten Morgen zu mir kam.

Er interessierte sich jetzt enorm für den Fall und nachdem er mir erzählt hatte, wie viel besser es mir ging, begann er, mich über den Verlust des *Burgen zu befragen* .

Ich sah so leer und besorgt aus, wie ich es für nötig hielt.

„Du erinnerst dich, dass du auf ihr warst, nicht wahr?"

„Die Krankenschwester hat es mir gesagt. War ich das?"

„Ja, natürlich. Sie ist auf eine Mine gestoßen. Erinnerst du dich daran?"

Ich tat so, als wollte ich mich erinnern, blickte mich im Raum um, dann sah ich ihn hilflos an und gestikulierte schwach.

„Sie wurden auf See aufgegriffen. Hilft Ihnen das?"

Das war unwahrscheinlich und ich schüttelte den Kopf.

„Sie kam aus Harwich – England, wissen Sie, und wurde in die Luft gesprengt."

„Harwich, England", murmelte ich, als ob die Worte für mich keine Bedeutung hätten.

Er murmelte leise etwas auf Niederländisch. „Macht Ihnen Ihr Kopf große Sorgen?" und er strich mein Haar glatt und befühlte sorgfältig meinen Kopf.

Ich sah so dumm aus wie ein Schaf. „Es – es –" und ich runzelte die Stirn und gestikulierte, um anzudeuten, was ich nicht ausdrücken konnte.

Er sah für ein oder zwei Sekunden ziemlich ernst aus und lächelte dann beruhigend. „Mit der Zeit wird alles wieder in Ordnung sein, ganz richtig. Sie leiden unter einem Schock, aber Sie brauchen sich keine Sorgen zu machen Name?"

Aber ich habe nicht gebissen. „Ist es Lassen? Die Krankenschwester hat es gesagt.“

„Wissen Sie es nicht selbst?“ er fragte sehr freundlich.

"NEIN." Das stimmte jedenfalls. „Wie hast du es herausgefunden?“

„Von der Karte in deiner Hosentasche. Du bist der einzige Überlebende der *Burgen* und hast nur knapp entkommen. Sogar die meisten deiner Kleider wurden dir weggeblasen. Ergibt dir das, was ich sage, nichts?“

Ich lag da, als würde ich feierlich darüber nachdenken. „Es ist alles so – so seltsam“, murmelte ich und legte meine Hand an meinen Kopf. „So – so –“ und ich beließ es dabei; und er ging weg, nachdem er mir noch eine wertvolle Information gegeben hatte – dass mein Gürtel, in dem sich mein Geld befand, ebenfalls gerettet worden war.

Ich habe diese verlorene Erinnerung gespielt, so gut es ging und mit großartigem Erfolg. Ich wurde zu einem „Fall“ für die Ärzte, die als eine Art interessanter Freak herbeikamen, um mich zu befragen, und fachkundige Diskussionen über mich führten. All dies gab mir so viel Übung, dass ich die Rolle perfekt beherrschte.

Aber da war eine Fliege im Bernstein. Als einziger Überlebender der *Burgen* betrachteten mich die niederländischen Behörden als eine Person von ganz erheblicher Bedeutung. Beamte besuchten mich und überschütteten mich regelmäßig mit Fragen. Da sie jedoch keine Befriedigung erhielten und die Ärzte unterschiedlicher Meinung waren, was die Wiederherstellung meines Gedächtnisses anging, lautete das offizielle Urteil, dass ich in Rotterdam bleiben sollte, bis ich mein Gedächtnis wiedererlangt hätte.

Dadurch drohten Komplikationen; Aber ich hatte nicht die Absicht zu bleiben, also bereitete ich mich auf die Flucht vor, ließ mir einen fertigen Anzug holen – ihr Götter, was für ein wunderschöner Außenseiter! – und wollte das Krankenhaus verlassen, um zu sehen, was ich im Krankenhaus tun konnte Als ich wegen eines Reisepasses bei der Deutschen Botschaft war, brach mein Glückspropeller und ich sah mich im Sturzflug zu Boden.

Eine Krankenschwester brachte mir eine Karte und sagte, dass jemand im Arztzimmer auf mich warten würde. Auf der Karte stand, dass es sich um einen gewissen Herrn Heinrich Hoffnung handelte , 480b, Ugenplatz , Berlin!

Es war einfach Pech, denn es bedeutete den Zusammenbruch der Lassen-Show. In dem Moment, in dem er mich ansah, wusste er, dass ich nicht der echte Simon Pure war; und es könnte eine harte Arbeit sein, über die Grenze zu kommen.

Als ich an Nessa dachte und daran, was die Verzögerung für sie bedeuten könnte, wurde ich wütend. Aber ich konnte dem Treffen nicht entgehen; Nachdem ich ihm also Zeit gegeben hatte, vom Arzt alles über meinen „Fall" zu erfahren, ging ich hinunter und fragte mich, was für ein schlechter Wind den Kerl in diesem Moment nach Rotterdam getrieben hatte und was zum Teufel passieren würde, wenn ich nicht mehr Lassen war.

KAPITEL II

DIE ERSTE KRISE

Als ich die Tür öffnete, sprang der Arzt auf, um mir auf einen Stuhl zu helfen, und der Mann aus Berlin zuckte überrascht zusammen und starrte mich dann scharf an; aber ob er mich erkannte oder nicht, konnte ich nicht entscheiden.

„Sie haben wunderbar gelernt, Herr Lassen, wunderbar!" sagte der Arzt. „Ich erkläre, dass niemand anhand Ihres Aussehens erraten würde, was Sie durchgemacht haben."

„Und dank Ihnen und den Krankenschwestern geht es mir genauso gut, wie ich aussehe, Herr Doktor", antwortete ich. „Ich verdanke dem Arzt hier mein Leben", fügte ich hinzu und wandte mich an den Fremden.

„Sie sind Johann Lassen?" er hat gefragt.

Ich zuckte mit den Schultern. „Das sagen sie mir."

„Ich habe Ihnen gesagt, woher wir das wissen", warf der Arzt ein und fügte zu mir hinzu: „Ich habe Herrn Hoffnung die Natur Ihres Falles erklärt . Er ist gekommen, um Sie nach Berlin zu bringen."

Es war eindeutig an der Zeit, die Sache auf den Punkt zu bringen, also wandte ich mich an den Mann. „Habe ich schon einmal das Vergnügen gehabt, dich zu sehen?" fragte ich mit einem verwirrten und ziemlich verwirrten Blick.

Er schüttelte den Kopf. „Nein, wir sind uns noch nie begegnet, aber – " Er hielt inne und fügte dann hinzu: „Aber natürlich muss es stimmen."

Ich hätte vor Freude schreien können, aber ich hielt mir die Hand vor die Augen, damit er die Freude darin nicht sah.

„Sie möchten natürlich Herrn Lassen allein sehen", sagte der Arzt. „Sie werden sich alles merken, was ich Ihnen gesagt habe, darauf vertraue ich."

Hoffnung ging mit ihm zur Tür, und die beiden standen eine Minute lang da und unterhielten sich leise miteinander, um mir Gelegenheit zu geben, meinen Besucher zu beobachten. Er war ein ziemlich gutaussehender Mann von etwa dreißig Jahren, gut gekleidet und elegant, und ich stellte ihn als jemandes Sekretär ein. Auf jeden Fall ein anständiger Typ und nicht zu schlagfertig.

„Zuerst möchte ich Ihnen zu Ihrer wunderbaren Flucht gratulieren, Herr Lassen", sagte er, als der Arzt gegangen war.

„Es scheint ein Hin und Her gewesen zu sein, aber –" und ich gestikulierte, um anzudeuten, dass ich nichts davon wusste.

„Der Arzt sagt mir, dass er einmal ganz verzweifelt daran gezweifelt hat, Ihr Leben zu retten. Aber er sagt, Sie seien durchaus reisetauglich. Sind Sie damit einverstanden?"

„Mir ist es egal. Mir geht es gut."

„Es ist ziemlich dringend, dass ich so schnell wie möglich nach Berlin zurückkehre. Glauben Sie, dass Sie die Reise heute schaffen könnten?"

„Ich verstehe nicht, warum nicht. Aber – äh – es ist ein bisschen umständlich, wissen Sie. Sind Sie sicher, dass ich Ihr Mann bin?"

Er warf einen Blick auf seine Uhr und begann. „Es ist durchaus möglich, dass wir den Express nehmen und uns im Zug unterhalten können; das heißt, wenn Sie nicht viele Vorbereitungen treffen müssen."

„Ich habe keine. Ich habe nichts außer dem, worin ich stehe, und ein Ort ist für mich so gut wie der andere, bis –" und ich seufzte und gestikulierte hoffnungslos.

„Dann möchte ich gehen."

„Kann ich ohne Papiere oder ähnliches gehen?"

„Auf jeden Fall bei mir. Ich habe alles Nötige dabei und werde es dir auf der Reise erklären."

Und das haben wir zu meiner unendlichen Zufriedenheit getan.

Im Taxi zum Bahnhof war er still und nachdenklich, und da mein einziger verzehrender Wunsch darin bestand, die Grenze zu überqueren, bevor etwas passieren konnte, beunruhigte ich ihn nicht mit irgendwelchen Fragen. Am Bahnhof war alles klar. Wer auch immer Hoffnung sein mochte, es bestand kein Zweifel daran, dass er Autorität besaß. Obwohl der Zug überfüllt war, sicherte er sich ein Sonderabteil und tat sein Möglichstes für mein Wohlbefinden.

„Das ist das Beste am offiziellen Reisen", sagte er freundlich, als er sich auf dem Sitz mir gegenüber niederließ, während der Zug den Bahnhof verließ. „Nun, Sie haben mir im Krankenhaus eine Frage gestellt, die ich nicht beantwortet habe – ob ich sicher bin, dass Sie Lassen sind. Ehrlich gesagt bin ich das nicht; und je länger ich Sie ansehe, desto verwirrter bin ich."

„Es ist ein bisschen umständlich. Ich möchte nicht jemand anderes sein."

„Fühlst du dich gesprächsfähig? Der Arzt hat mich davor gewarnt, dir Sorgen zu machen; aber es gibt Dinge, die ich unbedingt wissen möchte."

„Du bist nicht halb so begeistert wie ich", sagte ich ihm wahrheitsgemäß. „Wenn ich Lassen bin, was bin ich dann? Wo lebe ich? Habe ich irgendwo Freunde? Gibt es niemanden, der mich irgendwo kennt? Es ist so ein teuflisches Durcheinander."

„Eines ist sicher, mein Freund, du bist ein Deutscher; und im Übrigen wirst du in Berlin viele Leute finden, die dich kennen. Die von Reblings zum Beispiel. Was mich daran erinnert, dass ich den Brief der Gräfin habe ;" Er öffnete seinen Versandkoffer und reichte mir einen versiegelten Umschlag.

Aber ich hatte den Ärzten bereits gesagt, dass ich nicht schreiben und keine Handschrift lesen könne, obwohl ich eine große Schrift herausgesucht hatte. Das war eine der Besonderheiten meiner eigenartigen Aphasie. Also lächelte ich nur ausdruckslos und schüttelte den Kopf. „Wirst du es mir vorlesen?" Ich fragte.

Er stimmte nach einigem Einwand zu, und es war ein sehr charmanter Brief. Die Gräfin redete mich mit „Mein lieber Johann" an, schrieb im gewohnten „Du" und „Du" und sagte, wie besorgt sie und Rosa – anscheinend besonders Rosa – um mich gewesen seien; forderte mich auf, so schnell wie möglich nach Berlin zu eilen, wo ich natürlich der willkommenste Gast der Welt sein sollte, und unterzeichnete mit „Ihre herzliche Tante, Olga von Rebling ".

„Erinnert dich das an nichts?" fragte Hoffnung .

„Nicht im Geringsten. Wer ist Rosa?"

Anstatt es mir zu sagen, lächelte er vielsagend und ich lächelte zurück. „Hat die Gräfin Sie geschickt, um mich abzuholen?"

„Oh nein. Ich bin offiziell gekommen. Das werde ich Ihnen direkt erzählen; aber ich wurde aufgrund dessen, was sie uns über Sie erzählt hat, geschickt. Sie erhielt einen Brief von Ihnen aus England, in dem stand, dass Sie im Burgen überqueren *würden* , und als die Zeitungen über den Verlust des Dampfers berichteten und dass Sie der einzige Überlebende waren, erzählte sie mir davon. Ich habe es im Hauptquartier gemeldet, und – nun, hier bin ich in Konsequenz."

„Und Sie haben mich oder Lassen oder wer auch immer ich bin noch nie zuvor gesehen?"

„Niemals. Ich habe ein Foto von Ihnen gesehen, aber es wurde vor langer Zeit aufgenommen; und während Sie in mancher Hinsicht der Ähnlichkeit entsprechen, ist dies in anderen sicherlich nicht der Fall, obwohl ich sehen kann, dass Sie Lassen sein könnten, wenn man das berücksichtigt der Unterschied der Zeit.

„Na ja, diese von Reblings werden es jedenfalls wissen, dem Himmel sei Dank."

Aber er schüttelte den Kopf. „Ich bin mir nicht so sicher. Sehen Sie, es ist schon viele Jahre her, seit Sie in Berlin waren. Die familiären Beziehungen reichen übrigens noch viel mehr Jahre zurück – seit Sie Kinder waren."

„Welche Familienvereinbarung?"

„Ihre Verlobung mit Miss Rosa."

"Der Teufel!" rief ich aus. „Willst du mir sagen, dass ich verlobt bin, diese Rosa von Rebling zu heiraten ?"

„ Auf jeden Fall tue ich das, und sie ist ein sehr charmantes Mädchen und außerdem sehr reich", antwortete er und lächelte hemmungslos.

Aber es hat mich einige Mühe gekostet, im Gegenzug zu lächeln. Es war die reinste Verwechslung; Es gab unzählige lästige Komplikationen, und ich lehnte mich in meinem Sitz zurück und versuchte, darüber nachzudenken. Nach dem, was er über mein Foto gesagt hatte, war es durchaus möglich, dass selbst diese Leute mich mit Lassen verwechseln würden; und wenn sie es täten, würde ich bei meiner Suche nach Nessa auf Schritt und Tritt behindert werden.

„Ist es wirklich möglich, dass du dich an nichts davon erinnerst?" fragte er nach einer langen Pause.

"Kein Ding."

„Der Arzt hoffte, dass die Erwähnung davon Ihre Erinnerung wecken würde."

Ich schüttelte hoffnungslos den Kopf. „Vielleicht, wenn ich sie sehe – wenn ich wirklich Lassen bin. Puh! Was für ein Fischkessel!"

Bald darauf erreichten wir die Grenze und ich atmete freier, sobald ich auf der rechten Seite der Grenze war. Was auch immer jetzt passierte, ich konnte so tun, als wäre ich ein Deutscher. Mit großer Befriedigung erinnerte ich mich an seine selbstbewusste Behauptung, dass ich, wer auch immer ich sein mochte, mit Sicherheit einer seiner Landsleute war; und ich konnte darauf wetten, dass mein „Fall", wenn die von Reblings mich trafen, immer noch interessant genug sein würde, um meine Sicherheit zu gewährleisten.

Hoffnung hatte begonnen, einige Papiere aus seiner Hand zu studieren, blickte zu mir herüber und stellte eine überraschende Frage. "Sprechen Sie Englisch?" fragte er in meiner eigenen Sprache.

Ich war geistesgegenwärtig genug, um sofort sehr amerikanisch zu wirken. „Meine Güte, nicht wahr, einige?"

„Dann waren Sie in Amerika?"

"Habe ich?" Meine Praxis bei den Rotterdamern verlief gut.

„Oh ja. Du bist von dort nach England gegangen", antwortete er und kehrte zu seiner eigenen Sprache zurück. „Kannst du dich nicht daran erinnern?"

Ich schüttelte den Kopf und runzelte die Stirn.

„Und auch nichts, was Sie in England gemacht haben?" Ein weiteres verwirrtes Kopfschütteln. „Schade. Wussten Sie nicht, dass Sie aus England einen Bericht über das geschickt haben, was Sie dort gesehen haben?"

Es folgte ein kleines Duett, in dem er mir eine Reihe von Fragen stellte, die ich jedes Mal mit einem Kopfschütteln beantwortete. Der Gegenstand von allen war die Erwähnung von Personen, Orten, Werften, Schiffen usw., die offensichtlich in dem Bericht enthalten war, den Lassen nach Berlin geschickt hatte. Er bezog sich auf sie in einem beiläufigen Ton und auf eine Weise, die nichts verraten würde, selbst wenn es sich herausstellte, dass ich nicht Lassen war.

„Ich neige dazu, das alles sehr zu bereuen und befürchte, dass es Sie ernsthaft treffen könnte. Sie spielen das nicht einfach so, hoffe ich?" fragte er dann sehr ernst.

„Was spielen?"

„Dieser Gedächtnisverlust. Ich meine, Sie brauchen nicht im geringsten zu zögern, mit mir zu sprechen; und mir kam der Gedanke, dass Sie das alles vielleicht nur auf den Plan gerufen haben, um in Rotterdam Fragen zu vermeiden."

"Meinst du das ernst?"

„Absolut. Es ist eine ungeheuer ernste Angelegenheit. Es geht hier entlang. Wir haben natürlich das Manifest *der Burgen gesehen; wir wissen, dass nur zwei männliche Kabinenpassagiere an Bord waren, beide als Amerikaner reisend; einer als Jas. R. Lamb, der* anders als Joseph Lyman. Wenn Sie Lassen sind, dann waren Sie das. Der andere Mann, Lamb, wie er sich selbst nannte, wir haben guten Grund zu der Annahme, dass er ein englischer Spion war. Daraus folgt, dass Sie es sind, wenn Sie nicht Lassen sind der Engländer; und ich brauche Ihnen kaum zu sagen, dass Spione in einer Zeit wie dieser Berlin für einen sehr ungesunden Ort halten.

Er war ein schlagfertiger Kerl, als ich geglaubt hatte, aber es war ein Fehler, dass er mich nicht plötzlicher mit dieser schrecklichen Überraschung überraschte. Seine lange Einleitung gab mir Zeit, mich gut zurechtzufinden.

„Das wird ein schöner Höhepunkt für mich, wenn ich der Engländer bin", antwortete ich lachend und ohne mit der Wimper zu zucken.

„Bist du sicher, dass du das nicht bist?" er rappte.

Ich versuchte, amüsiert zu wirken. „Ich wünschte, ich könnte mir über alles sicher sein."

Es folgte eine Pause, und dann versuchte er es mit einem weiteren Schuss. „Sie haben vielleicht bemerkt, dass ich Sie heute Morgen, als Sie ins Arztzimmer kamen, ziemlich scharf angestarrt habe und dass ich Sie anschließend lieber aus Rotterdam weggejagt habe. Ich bin gestern Morgen dort angekommen und habe den Tag damit verbracht, so viele Nachforschungen über Sie anzustellen, wie ich nur konnte . Mir wurde das natürlich befohlen, und ich kam zu dem Schluss, dass Sie der Engländer waren, und das dachte ich auch, als Sie das Zimmer betraten. Deshalb habe ich Sie eilig weggebracht; ich wünschte, Sie auf dieser Seite zu haben Grenze. Das ist auch der Grund, warum es mir leid tut, dass Sie Ihr Gedächtnis nicht wiedererlangen können."

Ich habe die Eröffnung ohne Dank abgelehnt. „Es tut mir genauso leid wie Ihnen; aber ich nehme an, wir können das Durcheinander in Berlin klären."

„Oh ja. Ich habe den von Reblings telegraphiert , um unseren Zug zu treffen. Natürlich werden Sie verstehen, dass ich hier einige Männer zur Hand habe. Es ist besser, wenn Sie das wissen", fügte er in einem unangenehm anzüglichen Ton hinzu.

Aber ich habe nur gelacht. „Ich wünschte, du würdest einen von ihnen schicken, um mir etwas zu essen zu besorgen."

„Das werde ich natürlich;" und er schaute auf den Korridor hinaus, winkte jemandem und gab ihm den nötigen Befehl, kehrte zu seinem Platz zurück und beschäftigte sich mit den Papieren aus seinem Abfertigungskoffer .

Eine reichhaltige Mahlzeit für uns beide wurde ins Abteil gebracht, und obwohl wir beim Essen nur sehr wenig sagten, war ich mir bewusst, dass sich in den Beziehungen zwischen uns eine beträchtliche Veränderung vollzogen hatte. Sein Verhalten war deutlich förmlicher geworden, und ich verstand, dass ich praktisch verhaftet war, bis wir zumindest Berlin erreichten.

Danach wandte er sich wieder seinen Papieren zu und schlug vor, dass ich vielleicht gerne schlafen würde; Also lehnte ich mich in meiner Ecke zurück und gab mich meinen Gedanken hin.

Sie waren alles andere als angenehm. Er hatte mir einen Schock versetzt, der fast so groß war wie die Explosion auf dem *Burgen* . Ich befand mich in der Hölle des Teufels. Ich machte mir keine Illusionen über mein Schicksal, wenn man mich für einen englischen Spion hielt; und das wäre mit ziemlicher Sicherheit der Fall, wenn die von Reblings erklären würden, dass ich nicht Lassen sei. Dass das ihre Entscheidung sein würde, stand bei einer Million zu eins. Es war schlicht unmöglich, dass sie einen Verwandten nicht erkennen konnten, der tatsächlich mit der Tochter verlobt war; und wie ich dieser Schwierigkeit begegnen sollte, war mir ein Rätsel.

Ich war direkt im Auge des Netzes. Die Tatsache, dass auf der *Burgen* nur zwei Männer als Kabinenpassagiere gewesen waren, war wie eine Mine unter meinen Füßen. Ich hatte damit gerechnet, mein Gedächtnis jederzeit wiederzuerlangen; aber das hat mir den Boden unter den Füßen weggerissen. Ich konnte nicht Jimmy werden. Das war ein Zertifikat. Und ich könnte auf keinen Fall jemand anderes werden, denn jede Lüge, die ich erzählen würde, würde mit Sicherheit gewissenhaft untersucht werden.

Arme Nessa! Ich machte mir viel mehr Sorgen um sie und ihre Mutter als um mich selbst. Ob die von Reblings mich kannten oder nicht, das Ergebnis würde für sie ziemlich dasselbe sein. Als Verlobter eines anderen Mädchens wäre es nahezu unmöglich, in der kurzen Zeit, die mir zur Verfügung stand, etwas zu unternehmen, um Nessa zu finden. Die einzige Möglichkeit, die mir in den Sinn kam, war, dass ich es irgendwie schaffen könnte, mich in der Stadt zu verirren und mich an die Suche zu machen, wenn die Chance von einer Million zu eins klappte und die von Reblings mich nicht sofort als Betrüger anprangerten.

Aber selbst in diesem Fall würde ich stündlich der Gefahr ausgesetzt sein, entdeckt zu werden; ein Zustand, der es praktisch unmöglich machen würde, die Suche mit Aussicht auf Erfolg fortzusetzen.

Wie die Leute von Hoffnung auf die Spur kommen konnten, dass ich nicht Jimmy war, verwirrte mich völlig. Aber das hatten sie eindeutig; Es hatte also keinen Sinn, Zeit damit zu verschwenden, sich darüber Gedanken zu machen. Allerdings machte ich mir darüber sowie über jedes andere Detail der Arbeit Sorgen und stellte mir für den Rest der Reise weiterhin alle möglichen unbeantwortbaren Fragen.

Hoffnung schaute auf seine Uhr, schaufelte seine Papiere zurück in die Tasche und sah zu mir herüber. „Jetzt sind es nur noch etwa zehn Minuten", sagte er. "Hast du geschlafen?"

Ich habe mich fast verraten, indem ich herausgeplatzt bin, dass ich nie in Zügen geschlafen habe, sondern die Wörter rechtzeitig überprüft habe. „Ein bisschen eingenickt", sagte ich.

„Du siehst frisch und fit genug aus", antwortete er, als würde die Tatsache eher sein Misstrauen mir gegenüber rechtfertigen, „Wunderbar nach dem, was du durchgemacht hast. Du musst knallhart sein. Militärische Ausbildung, nehme ich an."

Sauber; aber ich stolperte nicht hinein. „Habe ich welche gehabt?" Ich fragte.

Er zuckte mit den Schultern und blinzelte mich mit einem anzüglichen Lächeln an. Dann wurde er ernst. „Wir werden keine Szene am Bahnhof haben. Wir sollten besser warten, bis die meisten Leute entkommen sind, und Sie geben mir Ihr Ehrenwort, keinen Fluchtversuch zu unternehmen oder irgendetwas in der Art?"

„Was zum Teufel soll das denn nützen? Natürlich werde ich mich auf keine solche Weise lächerlich machen. Wenn ich der Mann bin, den Sie den Engländer nennen, dann bin ich einer, das ist alles."

„Du hast die Coolness eines Engländers."

„Dann bin ich vielleicht Engländerin", sagte ich achselzuckend.

„Das hoffen wir jedenfalls nicht." aber es war klar, dass er sich schnell für mich entschieden hatte. Nach einer Pause fügte er hinzu: „Wenn sich die Menge verzogen hat, gehen wir gemeinsam zur Barriere, und meine Männer werden hinter uns sein. Dort werden wir die von Reblings finden ."

„Und wenn wir es nicht tun?"

„Oh, ich werde dafür sorgen, dass für die Nacht für dich gesorgt wird; aber sie werden mit Sicherheit da sein."

Ich bestreite nicht, dass ich, als der Zug am Bahnsteig anhielt und wir im Waggon blieben, während die anderen Reisenden abreisten, mehr als nur ein wenig Mühe hatte, die Coolness eines Engländers zu bewahren, wie er es nannte. Aber meine Angst war mir nicht anzusehen.

Nessas Schicksal und auch mein eigenes hingen davon ab, was in den nächsten Minuten an der Barriere geschah; und ich denke, wenn es möglich gewesen wäre, Hoffnung und seine Männer bis zur Bewusstlosigkeit zu ersticken , wäre ich zutiefst versucht gewesen, den Versuch zu wagen.

Aber der Gedanke an Nessa ließ mich weitermachen; es blieb nichts anderes übrig, als sich der Musik zu stellen; und als er schließlich aufstand, um die Kutsche zu verlassen, gähnte ich nur, streckte mich und sagte, dass ich sehr froh sein würde, ins Bett zu gehen.

„Was für ein großartiger Bahnhof!" rief ich und blieb auf dem Bahnsteig stehen, um mich umzusehen, als ob das das einzige Thema wäre, das mich im Moment interessierte.

Dann ging ich mit ihm weiter, mein Blick auf eine kleine Gruppe Menschen an der Absperrung gerichtet, von deren Worten und Taten mein Leben nicht unwahrscheinlich abhing.

KAPITEL III

ROSA

Ich erinnere mich an einen kleinen alltäglichen Vorfall im Hyde Park an einem Feiertag, der mich damals zum Lächeln brachte. Drei Kinder rauften und stritten sich über die Aufteilung einiger Süßigkeiten, als die Mutter, eine freundlich aussehende Seele, sofort kam und die Angelegenheit auf etwas spartanische Weise regelte. Sie schimpfte mit den Kindern, schlug sie unvoreingenommen, schnappte sich dann die Süßigkeiten und scheuchte sie weg. Natürlich folgten laute Schreie, und als sie ihre Eile bereute, küsste und umarmte sie ihre kleine Brut, holte sofort eine größere Tüte Süßigkeiten hervor und beruhigte sie auf diese Weise alle.

Das hat nichts mit meiner Erfahrung in Berlin zu tun, sondern soll nur als grobe Veranschaulichung dienen, wie das Schicksal mit mir umgegangen ist. Gerade als Hoffnungs Geschichte mich gründlich aufgerüttelt und auf das Schlimmste vorbereitet hatte, schwang das Pendel genau auf meine Seite und das Schicksal verteilte die größere Tüte Süßigkeiten.

Mit anderen Worten : Die Gräfin von Rebling erkannte mich sofort als Johann Lassen .

Es gab mehrere Umstände, die für ihren Fehler verantwortlich waren. Zum einen war meine zukünftige Braut nicht anwesend. Den Grund dafür erfuhr ich erst später. und nur ihr Sohn Hans war bei ihr, ein Junge, der mich nie gesehen hatte. Die alte Dame war natürlich bereit, mich zu treffen; sie sah mich in Hoffnungs Gesellschaft; Dann, gerade als ich die Schranke erreichte, gingen die großen Bogenlampen im Bahnhof für ein paar Sekunden fast aus und ließen den Ort in verhältnismäßiger Düsternis zurück; Und schließlich waren ihre Augen, da sie eine zartherzige kleine Frau war, voller Tränen und trübten zweifellos ihre Sicht.

„Mein armer lieber Johann!" „, schrie sie, warf ihre Arme um meinen Hals und gab ihrer gemischten Anteilnahme für meine Leiden und der Freude darüber nach, mich gesund und munter zu sehen." Da rief sie ihren Sohn, und nachdem ich von ihm geküsst worden war, klammerte sie sich an mich und konnte nicht genug von mir machen, sodass sogar die Hoffnung befriedigt werden musste.

„Sind Sie ganz sicher, dass dies Ihr Neffe ist, Gräfin?" er hat gefragt.

„Sicher? Natürlich bin ich das. Was meinst du denn, Heinrich?" sie weinte vor Erstaunen.

Er erklärte mir meinen Gedächtnisverlust; aber der einzige Effekt bestand darin, dass sie sich mehr um mich kümmerte und sie mich enger an sich drückte, mit vielen liebenswerten Ausdrucksformen von Zuneigung und Mitgefühl.

Ich kam mir wie eine abscheuliche Heuchlerin vor, weil ich zulassen musste, dass sie sich selbst in die Irre führte, aber der Gedanke an Nessas missliche Lage machte es mir unmöglich, sie zu enttäuschen; und wir gingen alle zu der Kutsche, die bereitstand, die Gräfin klammerte sich an meinen Arm und drückte sich eng an mich.

Hoffnung war sehr anständig. Als ich in die Kutsche stieg, streckte er mir die Hand entgegen. „Ich hoffe, Sie werden mir glauben, dass ich aufrichtig sage, wie froh ich bin, dass ich mich geirrt habe, Herr Lassen“, sagte er mit scheinbar echter Herzlichkeit; und natürlich drückte ich ihm die Hand und sagte etwas Passendes.

Warum meine Ankunft die liebe kleine Dame so tief berührt haben sollte, wusste ich nicht; Aber während der Fahrt zu ihrem Haus konnte sie nichts anderes tun, als meine Hand in ihre zu drücken und Worte der Freude darüber zu murmeln, mich wiederzusehen, vermischt mit Mitgefühl für mein Unglück. Wieder war das sehr schwache Licht in der Kutsche mein Freund; und als sie nach Hause kam, war sie völlig davon überzeugt, dass ich ihr Neffe war.

Ich musste die Tochter noch kennenlernen; aber zu meiner Erleichterung war sie nicht zu Hause. Eine Mahlzeit stand für mich bereit, und während ich sie aß, saß die Gräfin da und weidete ihre Augen an mir, wobei sie die Unterschiede bemerkte, die, wie sie meinte, die Zeit in meinem Aussehen bewirkt hatte. Doch diese erschütterten ihre Überzeugung nicht.

„Du hast dich sehr verändert, Johann; aber natürlich würdest du es in all den Jahren sein. Es müssen schon zehn Jahre her sein, seit du hier warst. Aber du bist genau das, was ich von dir erwartet hatte, wenn auch nicht so sehr wie dein Vater „Ich habe gesucht“, sagte sie und machte dann ausführlich auf die Unterschiede aufmerksam. Damals erfuhr ich, dass sich der obere Teil meines Gesichts, die Form von Kopf, Stirn, Augenbrauen und Nase „weniger verändert“ hatten als der untere Teil.

Dann gab mir der Sohn ein ziemlich fieses Glas. „Du bist kein bisschen wie das Foto, das du Rosa geschickt hast, Cousin, nicht wahr, Mutter? Sie wird ein bisschen zusammenzucken, wenn sie dich sieht.“

„Foto? Habe ich eines geschickt?“ Ich fragte.

„Mach dir keine Sorgen, Johann, Hans", sagte seine Mutter stirnrunzelnd, und er errötete und brach mit einem gemurmelten „Das habe ich vergessen" zusammen.

„Du hast eins geschickt, Liebes", sagte sie zu mir. „Damals hatte man noch einen Bart und einen Schnurrbart, und das verdeckte natürlich den unteren Teil des Gesichts." Ich atmete etwas freier. „Ich denke, Rosa wird überrascht sein, wenn sie dich sieht. Du siehst so viel besser aus, als du versprochen hast. Ich nehme an, du kannst dich nicht erinnern, das Foto geschickt zu haben?" fragte sie mit nervöser Wehmut.

Ich könnte ehrlich sagen, dass ich es nicht getan habe; und auf diese Weise ging das Gespräch weiter, bis ich eine wirklich gute Beschreibung meiner selbst sowie viele Details über meine Vergangenheit erhielt. Lassens Verlobung mit der Tochter war, wie Hoffnung gesagt hatte, das Ergebnis einer Familienvereinbarung; eines dieser albernen Testamente, die den beiden ein Vermögen hinterließen, unter der Bedingung, dass sie heirateten. Sie hatten ihn seit seiner Abreise aus Göttingen vor zehn Jahren nicht mehr gesehen; die ganze Zeit über war er außer Landes gewesen; und kam nun zurück, um seine zukünftige Braut zu heiraten.

Die gutherzige alte Seele hatte kein Wort gegen ihn zu sagen; Aber Hans ließ ein oder zwei Bemerkungen fallen, die mich zu dem Schluss brachten, dass ich von seiner Schwester wahrscheinlich nicht sehr herzlich empfangen würde. Da ich darauf bedacht war, alles zu erfahren, was ich konnte, beklagte ich mich, sobald ich mit dem Essen fertig war, über große Müdigkeit und bat darum, zu Bett gehen zu dürfen. Sie gingen beide mit mir hoch und ich schaffte es, den Sohn zu behalten, während ich mich auszog.

Porzellanfigur hätte dienen können . Andererseits war er fleischig, dunkel und hatte eher pummelige Gesichtszüge; aber ich lobte seine Figur, lobte seine offensichtliche Stärke und spielte im Allgemeinen mit seiner offensichtlichen Eitelkeit und seinem Wunsch, als erwachsener Mann betrachtet zu werden.

„Wir müssen die besten Freunde sein, Hans", erklärte ich herzlich.

Er errötete vor Vergnügen. „Es würde mir gefallen. Du siehst furchtbar stark aus, Cousin", antwortete er und blickte auf meinen Bizeps.

„Du wirst ein viel stärkerer Mann sein als ich." Es war so willkommen wie Marmelade auf einer zehn Tage alten Grabenkruste; und ich blieb dabei, bis ich das Gefühl hatte, ich könnte sicher zum Thema seiner Schwester übergehen und erfahren, wie der Wind in dieser Gegend wehte.

„ Natürlich ist Rosa in vielerlei Hinsicht eine gute Sorte, aber sie wird so herrisch", erklärte er jungenhaft. „Sie ist zum einen die Älteste, und dann, wissen Sie, ist sie gekommen, um das Vermögen der alten Tante Margaritas zu holen, und – nun ja, sie leitet gerne Dinge, und das gefällt mir nicht."

„Das kann man von einem Mann nicht erwarten", stimmte ich mit einem aufmunternden Lächeln zu.

„Genau so ist es. Sie denkt, ein Kerl ist nie erwachsen. Ich kann es von meiner Mutter ertragen, aber Rosa wird nicht verstehen, dass ein Unterschied von sechs Jahren eine Sache ist, wenn ein Junge zehn Jahre alt ist, und eine andere, wenn er fast achtzehn ist. Das werde ich Ich bekomme meine Provision in ein oder zwei weiteren Monaten, wissen Sie."

Ich notierte mir, dass mein „Verlobter" etwa vierundzwanzig Jahre alt war und dazu neigte, „herrisch" zu sein, und ließ ihn über die Armee reden, ein Thema, mit dem er sich sehr beschäftigte.

„Wirst du deinem Regiment beitreten, Cousin?" fragte er plötzlich.

Ich sah angemessen ausdruckslos aus und gestikulierte.

„Oh, das habe ich vergessen", rief er und errötete erneut. „Aber kannst du dich an nichts erinnern?" fragte er und nahm Mut für die Frage zusammen.

Ich schüttelte den Kopf und sah besorgt und ratlos aus.

„Stört es Sie nicht, wenn ich diese Frage stelle?"

„Nicht ein bisschen. Natürlich möchte ich etwas finden, das mein Gedächtnis weckt."

„Herr Hoffnung sagte etwas darüber, dass Sie nicht in den Krieg ziehen wollten und dass Sie dem Geheimdienst beitreten würden; und Rosa war einfach nur verrückt danach. Sie verabscheut die Idee; aber ich glaube nicht, dass es ihr so viel ausmachen wird wenn--" Er hielt verwirrt inne.

„Wenn was? Raus damit, mein Lieber."

„Ich glaube nicht, dass ich es dir besser sagen sollte. Aus einem Grund, weil du –" und er hielt wieder an.

„Weil ich mein Gedächtnis verloren habe, meinen Sie?"

„Ich weiß es nicht. Sie ist manchmal furchtbar lustig, aber das habe ich auch so gemeint. Ich wollte sagen: Du verrätst mich ihr nicht, wenn ich es dir sage?"

„Natürlich nicht. Werden wir beide nicht die besten Kumpel sein?"

„Nun, es ist ein mieses Arrangement, zwei Kinder zum Heiraten zu verpflichten, so wie Sie beide, nur wegen etwas Geld."

Ich lachte. „Ich bin jetzt jedenfalls nicht gerade ein Kind, Hans."

„Eher nicht; und was sie denken wird, wenn sie dich sieht , weiß ich nicht."

Das ließ einen Schimmer der Wahrheit durchscheinen und ich machte einen Versuch. „Du meinst, ihr gefällt das Familienarrangement nicht besonders?" Sein Gesicht sagte mir, dass es ein Volltreffer war, aber er zögerte, es zuzugeben. „Wenn ein Mann in meinem Staat ist, ist es nur anständig, wenn seine echten Freunde ihm sagen, worum es geht, Hans", sagte ich als kleine Anspornung.

„Ich glaube, es sind eine Menge Lügen, jetzt, wo ich dich gesehen habe."

Darauf bin ich natürlich reingefallen. „Du meinst, deine Schwester hat Dinge gehört, die sie gegen mich aufgebracht haben?"

Er nickte. „Dass du die ganze Zeit nur so getan hast, als wärst du außer Landes und dann weglaufen musstest – oh, ich weiß nicht genau, was es war, aber für Rosa hat es gereicht. Sie hat immer eine andere Sicht auf alles." der Rest von uns."

Ziemlich gutes Gehör. Es schien eine Möglichkeit zu sein, die Verlobung zu lösen. „Sie will die Sache zwischen uns beenden, meinst du?"

„Ich weiß es nicht genau, aber ich weiß, was ich denke. Sie würde heute Abend nicht zum Bahnhof kommen, und zwar aus einem Grund, und dann, wenn ich mit einem Mädchen verlobt wäre , würde ich sie auch nicht haben Sie ist so dick mit einem Kerl wie sie mit Oscar Feldmann. Er ist immer hier. Aber sagen Sie kein Wort darüber, dass ich Ihnen davon erzählt habe.

„Ich nicht, mein Lieber; ich bin dir nur zu dankbar. Ist er denn in der Armee?"

„Nicht er, aber er sollte es sein;" Und als ihn das wieder auf die Armee aufmerksam machte, hörte ich ein oder zwei Minuten lang zu und gähnte, und er verstand den Hinweis und ging weg und versprach, mich morgen früh als erstes zu sehen.

Bisher lief es ganz gut, und da ich wirklich sehr müde war, verschob ich meine Überlegungen auf den nächsten Tag und schlief ein. Am nächsten Morgen ging ich mir die ganze Lage noch einmal durch und kam zu dem Schluss, dass es zumindest vorerst nur eine Schwierigkeit zu bewältigen gäbe: dass die Tochter mich vielleicht nicht erkennen würde.

Hans' Beschreibung von ihr war alles andere als verlockend. Sie war „herrisch"; neigt dazu, sich den anderen zu widersetzen und die Dinge alleine zu regeln; Sie hatte bereits Vorurteile gegen mich als Lassen und war wahrscheinlich bereit, jeden Vorwand zu nutzen, um die Verlobung aufzulösen.

Das deutete auf einen sehr beunruhigenden Gedanken hin. Wenn sie gehört hätte, dass Lassen und ich die einzigen Kabinenpassagiere auf der *Burgen waren* , dass ich der einzige Überlebende war, dass Zweifel an meiner Identität bestanden und dass ich mein Gedächtnis verloren hatte, war ihr klar, dass sie das nur ablehnen musste mich erkennen, sich aus der ehelichen Verstrickung befreien. Natürlich muss das nach Möglichkeit verschoben werden.

Angesichts dessen, was ihre Mutter gesagt hatte, dass der obere Teil meines Gesichts dem von Lassen am ähnlichsten sei, schien es ein guter Zeitpunkt zu sein, einen schlimmen Gesichtsschmerz zu erfinden, damit ich bei unserem ersten Treffen Mund und Kinn abdecken konnte; und die Erinnerung an Lassens ziemlich eingezogene Schultern und seine gebeugte Gestalt ließen darauf schließen, dass es ratsam war, bei ihrer ersten Untersuchung im Bett zu liegen.

Als Hans am Morgen zu mir kam, fand er mich mit einem Verband um das Gesicht und sorgfältig verhängten Fenstern unter starken Zahnschmerzen leidend vor. Er war ein gutmütiger Kerl, es tat ihm aufrichtig leid, und nachdem er gesagt hatte, dass Rosa sehr darauf bedacht sei, mich zu sehen, obwohl sie so tat, als wäre sie es nicht, ging er los, um sich zu melden.

Hans' Bericht brachte die Mutter zur Sprache, voller fürsorglicher Anteilnahme und Fragen zum Frühstück und dem Vorschlag, ich solle besser im Bett bleiben. Ich stimmte zu und sie sagte, dass Rosa mich wahrscheinlich im Laufe des Morgens besuchen würde. Ungefähr eine Stunde später kamen alle drei zusammen, und die Tatsache, dass Rosa eine Tasse Tee bei sich trug, ließ mich gut ahnen.

Sie ähnelte eher Hans als ihrer Mutter; fleischig, dunkel und rund im Gesicht, besser aussehend und schärfer, mit feinen, fast schwarzen Augen und einer gewissen Meisterschaft, die sich in ihrem lebhaften Auftreten und ihrer Haltung zeigte. Sie war offensichtlich sehr neugierig, mich zu sehen.

Sie eilte ans Bett, ihre Augen waren forschend auf mich gerichtet, und ihre dunklen Brauen, die ziemlich schwer waren, waren zusammengezogen und zusammengezogen.

„ Endlich bist du also gekommen, Johann – zumindest wenn du Johann bist", sagte sie, während sie einen kleinen Tisch aufstellte und den Tee darauf stellte.

Ich begegnete ihrem Blick mit einem schwachen Lächeln, drehte mich um, damit sie so viel von meinem Gesicht sehen konnte, wie sichtbar war, und streckte meine Hand aus. „Rosa", murmelte ich und wartete darauf, das Ergebnis ihrer prüfenden Prüfung zu beobachten.

„Mutter sagte, du wärst zu krank, um etwas zu frühstücken, aber ich wusste es besser, also habe ich dir eine Tasse Tee mitgebracht", sagte sie und schaffte es anzudeuten, dass sie sie weniger mitgebracht hatte, weil es mir gefallen könnte, sondern weil der andere hatten erklärt, ich sollte es nicht tun.

„Danke, Rosa, ich werde es genießen."

„Da. Du siehst, ich hatte recht, Mutter", sagte sie und ich sah, dass ich gepunktet hatte. „Bist du wirklich so schlimm, Johann? Du warst immer ein Feigling, wenn es darum ging, Schmerzen zu ertragen, weißt du."

„Rosa!" protestierte die Mutter.

„Das stimmt, Mutter. Wenn er sich den kleinen Zeh angeschlagen hat, dachte er immer, dass ihm der ganze Fuß abgeschnitten werden muss. Und wer hat jemals von einem Mann gehört, der wegen Zahnschmerzen im Bett bleiben wollte?"

Das wird immer besser. Offensichtlich hatte ich unbeabsichtigt eine wichtige Verbindung bei der Identifizierung gefälscht; und dann kam noch etwas Besseres als Reaktion auf einen weiteren Protest der Mutter.

„Unsinn, Mutter, genau das würde er tun", rief sie scharf und drehte sich dann wieder zu mir um. „Mutter findet, dass du schrecklich verändert bist, aber ich sehe es nicht. Natürlich habe ich noch nicht viel von deinem Gesicht gesehen, aber sie lässt sich immer auf diese seltsamen Fantasien ein. Kannst du das Ding nicht von deinem Gesicht nehmen?" "

„Ich glaube, ich werde die Tasse Tee trinken", antwortete ich, zog den Verband ein wenig nach unten und setzte die Tasse an meine Lippen.

Zu meinem Erstaunen brach sie in Gelächter aus und klatschte in die Hände. „Wie dumm du bist, Mutter. Warum das Ding so schlicht ist. Ihm wurden die Zähne entfernt, und das erklärt den Unterschied, um den du so viel Aufhebens gemacht hast. Früher ragten sie so hervor;" und sie legte ihre Finger vor ihren eigenen Mund, um es zu veranschaulichen. „Erinnerst du dich nicht daran, dass uns das Gleiche aufgefallen ist, als Frau Hopping es machen ließ? Du bist ganz passabel geworden, Johann", erklärte sie.

„Ist es das, Johann?" fragte die Mutter lächelnd.

„Ist es sehr auffällig?" Ich fragte, nur um der Gefahr zu entgehen, zuzugeben, dass ich mich an etwas erinnerte. Rosa lachte und nickte. Die

Tortur war vorüber und der Gefahrenpunkt vorüber; und bald darauf sagte sie, sie wolle allein mit mir sprechen und forderte mich auf, mich anzustrengen aufzustehen.

Ich gab mir die Mühe, lachte beim Zähneputzen vor mich hin, dass man sie mit falschen Zähnen hätte verwechseln sollen, und ging nach unten, wo Rosa ungeduldig auf mich wartete.

„Ich hätte gedacht, dass du diese schrecklichen Klamotten in der Hälfte deiner Zeit anziehen könntest, Johann, aber du warst immer langsam beim Anziehen", scherzte sie; und ich war ganz zufrieden damit, eine Zeit lang gechipt zu werden, bis sie bereit war, zur Diskussion unserer eigenen Angelegenheiten zu kommen.

„Stimmt es, dass Sie Ihr Gedächtnis völlig verloren haben?" sie fragte, wie Hans es getan hatte.

„Die Rotterdamer Ärzte sagten, ich solle es wiederherstellen. Aber ich fürchte, ich hätte nicht einmal Sie kennen dürfen."

„Erinnern Sie sich an nichts von meinen Briefen?" Ich schüttelte den Kopf. „Und deine eigene auch nicht?" Noch ein Kopfschütteln. „Na, willst du mich immer noch dazu bringen, dich zu heiraten?"

„Ich weiß es nicht. Du bist sehr hübsch, Rosa."

„Um Himmels willen, machen Sie mir keine dummen Komplimente. Ich hasse sie. Hans passt gut auf, dass ich nicht vergesse, dass mein Gesicht nicht mein Vermögen ist; und sobald ein Mann anfängt, über mein Aussehen zu reden, weiß ich, dass er es ist." „Ich denke an mein Geld. Zumindest die meisten von ihnen", ergänzte sie nach einer Pause.

Ich habe die Qualifikation verstanden. „Dann gibt es eine Ausnahme?"

Sie errötete leicht und war etwas verwirrt. „Ja, das gibt es", antwortete sie nach einer Pause. „Du wirst es irgendwann wissen müssen, also kannst du es genauso gut jetzt wissen." und sie warf trotzig den Kopf zurück. „Ich glaube daran, direkt zur Sache zu kommen, Johann; und die Frage ist, ob du immer noch der gleichen Meinung bist wie damals, als du mir vor drei Monaten dieses idiotische Foto geschickt hast – das dumme Ding ist dir überhaupt nicht ähnlich – und ob Sie sind es, wir sollten uns der Sache besser sofort stellen.

"Was habe ich gesagt?" fragte ich stirnrunzelnd.

„Dass du mich an der dummen Verlobung festhalten wolltest. Aber das kannst du nicht tun, so sehr du es auch wünschst. Es ist wahr, dass die Verlobung unter dem dummen Willen erst mit fünfundzwanzig gelöst werden kann, es sei denn, du Tu es, aber vergiss nicht, dass ich die Hälfte des Geldes bekomme, auch wenn ich dich nicht heirate.

„Ist das das Testament? Es scheint albern, wie Sie sagen."

„Oh, ich weiß, dass du glaubst, dass du die Peitschenhand hast ."

„In der Tat weiß ich nichts darüber." Es war wirklich köstlich, die einfache Wahrheit sagen zu können.

Sie runzelte ungeduldig die Stirn. „Dann ist es das, was du denkst", erklärte sie ziemlich schnippisch. Ich schüttelte den Kopf. Was ich wirklich überlegte, war, ob ich, da Lassen auf dem Grund der Nordsee lag, eine Freundin aus ihr machen sollte, indem ich tat, was sie wollte. „Nun, ich möchte, dass Sie sich beeilen und über alles nachdenken und mir das Ergebnis so schnell wie möglich mitteilen. Ich hasse Spannung, und die Dinge können so nicht weitergehen, wie sie sind", fuhr sie vehement fort.

Ich hatte keine Antwort parat und mit einem Schulterzucken wandte sie sich einem anderen Thema zu. „Stimmt es, dass Sie zum Spion geworden sind?"

„ Hoffnung schien gestern etwas in der Art vorzuschlagen."

Sie warf den Kopf zurück und verzog die Lippen. „Wenn ich ein Mann wäre , würde ich lieber Straßenkehrer werden; aber es überrascht mich nicht, dass *dir* das gefällt. Es sind diese Dinge in dir, die so natürlich sind. Deine neuen Zähne mögen dein Aussehen verändert haben, aber natürlich haben sie es getan." Es hat deine Natur nicht verändert.

Ich konnte ein Lächeln nicht unterdrücken; Die Dinge liefen so gut, und bevor ich antwortete, wurde die Tür sanft geöffnet und das hübscheste Kind, das ich je gesehen hatte, kam herein. Sie war ein zart aussehendes, goldhaariges Kind von etwa elf Jahren – die Nachbildung der Gräfin im Miniaturformat – mit großen meerblauen Augen, die mich schüchtern anstarrten, während sie zögernd an der Tür stand.

„Was ist los, Lottchen ?" rief Rosa scharf. „Kommen Sie herein und spielen Sie nicht so dumm an der Türklinke herum. Das ist Cousin Johann, und Sie brauchen ihn nicht anzustarren, als würde er Sie auffressen."

Mein Herz war sofort bei dem Kind. „Wie geht es dir, Lottchen ?" Ich sagte; und sie kam herauf, legte ihre kleine Hand in meine und ließ sie dort, während sie ihr schönes Gesicht zum Küssen hochhielt und sich dann vertrauensvoll an mich schmiegte.

Rosa lachte. „Das ist etwas Neues für Lottchen , das kann ich dir sagen; sie hasst Männer grundsätzlich."

„Du wirst mich nicht hassen, Lottchen , oder?“ Sagte ich und strich ihr wundersames Haar glatt. Sie schüttelte den Kopf, lächelte zu mir hoch und legte dann ihr Gesicht an meine Schulter.

„Mach dir keine Sorgen, Johann. Er hat starke Gesichtsschmerzen.“

„Oh, es tut mir leid. Tue ich dir weh?“ und die großen blauen Augen waren voller Mitgefühl, genau wie die ihrer Mutter in der Nacht zuvor.

„Kein bisschen, mein Lieber.“

„Nun, du musst jetzt weglaufen, Kind, du wirst viele Johann sehen. Was willst du?“

„Miss Caldicott hat mich geschickt, um zu sehen, ob Sie wie üblich mit uns ausgehen.“

Der Name schien mich direkt ins Gesicht zu treffen, und ein scharfer Schrei des Erstaunens ertönte, bevor ich es überprüfen konnte. Zum Glück hatte Rosa mich an meine vergessenen Gesichtsschmerzen erinnert, und ich erfand einen heftigen Schmerzanfall, zückte mein Taschentuch und verbarg mein Gesicht darin, um meine Verwirrung zu vertuschen.

War es möglich, dass Nessa und ich im selben Haus waren, oder war ich völlig verrückt geworden?

KAPITEL IV

NESSA

Es dauerte einige Zeit, bis ich mich von der kleinen Attacke erholen konnte und mich der Aufgabe gewachsen fühlte, das Gespräch mit Rosa wieder aufzunehmen. Wenn die Miss Caldicott, die das Kind erwähnt hatte, wirklich Nessa war – und es war schwer vorstellbar, dass zwei Mädchen dieses Namens gleichzeitig in Berlin eingesperrt wurden –, war das einfach der größte Glücksfall, den ich je in meinem Leben hatte .

Tatsächlich schien das ganze Glück auf mich zuzukommen; aber ich müsste vorsichtig sein, wie ich die großartigen Karten ausspielte, die mir das Schicksal in die Hand gelegt hatte. Ich muss Rosa auf jeden Fall auf meiner Seite haben; und das könnte wahrscheinlich dadurch erreicht werden, dass man sie aus der Verlobung befreit. Dies war jedoch nicht sofort möglich; Erst als ich so getan hatte, als würde ich mir Zeit zum Nachdenken nehmen.

Ich muss auch die Beziehungen zwischen Rosa und Nessa herausfinden; und muss es, wenn möglich, schaffen, niemanden dabei zu haben, als Nessa und ich uns zum ersten Mal trafen. Wahrscheinlich nicht die einfachste Aufgabe; obwohl meine besondere Stellung im Haus es mir vielleicht ermöglichen würde, einen Weg zu finden. Das Risiko bestand natürlich darin, dass Nessa in ihrer Verwunderung alles verraten würde.

„Das war ein heftiger Krampf und kein Fehler", sagte ich, als ich endlich das Taschentuch senkte.

„War es echt oder nur eine Täuschung, damit wir Mitleid mit dir haben?" fragte Rosa misstrauisch. „Du warst immer gut darin, zu betrügen, weißt du."

„War ich? Na ja, mir geht es besser, also spielt es keine große Rolle."

„Hat Lottchen dir denn wehgetan? Sie neigt dazu, ungeschickt zu sein."

„Sie ist eher ein hübsches Kind und sieht nicht tollpatschig aus."

„Sie ist das liebste kleine Ding auf der Welt, aber man sollte nicht zu viel aus ihr machen. Jeder verwöhnt sie, weil sie so hübsch ist und so zerbrechlich aussieht. Sie ist nicht wirklich empfindlich und kann sich endlos austoben." , und ist durchaus in der Lage, ihren eigenen Teil beizutragen. Sie möchte zur Schule gehen, und sie wäre schon früher dorthin gegangen, wenn nicht der Krieg und Nessa als ihre Gouvernante hier gewesen wären. So etwas wie sie hat man noch nie gesehen liebt Nessa.

Dieses Mal wurde ich nicht beim Nickerchen erwischt. „Nessa? Und wer ist Nessa?" fragte ich mit einem verwirrten Stirnrunzeln.

„Nessa Caldicott, ein englisches Mädchen, das –"

„Ein englisches Mädchen hier, in diesem Haus, zu so einer Zeit!" Rief ich verblüfft aus.

„Ja, natürlich; in diesem Haus; und zu solch einer Zeit", wiederholte sie und ahmte mein Verhalten nach. „Haben Sie etwas dagegen?"

„Natürlich nicht; aber –" und ich gestikulierte, um etwas vorzuschlagen.

„Ich wollte mit dir über sie reden. Das ist der einzige Grund, warum es mir nicht ganz leid tat, zu hören, dass du beim Geheimdienst warst." Und dann erzählte sie mir, dass sie und Nessa zusammen in der Schule gewesen seien und dass sie, als sie feststellte , dass Nessa ihre Freunde verlassen musste und keine Erlaubnis zur Rückkehr nach England erhalten hatte, sie als Lottchens Gouvernante nach Hause gebracht hatte. „Sie steckte natürlich in schrecklichen Schwierigkeiten, und Mutter hasste den Gedanken, dass sie zu uns kam; aber ich habe meinen Willen durchgesetzt. Das ist ungefähr zwei Monate her, und seitdem haben wir alles getan, was wir konnten, damit sie nach Hause geschickt wird." ."

Dies brachte Rosa um viele Hundert Prozent nach oben. meiner Einschätzung nach. „Ich denke, es war furchtbar nett von dir; aber warum kann sie nicht nach Hause gehen?"

Die Frage schien sie erheblich zu beunruhigen. „Wenn ich dir alles erzähle, hilfst du uns dann?"

„Ich glaube nicht, dass ich etwas tun kann, aber ich werde es versuchen."

„Vielleicht können Sie die Wahrheit herausfinden; und das wird helfen, denn wir sollten wissen, wie wir zur Arbeit kommen. Ich glaube jedoch, dass ich es weiß, und ich glaube, dass alles die Schuld eines Mannes ist, der sie unaufhörlich belästigt. Er ist es." ein schreckliches Biest namens Graf von Erstein ;" und sie erzählte mir, dass er ein wohlhabender Jude sei, der großen Einfluss auf die Regierung habe; hatte versucht und versuchte immer noch, Nessa als Spionin zu denunzieren und in eines der Konzentrationslager zu schicken; verfolgte sie überall und setzte Spione ein, um sie zu überwachen; hatte alle möglichen Lügenberichte über sie verbreitet; und intrigierte auf jede erdenkliche Weise gegen sie, um seine eigenen berüchtigten Ziele zu verfolgen.

Mein Blut kochte, als ich mir das alles anhörte, aber ich musste meine Wut ausreichend unterdrücken, um nur ein konventionelles Maß an Empörung an den Tag zu legen, das zu Lassens Charakter passte. „Eine hässliche Geschichte", murmelte ich.

„Es scheint dich nicht sehr erregt zu haben", antwortete sie und ihre Augen blitzten empört. „Ich hätte gedacht, dass es das Blut eines jeden gewöhnlichen Mannes in Wallung bringen würde. Es gibt mir das Gefühl, ich könnte ihn töten; aber dann bin ich nur eine Frau."

Es war klar, dass meine Art Lassenly genug war, also ließ ich es durchgehen. „Ich bin neugierig, den Mann zu sehen."

„Wenn er sein Geld verdient hätte, würde man ihn im Gefängnis sehen; aber wahrscheinlich ist er jetzt bei Nessa und Lottchen . Um diese Zeit hält er sich immer in der Nähe des Hauses auf, wenn sie spazieren gehen. Das war der Sinn der Geburt des Kindes." Ich bin gerade dabei. Normalerweise gehe ich mit ihnen. Fühlen Sie sich gut genug, um herauszukommen und nachzusehen?"

Nach kurzem Zögern stimmte ich zu, und sie machte sich auf den Weg, um mich fertig zu machen, sodass ich einen Teil meiner Wut loswerden konnte. Es war in Wahrheit eine hässliche Geschichte, und was noch schlimmer war, sie drohte, es sehr schwierig zu machen, Nessa wegzuholen. Zweifellos war es schrecklich dumm von mir, aber bis zu diesem Moment hatte ich nie darüber nachgedacht, wie ich sie auf praktische Weise aus Berlin herausholen könnte.

Ich war mit der Idee losgerannt, die Wahrheit über sie herauszufinden, um ihrer Mutter die Angst zu nehmen, und irgendwo im Hinterkopf hatte ich die Idee, dass Jimmys Freund von der amerikanischen Botschaft mir dabei helfen würde, den Rest zu erledigen.

Aber das wäre zunichte gemacht worden, wenn dieses jüdische Biest genügend Einfluss auf seine Regierung hätte , um ihm den Weg zu versperren. Und dass er erheblichen Einfluss hatte, daran ließ Rosas Geschichte keinen Zweifel. Ohne Genehmigung der Behörden und ohne einen Reisepass und so weiter konnte sie sicherlich nicht offen entkommen; und es schien eine Chance von tausend zu eins zu sein, dass solche Dinge bevorstanden.

Damit waren die Ressourcen der Zivilisation jedoch nicht erschöpft, wie die Politiker gern sagen; und im schlimmsten Fall könnten wir versuchen, es gemeinsam durchzuziehen, wenn nötig ohne Papiere , aber am besten mit einigen auf falschen Namen. Was mich betraf, war ich bereit, es zu Fuß bis zur Grenze zu schleppen; aber das würde für Nessa nicht genügen.

Erstein entkommen . Nessa konnte genauso frei Deutsch reden wie ich; und sobald wir die Hauptstadt verlassen hatten, glücklicherweise mit reichlich Geld ausgestattet, konnten wir unser Glück versuchen und dem Schicksal vertrauen.

„Du hast bei mir ein furchtbar seltsames Gefühl wegen diesem Kerl hervorgerufen", sagte ich zu Rosa, als wir das Haus verließen. „Ich nehme an, das bedeutet, dass ich wütend bin. Ich habe das Gefühl, ich würde das Tier am liebsten treten."

„Ich bin froh, das zu hören; aber Tritte werden nicht ausreichen. Du musst einen Weg finden, Nessa wegzuholen."

Ich schüttelte zweifelnd den Kopf. „Wie werden diese Dinge verwaltet?"

„Sie muss eine Reiseerlaubnis haben; das wird schon schwierig genug sein; und um die Grenze zu überqueren, muss man natürlich einen Pass haben. Da stoppt der Graf alles. Er hat den Machthabern eingeredet, dass sie eine Spionin ist." will entkommen, um ihre Informationen nach England zu bringen. Wir hätten fast einen bekommen, aber im letzten Moment scheiterte der ganze Plan.

„Hat Tante Olga denn geholfen?" Ich fragte zögernd, wie ich von der Gräfin sprechen sollte .

„Nein, Mutter würde nicht. Es war – war ein Freund von mir, Herr Feldmann, wenn Sie es wissen wollen", sagte sie mit einem leichten Anflug von Farbe , zögerte über den Namen und lachte verlegen, als ich nach unten schaute auf sie und unsere Blicke trafen sich.

„Mir scheint, dass deine Engländerin sich glücklich schätzen kann, so treue Freunde gefunden zu haben, Rosa", sagte ich so ernst, wie ich mich fühlte. „Und gemeinsam sollten wir in der Lage sein, diesen von Erstein zu überlisten ."

„Ich frage mich, ob du das meinst", antwortete sie mit forschendem Blick.

„Ich denke, Sie werden feststellen, dass ich es tue. In Rotterdam sagte man mir, dass ich dem Tode nahe gewesen wäre; und ob es das ist oder etwas anderes, ich scheine nicht die Gemeinheit zu haben, die Sie mit mir verbinden. Ich meine es vollkommen ernst. Vielleicht habe ich den Rest mit meinem Gedächtnis vergessen."

„Das hoffe ich, Johann, und in deinen Augen liegt auf jeden Fall ein aufrichtiger Ausdruck, den es früher nie gab. Ah! Da sind sie", brach sie ab und deutete ein wenig nach vorne; und ich sah Nessa und das Kind auf uns zukommen, begleitet von dem Mann, der sie begleitete.

Thiergarten eingebogen und befanden uns im Moment auf einem der größeren Seitenwege ; der Teil, wohin Nessa normalerweise Lottchen brachte , erzählte mir Rosa: und ich hatte sie gut im Blick, bevor sie uns sahen. Nessa hatte das Kind zwischen ihr und von Erstein , und ich war zutiefst besorgt, als ich bemerkte, wie erschöpft, besorgt und gehetzt sie aussah.

Der Mann redete über Lottchens Kopf hinweg mit ihr und schien für niemanden oder irgendetwas außer ihr ein Auge zu haben. Er war ungefähr vierzig, dachte ich; der rotgesichtige Judentyp, glattrasiert, quadratisches Gesicht, ziemlich hohe Wangenknochen, eine sehr unjüdische Nase, kleine Augen mit Tränensäcken darunter, ein etwas schwerer Wangenknochen und kleine Fleischwülste unter dem Kinn und an seinem dicken Hals. Keineswegs ein schlecht aussehender Mann und sehr elegant gekleidet in tadellos geschnittenen Kleidern, die jedoch seine Neigung zur Dickleibigkeit nicht verbargen. Ein hässlicher Kunde, mit dem man rüberkommen konnte, war mein Urteil.

Es störte mich mehr als nur ein wenig, dass Nessa mich zum ersten Mal in seiner Gegenwart traf, da es sehr wahrscheinlich war, dass sie ihrem Erstaunen auf eine Weise Luft machen würde, die seinen Verdacht erwecken könnte, also trat ich währenddessen in volles Blickfeld waren noch ein Stück entfernt und hofften, sie vorbereiten zu können.

Aber es gab keine derartigen Probleme. Lottchen erblickte uns zuerst und stürzte, sich losreißend, auf mich zu. Ich blieb also bei ihr stehen, und Rosa ging zu den beiden anderen über; und zu meiner großen Zufriedenheit hielt sie von Erstein im Gespräch, während Nessa, zweifellos froh über die Erleichterung, zu uns kam.

Es hätte nicht glücklicher passieren können. Kurz bevor sie uns erreichte , gelang es mir, das Kind so zu platzieren, dass es Nessa nicht sehen konnte. Dann drehte ich mich um und hob meinen Hut, sodass sie meine Gesichtszüge klar sehen konnte.

"Du!" rief sie, zuckte zusammen, wurde totenbleich und zitterte so heftig, dass ich für einen Moment dachte, sie würde ohnmächtig werden. Aber ich tat, was ein Blick tun würde, um sie zu warnen, und drehte mich zu dem Kind um.

„Du musst mich vorstellen, Lottchen .“

„Das ist mein neuer Cousin Johann", sagte sie etwas schüchtern. Und die kurze Pause gab Nessa Zeit, sich so weit zusammenzureißen, dass sie meine Verbeugung erwidern konnte.

Es war eine sehr förmliche Verbeugung, und der Blick in ihren Augen und das instinktive Herabhängen des ausdrucksvollen Mundes ließen viel mehr auf Empörung als auf Freude schließen, mich zu sehen. Es war viel eher Verachtung oder Ekel; aber als die anderen uns erreichten, hatte sie ihre Selbstbeherrschung vollständig wiedererlangt.

meine Bekanntschaft mit von Erstein , und er zeigte bei der Bekanntschaft mit mir eine Herzlichkeit, die mich im Moment verwirrte. Aber ich war nicht lange im Zweifel. Mein erster unbehaglicher Eindruck war, dass er die Nachahmung vermutete, was ich an der lächelnden Verschlagenheit ablesen konnte, mit der er mich ansah.

Da wir die Schwerter kreuzen sollten, war es für mich notwendig, dies sofort zu untersuchen; und als Nessa sich sicher zwischen den beiden Schwestern verschanzte und er die Absicht zeigte, hinter mir zurückzubleiben, war ich froh über die Chance.

Er eröffnete den Ball, indem er von meinem Gedächtnisverlust sprach, und ich stellte bald fest, dass ich falsch lag, als er meinen Betrug vermutete. Er brachte großes Mitgefühl für mein Unglück zum Ausdruck und deutete an, dass es vielleicht doch eine Entschädigung erhalten würde. „Viele von uns haben Erinnerungen, die wir gerne verlieren würden, Herr Lassen", fügte er lachend hinzu, aber in einem Tonfall, der mich an das erinnerte, was Hans über meine Vergangenheit gesagt hatte.

„Ich wäre froh, meins zurück zu haben, ob gut oder schlecht", antwortete ich mit einem Lachen, das so leichtfertig war wie seines.

„Vielleicht. Man weiß nie", erwiderte er bedeutungsvoll. Dann wechselte er zur Familie von Rebling . „Sehr charmante Menschen; entzückend; aber leider gibt es eine kleine Fliege im Bernstein. Das wissen Sie natürlich?" und er nickte Nessa zu.

„Ich bin gestern Abend erst spät angekommen. Was ist los?"

„Es ist tausendmal schade, aber dies sind Zeiten, in denen es sich niemand leisten kann, Risiken einzugehen, nicht einmal aus den höchsten Beweggründen. Ich weiß natürlich, dass Fräulein von Reblings Beweggründe die höchsten sind; aber wir müssen imperial denken; vor allem im Hinblick auf diese Spionageplage. Sind Sie damit natürlich einverstanden?"

„Natürlich; aber wie trifft das hier zu?"

Er hielt inne, verdrehte die Augen und schüttelte deutlich den Kopf. „Warum glauben Sie, dass das englische Mädchen dort, Miss Caldicott, es so wünschenswert findet, eine Bewohnerin ihres Hauses zu sein?"

„Rosa hat mir erzählt, sie sei Lottchens Gouvernante."

Er legte seinen Zeigefinger seitlich an seine Nase, zwinkerte und nickte. „Angeblich – ja; aber in Wirklichkeit – was?"

„Meinst du, sie ist eine Spionin?" Ich weinte entsprechend schockiert.

Er nickte nachdrücklich. „Das tue ich, und ich verlasse mich in dieser Angelegenheit auf Ihre Hilfe. Sie haben Ihnen vielleicht gesagt, dass ich großes Interesse an Kreisen habe, die es mir ermöglichen würden, Ihnen erheblich zu helfen; und ich wünsche mir sehr, dass wir Zwei sollten gute Freunde sein. Mein Einfluss ist so groß, dass Sie davon ausgehen können, dass Sie in dem Dienst, dem Sie beitreten möchten, hoch hinauskommen. Sehr hoch."

niemandem streiten , der mir auf diese Weise helfen kann; aber Sie sehen, es gibt derzeit einen kleinen Stein des Anstoßes, bis ich diesen höllischen Gedächtnisverlust überwinden kann."

„Oh, das wird bald klappen."

„ Das haben mir alle Ärzte in Rotterdam gesagt; aber bisher –" und ich brach mit einer Bewegung der Hände ab.

„Ich glaube, auch dabei kann ich Ihnen weiterhelfen. Natürlich habe ich, als bekannt wurde, dass Sie hierher kommen, alle mir zugänglichen Erkundigungen über Sie eingeholt, und das Ergebnis gab mir die Gewissheit, dass Sie gern mit mir befreundet sein würden ;" und er starrte mich auf eine Weise an, die mir keinen Zweifel über seine finstere Absicht ließ. Er dachte, er hätte mich in seiner Macht.

„Es würde mich außerordentlich interessieren, zu erfahren, was Sie gehört haben. Soweit ich weiß, könnte es sein, dass ich vor etwa einer Woche geboren wurde, und es ist ein teuflisch unangenehmes Gefühl."

Er bedachte mich mit einem weiteren Blick. „Ah, du bist viel älter", sagte er bedeutungsvoll. „Ich glaube, ich kann Sie überzeugen, wenn Sie vorbeikommen und sich mit mir unterhalten. Hier ist meine Adresse", gab er mir seine Karte.

„ Natürlich komme ich", sagte ich bereitwillig. „Du hast meine Neugier enorm geweckt. Zu welcher Uhrzeit und an welchem Tag?"

„Kommen Sie morgen zum Mittagessen mit mir. Morgen früh werden Sie in der Amtstraße gesucht , Baron von Gratzen , wissen Sie. Kommen Sie von ihm zu mir. Ich kann Ihnen für ein oder zwei Dinge die Augen öffnen; und ich“ „Ich täusche mich völlig, wenn wir einander nicht gründlich verstehen können. Ich werde es schaffen, deine verfallene Erinnerung wieder aufzufrischen, Lassen, und vielleicht den wahren Grund dafür finden.“

„Die Rotterdamer haben es auf einen Schock zurückgeführt“, antwortete ich, als hätte ich ihn nicht verstanden.

„Ah, die Ärzte wissen nicht alles, mein Freund“, erwiderte er trocken. „Aber ich muss aussteigen. Bis morgen. Vergiss das nicht.“ und er eilte hinter den anderen her, schüttelte die Hände, tätschelte Lottchens Wange, sehr zu ihrem Ekel, und ging weg.

Ein angenehmer Kerl, sehr. Offensichtlich ein starker Anhänger der Schlagring-Methoden; wollte mich damit zwingen, ihm bei seinem berüchtigten Plan gegen Nessa zu helfen, und hatte etwas über meine Vergangenheit herausgefunden, das mich unter Kontrolle bringen würde. Das war sein Ideal von Freundschaft. Auf jeden Fall ein sehr angenehmer Kerl!

Auch das war ein großzügiges Angebot seines Einflusses. Er hielt mich für einen ebenso großen Schurken wie sich selbst und war bereit, sein Land zu verraten, indem er mich auf der Karriereleiter nach oben drängte, wenn ich ihm nur bei seiner Schmähung helfen würde. Auch ein überzeugter Patriot. Deutschland über Alles ! aber zuerst von Erstein !

Ich war auf jeden Fall neugierig, was er entdeckt hatte; Aber meine Spekulationen wurden von Lottchen unterbrochen , das zu mir zurückkam, meine Hand nahm und mich mit ihr plaudern ließ, bis wir das Haus erreichten.

Das war in Ordnung, denn es ersparte Nessa die Notwendigkeit, in Rosas Gegenwart über Belanglosigkeiten mit mir zu reden, und gab ihr die Gelegenheit, sich an meine Anwesenheit in Berlin zu gewöhnen und sich auf die unvermeidliche Täuschung, die damit verbunden war, vorzubereiten.

Wie sie mich behandeln würde, konnte ich nicht erraten; Aber ich war völlig unvorbereitet auf die Haltung, die sie einnahm. Sie eilte in dem Moment ins Haus, als wir es erreichten, und verschwand. Wir trafen uns beim Mittagsessen; aber sie weigerte sich standhaft, auch nur einen Blick in meine Richtung zu werfen.

Rosa machte mehr als einen Versuch, sie in ein Gespräch mit mir zu verwickeln; Aber jede Anstrengung wurde dadurch zunichte gemacht, dass Nessa vorgab, Lottchen , das neben ihr saß, etwas Aufmerksamkeit schenken zu müssen . Tatsächlich ignorierte sie mich so völlig, als wäre ich nicht anwesend gewesen, und nutzte die erste Gelegenheit, um den Raum zu verlassen.

Ich hatte eher nach einer Behandlung gesucht; und fühlte sich mehr als ein wenig verärgert und gekränkt. Es war kein harmloses Picknick, dieser Ausflug nach Berlin; und ich dachte, sie hätte das vielleicht berücksichtigt.

Aber da war mehr als nur Ärger im Spiel. Wenn sie diese Einstellung beibehalten wollte, wie sollte ich mich dann mit ihr verständigen?

Ich könnte genauso gut wieder fliegen – wenn das möglich wäre. An sich ein ziemlich schwieriges Unterfangen, wie Jimmy gesagt hätte.

KAPITEL V

ÜBER SPIONIGE

Nessas Umgang mit mir beleidigte und beunruhigte die Gräfin zugleich , und Rosa versuchte, ihre Aufmerksamkeit davon abzulenken, indem sie sie in eine Diskussion über die Vorkehrungen für den Nachmittag verwickelte. Anscheinend verbrachte die Gräfin an diesem Tag immer ein oder zwei Stunden mit einem sehr alten Freund, einem Invaliden; Rosa selbst hatte eine Verlobung; Hans musste im Zusammenhang mit seinem Militärstudium irgendeine Vorlesung besuchen; und Nessa nahm Lottchen meistens mit auf eine Spritztour.

Ich wollte nichts davon hören, dass die Vereinbarungen meinerseits geändert würden, und erklärte, dass ich mich über die Gelegenheit freuen würde, ein paar anständige Kleidung zu bekommen.

„Dann wird es ein leeres Haus geben", erklärte Rosa, als wir vom Tisch aufstanden.

Während der Diskussion waren zwei Bedienstete im Raum – eine ältere Frau namens Gretchen und Marie, eine jüngere; eine wichtige Tatsache angesichts der späteren Ereignisse.

Es trafen einige Briefe für die Gräfin und Rosa ein; und als erstere ihr Exemplar mit ins Wohnzimmer nahm, hielt Rosa mich in der Bibliothek fest, um über Nessas Verhalten zu sprechen. „Ich kann es nicht verstehen, Johann", sagte sie gereizt.

„Ist das wichtig?" fragte ich achselzuckend.

„ Natürlich tut es das. Wie willst du ihr helfen, wenn sie diese lächerliche Haltung beibehält? Ich habe keine Geduld mit ihr."

„Oh, das habe ich. Sie weiß natürlich von unserer Verlobung, und da sie dir gegenüber standhaft ist, sieht sie mich als Feind an."

„Aber sie wusste, dass du kommst und wollte dich unbedingt sehen, und hat sogar versprochen, zu versuchen, dich zur Vernunft zu bringen."

„Haben Sie ihr gesagt, dass ich bereit bin, ihr zu helfen, wenn ich kann?"

„Nein, aber ich werde es ihr jetzt sagen und ihr auch sagen, dass sie die Dinge lieber anders angehen sollte, wenn sie Mutter nicht wütend machen will."

„Vielleicht würde es helfen, wenn ich ein ruhiges Gespräch mit ihr führen könnte", schlug ich beiläufig vor.

„Dann darfst du keine Zeit damit verlieren. Warum nicht heute Nachmittag? Ich kann Lottchen mitnehmen, und wenn du vorbeikommst, lässt sich das problemlos regeln. Und wenn ich zurückkomme, können wir die Sache zu dritt besprechen." zusammen."

Ich stimmte dem spontan zu, und wir gingen ins Wohnzimmer, wo ihre Mutter noch immer ihre Briefe las. Rosa warf einen hastigen Blick auf ihre, schloss sie in einer kleinen Kommode ein und eilte los, um Nessa in Angriff zu nehmen.

Die Gräfin stand vor einem sehr schönen Schrank, von dem sie eine Schublade geöffnet hatte, und rief mich zu sich. „Komm her, Johann, ich möchte, dass du siehst, wie ich diese Briefe weglege", sagte sie zu meinem Erstaunen und machte mich auf die Ordentlichkeit aufmerksam, mit der ihre Briefe und Papiere geordnet waren, und bat mich, mich genau daran zu erinnern, wo sie diese hingelegt hatte das gerade angekommen war, und um sicherzustellen, dass die Schublade verschlossen war. „Ich möchte einen Zeugen haben", fügte sie hinzu.

mir von Nessas Verhalten und sagte, wie sehr es sie betrübt und überrascht habe.

„Es ist wirklich nicht die geringste Konsequenz", versicherte ich ihr.

„Aber ich fürchte es sehr, Johann, und ich bin sehr beunruhigt. Das ist einer der Gründe, warum ich dir das gerade jetzt gewünscht habe. Ich war immer dagegen, dass sie ins Haus kommt, aber Rosa wollte sie haben;" und dann kam nach und nach der Grund ans Licht.

Sie hatte Angst, dass von Ersteins Geschichte wahr sei und dass Nessa wirklich eine Spionin sei. Jemand hatte einen Schlüssel zu ihrer Schublade im Schrank; sie hatte mehr als einmal festgestellt, dass ihre Papiere beschädigt waren; Sie bewahrte das Geld am selben Ort auf, aber es war noch nie etwas davon gestohlen worden, so dass es nicht das Werk eines Diebes sein konnte; sie glaubte, dass auch Rosas Büro manipuliert worden sei; und da die Diener über jeden Verdacht erhaben waren, schien es nur eine Schlussfolgerung zu geben.

Die liebe kleine Dame war darüber mehr betrübt als wütend. „Es tut mir wirklich sehr leid für Nessa, Johann, aber wir können keinen Spion im Haus haben; trotzdem weiß ich nicht, wie ich sie loswerden kann. Aber ich werde diese Schublade erst wieder öffnen, wenn du bei dir bist." Ich weiß, dann wissen wir beide, dass ich keinen Fehler mache. Sag in der Zwischenzeit nichts zu Rosa oder sonst jemandem .

Wir gingen zusammen nach oben, und sie erzählte mir gerade die Adresse von Hans' Schneider und wie ich sie finden sollte, als die alte Dienerin Gretchen an uns vorbeikam. Rosa wartete angezogen auf den Ausgang und erzählte mir, sie habe mit Nessa gesprochen, die zu mir ins Wohnzimmer kommen würde, nachdem die anderen das Haus verlassen hätten.

„Sie verblüfft mich, Johann. Sie hat einfach dein Angebot angenommen, ihr bei der Flucht zu helfen — auch nach ihrem Verhalten gerade! Haus bei dir", sagte sie in einem Tonfall der Bestürzung.

Ich quittierte es mit einem Lächeln und einer banalen Bemerkung über weibliche Inkonsistenz und ging nach unten, um auf Nessa zu warten. Am Ende des Salons gab es eine Lounge , eine Art großer, gemütlicher Wintergarten mit vielen großen Pflanzen, Teppichen, Sesseln und so weiter, und ich setzte mich dort hin, um über die Lage nachzudenken. Ich habe nicht geraucht; in Anbetracht der Dinge eine glückliche Tatsache.

Es machte mir große Sorgen, dass Nessa als Spionin betrachtet werden sollte, und ich rätselte über die Erklärung dessen, was die Gräfin mir gesagt hatte, als ich hörte, wie sich die Haustür schloss. Das bedeutete, dass sie das Haus verlassen hatten und dass Nessa bald unten sein würde.

Aber sie kam eine Weile nicht, und plötzlich hörte ich eine Bewegung in dem großen Raum, das leise Klicken eines Schlüssels, der gedreht und dann vorsichtig eine Schublade geöffnet wurde.

Die Schlussfolgerung lag auf der Hand. Der Spion war bei der Arbeit und glaubte, ich sei zum Schneider gegangen und wollte die Sache an Nessa reparieren, falls ihre kleine Operation entdeckt würde. Also stand ich geräuschlos auf und machte, im sicheren Schutz einiger Pflanzen, auf eigene Faust ein wenig Spionagearbeit.

Es war natürlich einer der Diener; aber ich konnte ihr Gesicht zunächst nicht erkennen. Sie war in Rosas Büro und las einen Brief, wahrscheinlich einen von denen, die kurz zuvor eingegangen waren. Das dauerte nicht länger als eine Minute, und als nächstes öffnete sie die Schrankschublade der Gräfin , nahm ein paar Briefe heraus, warf einen schnellen Blick darauf, warf sie einfach achtlos zurück, schloss die Schublade wieder ab und drehte sich um, um das Zimmer zu verlassen.

Da sah ich sie deutlich, denn sie ging durch eine Tür hinaus, die an meinem Ende des Zimmers stand, in der Nähe des großen Ofens in der Ecke. Es war Gretchen.

Wenn Nessa und ich zusammen waren, würde es niemals genügen, einen möglichen Lauscher zu haben, und da ich der Frau nicht sagen wollte, dass sie gesehen wurde, schlich ich zu der Tür, die wir alle benutzten, öffnete sie geräuschvoll und schloss sie mit einem Knall. und begann zu pfeifen.

Dies hatte unmittelbare Ergebnisse. Ich hörte, wie sich hinten die Ofentür öffnete, ein paar Holzscheite hineingeworfen wurden, und gleich darauf kam Gretchen heraus, mit einer Entschuldigung für die Störung.

„Es ist meine Aufgabe, mich um die Öfen zu kümmern, Sir", erklärte sie mit einem Grinsen. „Und die Tür zu unserem Quartier ist verschlossen."

„Alles klar, Gretchen. Es wird langsam kühl, nicht wahr?"

„Abends wird es kalt, Sir, und mein Befehl lautet, dafür zu sorgen, dass die Öfen in Betrieb bleiben." Sie war ein wenig unruhig; und nachdem sie eine Weile weg war, schaute ich mir das Versteck an.

Es war ein Durchgang mit Schränken auf jeder Seite, und da die Tür am anderen Ende verschlossen war, war sie gezwungen, durch den Raum zurückzukehren, als sie mich hörte. Auf meiner Seite der Tür befand sich ein Riegel, und ich schoss hinein, um zu verhindern, dass sie zurückkam, um zuzuhören, während Nessa und ich zusammen waren.

Ich war nur ein oder zwei Minuten dort, aber als ich es verließ , fand ich Nessa bereits im Wohnzimmer. Sie hatte mich offenbar dabei erwischt, wie ich die Spionin spielte, und ihr Blick ließ keinen Zweifel an ihrer Meinung.

Ich lachte. Ich konnte wirklich nicht anders. Es handelte sich um eine solch absurde Fehlinterpretation der Situation, dass mich die lächerliche Absurdität daran gefiel. Natürlich verstärkte mein Lachen ihre Empörung und auch die Peinlichkeit des Treffens.

„Sie üben Ihren neuen Beruf aus, wie ich sehe. Es scheint Ihren Sinn für Humor zu wecken " , sagte sie eisig.

„Es würde dich wahrscheinlich auch aufregen, wenn du alles verstehst", erwiderte ich und genoss ihre prompte Verurteilung überhaupt nicht.

„Ich finde es nicht besonders witzig, dass Sie sich in das Haus meiner Freunde schleichen und dessen Löcher und Ecken ausspionieren."

„Vielleicht nicht, aber ich hatte einen guten Grund", sagte ich knapp, ein wenig verunsichert von ihrem höhnischen Grinsen.

„Zweifellos; aber ich bin nicht neugierig auf ein solches Thema. Rosa hat mich überredet, Sie zu sehen, also habe ich –" aber sie konnte nicht durchhalten. Ihre Augen strahlten plötzlich, ihre Wangen waren gerötet, und mit empörter Stimme rief sie: „Wie kannst du es wagen, zu kommen –"

Ich musste das jedoch unterbinden, da der alte Lauscher ihr möglicherweise in den Raum gefolgt und auf Schlüssellochübung gewesen sein könnte. „Ich freue mich sehr, Sie kennenzulernen, Miss Caldicott", unterbrach ich auf Deutsch so laut, dass man es draußen hören konnte, und fügte leise auf Englisch hinzu: „Es ist nicht sicher, so laut zu sprechen wie Sie. Kommen Sie weg." die Tür;" und ich ging voran in den Wintergarten.

Sie starrte mich an, als wäre ich ein gefährlicher Wahnsinniger, doch nach einer kurzen Pause folgte sie mir. „Sagen Sie jetzt, was Sie wollen, aber senken Sie Ihre Stimme", sagte ich und senkte meinen eigenen Ton.

Sie zögerte, reagierte aber auf die Warnung und kehrte zu ihrem früheren eisigen Ton zurück. „Was ich wissen möchte, ist, warum Sie es wagen, unter einem falschen Namen, als vorgetäuschter Liebhaber meines Freundes, hierher zu kommen und mich auf diese Weise zu demütigen. Wenn Sie ein Spion sein müssen, haben Sie nicht genug Anstand, um mich nicht zu verunglimpfen indem du mich zum Partner dieser verräterischen Niedrigkeit machst?

Ich begegnete ihrem wütenden Blick für eine Sekunde und erkannte, dass dies der Grund für ihr Verhalten mir gegenüber war; und ich konnte mich nur mit Mühe davon abhalten, über ihre Ungerechtigkeit zu lächeln, auch wenn es mich ziemlich verärgerte.

„Eher ein grobes Urteil", antwortete ich achselzuckend, „und Ihr Verhalten glättet es nicht besonders; aber da Sie jetzt niemand mehr hören kann, stört es mich nicht so sehr. Ich kann erklären –"

"Erklären!" unterbrach sie sich verächtlich.

„Ja, erklären Sie es. Das habe ich gesagt. Wenn Sie verstanden haben –
"

„Ich verstehe es so – zu gut", warf sie erneut ein.

Ich musste wirklich wieder lächeln, sowohl über ihre Worte als auch über den aufblitzenden Zorn. „Ich muss entweder lächeln oder die Beherrschung verlieren, wie Sie es getan haben; und es ist besser zu lächeln."

Das war wie Benzin im Feuer. „Genau das, was ich von dir erwarten sollte – in meiner Empörung nichts als einen Witz zu sehen."

„Ich lache nicht über deine Empörung, sondern über deinen Fehler. Du warst immer bereit, aus allem, was ich tue, das Schlimmste zu machen."

„Was hast du jemals getan, das sich gelohnt hat?"

„Nicht viel, das gebe ich zu."

„Wenn du wie andere Männer wärst , würdest du das tun, was sie tun – kämpfen.“

„Vielleicht sollte ich; aber wir können nicht alle Soldaten sein.“

Ihre Lippe kräuselte sich. „Männer können das; aber selbst du hättest nicht so tief sinken müssen, um ein Spion zu werden!“

„Machen Sie weiter. Ich schäme mich nicht für das, was ich tue; und wenn Sie mich erklären lassen –“

Sie stoppte mich erneut mit einer ungeduldigen Geste. „Ich brauche keine Erklärung, danke. Sind Sie nicht als Johann Lassen hier?“

"Ja."

Rebling verlobt zu sein ?“

"Ja."

„Und so tun, als hättest du dein Gedächtnis verloren?“

"Ja."

„Haben Sie nicht beide gelogen, um Zutritt zu diesem Haus zu erhalten?“

„Das musste ich natürlich.“

„Du verurteilst dich also aus eigenem Antrieb?“

"Scheinbar."

„Versuchen Sie hier nicht, eine Anstellung beim Secret Service zu bekommen?“

„Sieht schwarz aus, nicht wahr?“

"Sieht aus!" und sie holte tief Luft und wiederholte das Wort. „Aber Sie können sich nicht vorstellen, dass ich dabei sein werde!“

„Das bist du übrigens schon.“

„Du sollst dieses Haus sofort verlassen und nie wieder einen Fuß hineinsetzen, und ich werde die Möglichkeit finden, Rosa den schändlichen Streich mitzuteilen, den du gespielt hast.“

„Und wenn ich mich weigere?“

„Ich werde Sie so sicher entlarven, wie mein Name Nessa Caldicott ist.“

„Weißt du, was das Ergebnis für mich sein würde?“

„Ich weiß es nicht und es interessiert mich auch nicht."

„Dann werde ich es dir sagen. Ich sollte auf jeden Fall eingesperrt und höchstwahrscheinlich erschossen werden."

Sie schwankte etwas darüber. „Sie können es leicht vermeiden, indem Sie tun, was ich sage: Verlassen Sie das Haus."

"Das kommt nicht in Frage."

„Erwarten Sie von mir, dass ich Ihnen weiterhin erlaube, das Mädchen zu dominieren, das zu einer Zeit, als ich absolut hilflos war, meine Freundin war? Würden Sie sich nicht für mich schämen, wenn ich einem solchen Verrat zustimmen würde? Können Sie das nicht?" Sehen Sie, was für eine abscheuliche Erniedrigung das wäre und dass ich mich selbst genauso hassen würde wie Sie, wenn ich zustimmen würde?"

„Nein. Ja. Ja. Ich wünschte, du würdest eine Frage nach der anderen stellen."

„Erwartest du, dass ich über so eine unerträgliche Leichtfertigkeit lächle?"

„Nein. Aber es war überhaupt keine Leichtfertigkeit. Ich habe Ihre Fragen der Reihe nach beantwortet. Sie scheinen zu denken, dass es mir gefällt, wenn ich gezwungen werde, Fräulein von Rebling zu täuschen ."

„Wie können Sie davon sprechen, dass Sie dazu gezwungen wurden?"

„Weil es zufällig die Wahrheit ist."

„Ihre Version der Wahrheit, meinen Sie?"

„Genau. Meine Version der Wahrheit, obwohl Sie es nicht glauben werden. Ich wurde gegen meinen Willen durch eine Reihe von Zufällen zu dieser Sache gezwungen, die ich unmöglich vermeiden konnte; und das bin ich auch nicht." Fräulein von Rebling im geringsten schaden."

„Haben Sie sie nicht glauben lassen, dass Sie die Verlobung auflösen könnten?"

„Ich habe darüber nachgedacht."

„Bedeutest du das nicht, ihr Schaden zuzufügen?"

"NEIN."

„Wie kannst du das sagen? Was wird passieren, wenn der echte Mann ankommt?"

„Nicht einmal dann."

Sie gestikulierte ungläubig. „Das ist unmöglich", rief sie. „Auf jeden Fall bestehe ich darauf, dass es ihr gesagt wird."

Ich hielt inne, um ein wenig nachzudenken. Ich kannte Nessa so gut, dass ich ihre Stimmung durchaus verstehen konnte. Ihr erster heftiger Zornausbruch hatte nachgelassen, was, da war ich mir sicher, durch meine Erklärung der Konsequenzen, die sich für mich ergeben würden, wenn die Wahrheit gesagt würde, unterdrückt wurde. Sie hatte keine Ahnung, warum ich in Berlin war, und glaubte offensichtlich, dass ich als Spion gekommen war, und wusste sogar besser als ich, was mein Ende sein würde, wenn ich denunziert würde; und ihre Worte hatten mich zu tief getroffen, als dass ich ihr damals die Wahrheit sagen konnte – dass ich nur ihretwegen gekommen war.

Gleichzeitig konnte ich durchaus nachvollziehen, dass sie davor zurückschreckte, zur Partnerin gemacht zu werden, wie sie es gesagt hatte, und wie ungeduldig es war , dass ich das Haus verließ. Es war eine unangenehme Ecke, aber ich dachte, ich könnte einen Ausweg sehen.

„Ich werde tun, was Sie vorschlagen", sagte ich schließlich.

"Geh weg?"

„Nein. Sagen Sie es Fräulein von Rebling ."

Das beunruhigte sie sofort. „Aber du? Was hast du über das Risiko gesagt?" sie protestierte.

„Oh, kümmere dich nicht um mich. Du hast gesagt, du könntest es nicht ertragen; und im Vergleich dazu zählt natürlich nichts. Ich hätte darauf achten sollen, ihr alles zu sagen, sobald ich getan hatte, wozu ich gekommen war ."

"Was ist das?"

„Deine Mutter macht sich große Sorgen um dich, und als sie wusste, dass ich hierherkomme, wollte sie natürlich, dass ich etwas herausfinde."

„Aber sie haben doch doch meine Briefe gehabt?"

„Seit einiger Zeit nach Weihnachten keine Schlange mehr."

„Meinst du das, Jack? Oh, arme Mutter! Ich habe jede Woche regelmäßig geschrieben. Als Julia Wassermann starb, schickte mich ihr Vater, der die Engländer hasste und mich hasste, weil ich Engländer bin, aus dem Haus. Ich Hätte in eines dieser schrecklichen Konzentrationslager gehen sollen, wenn Rosa nicht gewesen wäre. Deshalb kann ich den Gedanken nicht ertragen, sie zu täuschen; aber – ich – ich möchte dich nicht in Schwierigkeiten bringen. Wir – wir können es ihr nicht sagen. Wir – wir dürfen es nicht. Du kannst doch gehen, nicht wahr?" und sie biss sich in verzweifelter Verwirrung und Verzweiflung auf die Lippe.

„Ich werde es ihr sagen, Nessa", sagte ich.

„Aber ich wünsche es nicht, Jack. Das tue ich wirklich nicht. Ich habe all die schrecklichen Dinge, die ich gerade gesagt habe, nicht so gemeint; es tut mir leid. Ich war nur abgelenkt."

„Mach dir keine Sorgen. Mir wird wahrscheinlich nichts Schlimmes widerfahren, und ich stimme voll und ganz zu, dass sie die Wahrheit wissen sollte."

Sie sah mich verwundert an. „Wie anders bist du, Jack. Was hat dich so verändert? Du bist so ruhig und so – so bestimmt. Du siehst nicht mehr so aus wie früher. In keiner Weise, in keiner Weise, in keiner Weise, in keiner Haltung, in allem, was du einmal warst." . Ich sah es in dem Moment, als ich den Raum betrat.

„Du hast es nicht gezeigt. Du bist auf die gleiche Art und Weise auf mich losgegangen, weißt du", sagte ich mit einem Lächeln. „Du hast mich immer für einen Mistkerl gehalten."

„Meinst du etwa, dass du das Risiko eingegangen bist, hierher zu kommen, nur wegen – wegen dem, was Mutter dir über mich erzählt hat?"

„Nicht sehr wahrscheinlich, oder?"

„Früher wäre es nicht gewesen, aber – Du darfst Rosa nichts sagen. Das darfst du wirklich nicht. Das wirst du nicht, Jack, oder?" und sie legte flehend ihre Hand auf meinen Arm.

„Ich muss, Nessa."

„Nein, nein. Ich werde nicht die Ursache sein –"

Und dann, gerade als sie sich an meinen Arm klammerte und mich drängte, löste sie sich plötzlich mit einem Aufschrei der Bestürzung.

Als ich mich umdrehte, sah ich, dass Rosa in der Tür stand und uns mit großen, erstaunten Augen anstarrte.

KAPITEL VI

ROSA WIRD ERZÄHLT

Ob ich Nessa hätte nachgeben und mich überreden lassen sollen, Rosa nicht die Wahrheit zu sagen, kann ich nicht sagen – sie hatte immer großen Einfluss auf mich –, aber nachdem wir auf diese Weise überrascht worden waren, war es nicht mehr möglich, zu zögern . Nessa wäre kompromittiert worden, und das vermutete ich.

Deshalb habe ich umgehend gehandelt. Ich durchquerte den Raum und schloss vorsichtig die Tür, während beide Mädchen mich mit erwartungsvoller Neugier beobachteten.

„Bitte kommen Sie in den Wintergarten, Miss von Rebling ", sagte ich leise auf Englisch, das sie recht fließend sprach. „Ich habe Ihnen etwas äußerst Wichtiges zu sagen. Und wir sprechen bitte besser auf Englisch und nicht zu laut."

Sie starrte mich an, verzweifelt verwirrt über meine Worte und mein Verhalten; aber nach einem Moment des Zögerns ging sie in den Wintergarten, wo Nessa in zitternder Aufregung neben den Pflanzen stand, ihren Arm mit dem ihren verschränkte und sie küsste.

„Ich werde mein Leben in Ihre Hände legen. Ich bin nicht Johann Lassen. Ich bin ein Engländer und mein Name ist Jack Lancaster. Nessa und ich sind alte Freunde, und wir diskutierten darüber, es Ihnen zu sagen, als Sie hereinkamen: ", sagte ich in einem langsamen, bedächtigen Ton.

Sie war buchstäblich erstaunt und konnte nicht sofort begreifen, was meine Worte bedeuteten. Sie wandte sich an Nessa, als wollte sie um Bestätigung bitten. „Nessa!" rief sie, viel zu laut, um sicher zu sein.

„Lassen Sie mich Ihnen sagen, warum es notwendig ist, nicht laut zu sprechen. Sie haben einen Spion im Haus: die Dienerin, von der ich gehört habe, dass Sie sie Gretchen nennen;" und ich beschrieb, was ich gesehen hatte. „Es wird zweifellos erklären, warum Nessas Briefe England nie erreicht haben, und wahrscheinlich auch andere Dinge."

Da Rosas Gesicht nicht in der Lage war, mehr Erstaunen auszudrücken, als sie bereits gezeigt hatte, warf sie nur schwach die Hände hoch und deutete damit an, dass die ganze Angelegenheit außerhalb ihres Verständnisses lag. Aber sie war ein praktisches, besonnenes Mädchen und erlangte bald ihre Selbstbeherrschung zurück.

„Meinen Sie, dass Sie Ihr Gedächtnis wiedererlangt haben?" Sie fragte.

Ich schüttelte den Kopf. „Ich habe es nie verloren.“

Sie runzelte bedrohlich die Stirn und ihr Gesichtsausdruck signalisierte Misstrauen. „Warum bist du dann in Berlin?“

Offensichtlich betrachtete sie mich als einen englischen Spion, und es blieb ihr nichts anderes übrig, als ihr den vollständigen Grund meiner Anwesenheit zu nennen, obwohl ich Nessa das nicht wissen lassen wollte. „Ich werde dir alles erzählen, aber du solltest dich besser hinsetzen, denn es wird einige Zeit dauern.“

Sie setzte sich und zog Nessa an ihre Seite, nahm ihre Hand und hielt sie die ganze Zeit, während ich sprach. „Ich bin Offizier der englischen Armee und war auf Urlaub zu Hause, als ich zum ersten Mal von Nessa hörte.“ und ich erzählte ihnen alles, was Frau Caldicott gesagt hatte, und beschrieb die beiden eigenartigen Mitteilungen, die England erreicht hatten. Dann die ganze Geschichte: Mein erster Plan; Jimmys Intervention; wie ich im letzten Moment seinen Platz eingenommen hatte; die Sprengung der *Burgen* ; dass ich mit Lassen verwechselt wurde; mein vorgetäuschter Gedächtnisverlust; wie es mir nicht gelungen war, Hoffnung zu entkommen , und wie sein Verdacht mich gezwungen hatte, die Nachahmung fortzusetzen.

Nessa war schrecklich betrübt, als sie von der Angst und dem Kummer ihrer Mutter hörte; Rosa weinte vor Mitgefühl und beide hörten der ganzen Geschichte mit gespannter Aufmerksamkeit zu.

„Jetzt werden Sie sehen“, schloss ich, „was ich meinte, als ich sagte, ich lege mein Leben in Ihre Hände. Wenn man weiß, dass ich ein englischer Offizier bin, wird meine Anwesenheit hier nur auf eins ausgelegt: dass ich es bin.“ Ich bin ein Spion, und ich werde natürlich erschossen. Wir sollten unsererseits dasselbe tun, wenn einer Ihrer Offiziere in England unter ähnlichen Umständen gefunden würde. Ich gebe Ihnen jedoch mein Wort, dass mein einziges Ziel darin besteht, Nessa nach Hause zu bringen .“

Rosa sah sehr ernst und ziemlich verängstigt aus. „Du kennst die Konsequenzen für mich, wenn ich versuche, dich zu beschützen?“

Ich nickte. „Ich kann verstehen, dass es ihnen sehr ernst wäre, wenn es entdeckt würde.“

Dann saßen wir alle lange schweigend da, mehrere Minuten, und Nessa zitterte wie ein Espenblatt. Endlich brach Rosa das Schweigen.

„Wo ist mein Cousin?“

„Er ging in der *Burgen unter* . Es besteht kein Zweifel, dass ich der einzige Überlebende bin. Er befand sich zum Zeitpunkt der Explosion unten, und nicht einmal einer der Männer an Deck wurde gerettet.“

„Aber wenn er nicht ertrunken wäre und hierher gekommen wäre?“

„Deine Mutter und Hans, jeder glaubt, ich sei dein Cousin, und nicht der Hauch von Misstrauen, dass du die Wahrheit wüsstest, könnte jemals geweckt werden, es sei denn, du gibst es natürlich zu.“

Das hatte die Wirkung, die ich mir erhofft hatte, und sie nickte verständnisvoll. „Und was soll ich tun?“ fragte sie nach einer weiteren Pause.

„Damit die Dinge so bleiben, wie sie sind, bis wir Nessa wegbringen können; aber die Entscheidung liegt ganz bei Ihnen.“

Sie schüttelte den Kopf. „Ich – ich kann mich jetzt nicht entscheiden. Ich muss Zeit zum Nachdenken haben. Ich war noch nie in meinem Leben so perplex oder erstaunt.“

„Rosa, Schatz!“ legte Nessa Berufung ein.

„Es ist nicht unsere Aufgabe, uns niederzulassen, Nessa“, warf ich ein; und dann folgte eine weitere lange Stille.

„Wenn ich beispielsweise bis morgen warte, werden Sie dann die Zeit nutzen, um zu fliehen, Mr. Lancaster?“ fragte Rosa dann.

„Das ist unmöglich, Fräulein von Rebling “, antwortete ich kompromisslos. „Ich bin gekommen, um Nessa wegzuholen, und das ist in dieser Zeit nicht möglich.“

Das löste ein Lächeln aus: das erste seit ihrer Ankunft. Sie vermutete, dass das Land bei mir lag, und blickte sich zu Nessa um, die leicht errötete . Ich glaube, dass dieses kleine Rouge mehr Wirkung hatte als alles andere. Sie hatte die übliche Ader deutscher Romantik in ihrem Gemüt, und die Situation gefiel ihr sehr.

„Ich wünschte, ich hätte es gewagt“, murmelte sie; und ich begann zu hoffen.

Ich gab der neuen Idee eine Minute Zeit, um zu keimen, und begann dann, sie zu fördern, indem ich vorschlug, wie ihr Risiko minimiert werden könnte. „Lassen Sie mich Ihnen sagen, was mir durch den Kopf geht. Ich werde nicht im Haus bleiben, und morgen werde ich als Erstes in ein Zimmer oder ein Hotel gehen.“

„Aber Mutter?“ sie protestierte nervös.

„Ich werde ihr von meiner Entdeckung über Gretchen erzählen und dass es angesichts meiner Verbindung zum Secret Service für mich von entscheidender Bedeutung ist, absolut sicher vor allem zu sein." Sie nickte zustimmend.

„Dann werde ich offiziell zu beschäftigt sein, um viel hierher zu kommen, und das wird Sie von allen Unannehmlichkeiten einer offenen Täuschung mit ihr und anderen befreien." Wieder nickte sie.

„Als nächstes müssen wir die nötigen Papiere besorgen, damit Nessa und ich gehen können. Hast du Freunde in Holland?"

Sie begann ziemlich nervös. „Ja, mehrere alte Schulfreunde; aber –" Sie hielt inne und gestikulierte.

„Meine Idee ist, dass Sie den plötzlichen Wunsch entwickeln sollten, zu ihnen zu gehen und zu sagen, dass einer von ihnen im Sterben liegt oder sehr krank ist oder so etwas. Sie könnten in einer solchen Zeit nicht gut alleine reisen, und deshalb würde Hans natürlich mit Ihnen gehen . Es wäre für Sie beide ganz einfach, Reisegenehmigungen, Reisepässe usw. zu erhalten, und –"

„Aber ich sollte sofort befragt werden und – Oh, das würde niemals gehen", unterbrach sie mit einem heftigen Kopfschütteln.

Ich lächelte beruhigend. „Darüber habe ich nachgedacht, glauben Sie mir. An dem Morgen, an dem Sie beginnen sollten, nachdem Sie Ihre Tickets erhalten hatten, passierte etwas, das es Ihnen unmöglich machte, zu gehen. Nessa oder ich würden dann die Tickets und Dinge besorgen, und sie und ich würde sie benutzen. Sie würden den Verlust erst entdecken, wenn wir Zeit gehabt hätten, die Grenze zu überqueren, und könnten dann Auskunft über ihren Verlust geben; und sobald wir sicher in Holland wären, würde ich Ihnen einen Brief schreiben, in dem ich alles erkläre ."

Dies linderte ihr Unbehagen erheblich. „Es ist möglich", gab sie zu.

„Ein solcher Brief von mir, in dem ich meinen Betrug und alles gestehe, würde Sie von dem geringsten Verdacht befreien, dass Sie in irgendeiner Weise an dem Plan beteiligt gewesen wären, und natürlich, da Nessa und ich in Sicherheit sein sollten, ich konnte das Geständnis völlig ungestraft ablegen."

Sie saß mit zusammengezogenen dunklen Brauen da, dachte sehr sorgfältig über den Plan nach und fragte nach langem Schweigen: „Wie lange würde es Ihrer Meinung nach dauern?"

„Nur so lange, wie nötig ist, um die Pässe usw. zu bekommen."

Aber sie schüttelte den Kopf. „Es gibt ein Problem – Hans. Er könnte unmöglich entkommen, selbst wenn er dazu bereit wäre; was ich bezweifle."

„Fällt Ihnen jemand anderes ein?"

Sie zögerte und blickte erst mich und dann Nessa an. „Erinnerst du dich an die beiden Apeldoorn-Schwestern, Nessa?"

„Ja, ganz gut, Liebes."

„Das sind die Cousins des Herrn Feldmann", sagte Rosa, und da wusste ich, was kommen würde. „Einer von ihnen wird heiraten und möchte, dass ich zur Hochzeit gehe. Ich hätte gehen sollen, wenn wir nicht gerade von meinem Cousin Johann gehört hätten. Herr Feldmann und seine Schwester gehen, und ich hätte gehen sollen." „Ich bin mit ihnen gegangen; aber seine Schwester ist krank", fügte sie hinzu und wollte sehen, wie ich das aufnahm.

„Es würde sicherlich den Weg zu den notwendigen Qualifikationen ebnen, aber wie könnte ich an seine Erlaubnis kommen?"

„Mir fällt nichts anderes ein", sagte Rosa, als ich nicht antwortete. „Aber ich denke, Herr Feldmann würde helfen, wenn ich ihn fragen würde", fügte sie hinzu.

„Heißt das, du würdest ihm alles erzählen?" Ich fragte, der Vorschlag gefiel mir überhaupt nicht.

„Es wäre notwendig, nicht wahr?"

„Ich würde lieber versuchen, mir einen anderen Plan auszudenken", antwortete ich und saß da und zerbrach mir den Kopf nach einer Alternative. Allerdings ohne Erfolg, und sogleich stand sie auf und ging im Wohnzimmer umher.

Als sie uns verlassen hatte, bewegte sich Nessa unruhig, warf mir ein oder zwei Blicke zu und streckte dann ihre Hand aus. „Es – es tut mir leid, Jack", flüsterte sie.

„In Ordnung, mach dir keine Sorgen." und ich drückte einfach ihre zitternden Finger.

„Aber mit dir zu reden, wie ich es getan habe – all die brutalen Dinge, die ich gesagt habe. Ich schäme mich so – so."

„Das ist nicht nötig. Nicht im Geringsten. Du konntest es nicht wissen; und du hast mich dabei erwischt, wie ich dort herumschnüffelte. Wenn du dich nicht ein bisschen angestrengt hättest, wäre es nicht natürlich gewesen."

„Aber nachdem du dieses ganze Risiko nur für mich auf dich genommen hast, musst du mich für ein ganz normales Biest gehalten haben, Jack."

„Tatsache ist, dass mir die Sorge deiner Mutter auf die Nerven ging, und da ich wusste, dass ich ohne nennenswertes Risiko in dieses schreckliche Land kommen konnte, bin ich natürlich gekommen. Das ist alles."

Das gefiel ihr nicht ganz, aber ich wollte sie glauben lassen, es sei mehr ihrer Mutter als ihr zuliebe gewesen.

„Arme Mutter!" sie murmelte und schwieg eine Weile. „Du bist also der Armee beigetreten?" war ihre nächste Frage.

„Ich bin beim Flying Corps und dein Vater hat mir nichts über dich erzählt, aus Angst, es könnte mir auf die Nerven gehen."

„Dann hatte ich etwas mit deinem Kommen zu tun?" fragte sie mit einem Aufflackern eines Blitzes in ihren schönen Augen.

„Ich konnte deine Mutter in London nicht wirklich beruhigen, oder? Sie war gegen die Sache, aber ich erklärte ihr, es bestehe wirklich kein Risiko. Natürlich hätte es keines gegeben, wenn der Dampfer nicht explodiert wäre und das hier Lassens Geschäft verlief so, wie es war."

„Aber ich war es, der dich dazu gebracht hat, es Rosa zu sagen?"

„Und wahrscheinlich das Beste, was wir hätten tun können, wenn –" und ich deutete auf Rosa, die immer noch in beunruhigter Verwirrung im Raum auf und ab ging.

Ich tat mein Möglichstes, um Nessa glauben zu machen, dass ich die Position leichtfertig eingenommen hätte; aber in Wirklichkeit war ich fast verzweifelt besorgt, und jeder Moment von Rosas Unentschlossenheit steigerte die beunruhigende Spannung der Spannung. Wenn sie gegen uns vorgehen würde, könnte ich nichts anderes als einen Haufen Ärger vor uns sehen; und ich war mir nur allzu bewusst, wie groß die Gefahr für sie in ihrem deutsch-disziplinierten Geist sein würde. Sie alle haben Todesangst vor den Behörden; und es ließ sich nicht leugnen, dass die Gefahr einer Gefängnisstrafe drohen würde, wenn man sie entdeckte.

„Du hast noch nicht gesagt, dass du mir vergibst, Jack", sagte Nessa plötzlich.

„Einfach, weil es nichts zu vergeben gibt. Ich hätte wahrscheinlich genau das tun sollen, was du getan hast", antwortete ich mit einem Lächeln.

„Meinst du etwa, dass alles, was ich hätte tun können, dazu geführt hätte, dass du mich für einen Spion gehalten hättest? Ich habe dich für einen Spion gehalten", sagte sie reumütig.

„Der einzige Unterschied besteht darin, dass ich vielleicht nicht ganz so ungeduldig war und bereit war, Ihrer Erklärung zuzuhören. Aber machen Sie sich darüber keine Sorgen. Lassen Sie uns darüber nachdenken, wie wir aus all dem herauskommen." "

„Ich denke, Rosa wird uns helfen."

„Aber dieser Kerl, Feldmann?"

„Um ihn brauchst du dir keine Sorgen zu machen. Er verehrt sie, und sobald er erfährt, dass ihre Cousine ertrunken ist und der Weg für ihn frei ist, wird er bereit sein – nun ja, alles zu tun, was sie will."

„Das ist jedenfalls ein gutes Gehör, aber ich wünschte, sie würde scharf aussehen und sich entscheiden."

Nessa lachte sanft. „Du verstehst Mädchen nicht, Jack. Sie hat sich entschieden, bevor sie uns beide zusammen gelassen hat. Sie ist eine der gutherzigsten Seelen der Welt."

Aber Rosa schien es nicht eilig zu haben, zu uns zurückzukommen, und bevor sie uns ihre Entscheidung mitteilen konnte, war die Gelegenheit vertan, denn Hans kam mit einem Mann herein, von dem Nessa mir zuflüsterte, er sei Feldmann selbst.

Rosa stellte mich ihm als ihre Cousine vor. Dies ließ mich darüber nachdenken, ob es ein Hinweis auf ihre Absicht war oder lediglich ein Zeichen dafür, dass sie sich noch nicht entschieden hatte, was sie tun sollte, und ich machte mir darüber Sorgen, als ich seinen steifen und eher unhöflichen Gruß erwiderte, als Hoffnung folgte.

Nach ein paar Worten allgemeiner Unterhaltung zog mich Hoffnung beiseite, und ich hatte einen bedeutenden Beweis für von Ersteins enge Vertrautheit mit offiziellen Angelegenheiten. Er hatte mich früher am Tag mit der Aussage verblüfft, ich müsse am nächsten Morgen einen Baron von Gratzen interviewen, und Hoffnung brachte mir nun den Zettel mit der Verabredung für elf Uhr.

„Wie ist die Erinnerung, Lassen?"

„So ziemlich das Gleiche", sagte ich achselzuckend. Er hatte offensichtlich alle seine früheren Verdächtigungen aufgegeben, wie ich mit Freude sah.

„Sie werden feststellen, dass der alte Gratz, wie wir ihn nennen, ein anständiger Typ ist; aber ich fürchte, er muss Ihnen vielleicht sagen, was Ihnen nicht besonders gefallen wird.“

"Bedeutung?"

„Nun, ein Mann ohne Gedächtnis nützt dem Secret Service nicht viel, auch wenn er es vielleicht auf andere Weise tut.“

Sein Ton gefiel mir nicht. „Aber ich kann mich an alles erinnern, was seit dem *Burgen geschehen ist* .“

Es zog ihn jedoch nicht an. Er lachte nur. „Ich darf ihm natürlich nicht zuvorkommen, aber ich gebe Ihnen einen Tipp. Seien Sie pünktlich in seinem Büro; er hasst nichts so sehr wie Unpünktlichkeit.“

Damit gesellten wir uns wieder zu den anderen, und wieder drehte sich das Gespräch um Dinge, an denen ich kein Interesse hatte. Ich habe Feldmann sorgfältig studiert. Er war ein hübscher Kerl; hell, blauäugig, eher rundgesichtig und schwach; aber er hatte ein sehr angenehmes Lächeln, das ich oft sah, denn er lächelte jedes Mal, wenn er Rosa ansah. Aber er sprach mich kein einziges Mal an; und seine Abneigung und Feindseligkeit waren jedes Mal deutlich zu erkennen, wenn er in meine Richtung blickte.

Er war sicherlich nicht der Mann, dem ich vertrauen würde; Aber Bettler können keine Wähler sein, und ich musste mich damit zufrieden geben, dass sowohl Rosa als auch Nessa selbst bereit waren, für ihn zu bürgen.

Die Hoffnung blieb nicht lange, und als er gegangen war, erinnerte mich Rosa daran, zum Schneider zu gehen , und als ich das Zimmer verließ, sagte sie zu Nessa: „Du könntest es jetzt Johann zeigen, Liebes.“

„Rosa hat mich gebeten, Ihnen das Porträt Ihrer Mutter zu zeigen, Herr Lassen, da sie hofft, dass es Ihnen vielleicht dabei hilft, sich an Dinge zu erinnern.“

„Bitte tun Sie es“, antwortete ich eifrig. Ihr Blick verriet mir, dass dies nur eine Ausrede war. und wir gingen zusammen in die Bibliothek.

„Es ist alles in Ordnung mit Rosa“, flüsterte sie dann; „Aber nur, wenn es Herrn Feldmann gesagt wird und er zustimmt. Ich soll zurückgehen und ihr sagen, was Sie sagen.“

„Sind Sie seiner ganz sicher?“

„Ja, durchaus , unter den veränderten Umständen. Rosa auch.“

„Dann machen Sie weiter; und wenn etwas nicht stimmt, lassen Sie es mich wissen, sobald ich zurückkomme.“ Und los ging es, ohne Nessa merken zu lassen, wie beunruhigt es mich machte, dass diese höllische Spannung wie ein Mühlstein um meinen Hals hing.

Kapitel VII

BARON VON GRATZEN

Ich war sehr neugierig, einen Blick auf Berlin zur Kriegszeit zu werfen; Aber da ich keine Chronik des Kampfes schreibe, muss ich mich nicht mit meinen Eindrücken befassen , es sei denn, sie haben mich persönlich berührt.

Als ich die Hauptstadt erreichte, dauerte der Kampf bereits seit etwa achtzehn Monaten, und bis auf eine Ausnahme waren die Dinge im Großen und Ganzen so, wie ich sie kannte. Vielleicht waren noch mehr Soldaten unterwegs; Es schien so viel Betriebsamkeit zu geben wie sonst, und zweifellos herrschte allgemeine Zuversicht, dass das Ergebnis ein glorreicher Sieg sein würde.

Die einzige wirkliche Überraschung, die ich erlebte, war, als ich auf eine ungewöhnlich demonstrative Menschenmenge traf, die rief, dass es ihnen an Essen mangele. Es waren hauptsächlich Frauen, und sie waren eine ausgelassene, lautstarke Truppe. Es war jedoch nicht so sehr die Menge, die mich beeindruckte, oder der Krach, den sie anzettelten, sondern vielmehr die Tatsache, dass die Polizei nicht eingriff. Meiner Erfahrung nach kann es sein, dass eine Menschenmenge nur darauf wartet, dass die Berliner Polizei einen sehr kurzen Prozess macht.

Als ich beim Schneider war, erwähnte ich die Angelegenheit – wo es mir übrigens gelang, einen ganz passabel sitzenden Anzug und andere Dinge zu bekommen, die ich brauchte – und er erklärte mir den Grund. Es gebe keine wirkliche Knappheit an Nahrungsmitteln, erklärte er, sondern viel Unmut über die Verteilung; und die Polizei hatte den Befehl erhalten, keine drastischen Maßnahmen zu ergreifen.

„Es muss jedoch gestoppt werden, sonst wird der Ärger größer. Es hat bereits einige Fenstereinschläge gegeben. Stellen Sie sich vor, Fenstereinschläge in unserer schönen, gut organisierten Stadt!“ er weinte, als käme das einer Gottlosigkeit und einem Sakrileg gleich.

„Sehr schockierend“, stimmte ich ernst zu.

„Wenn es nicht mit eiserner Hand niedergeschlagen wird, ist es für einen gut gekleideten Menschen nicht sicher, auf der Straße zu sein. Meine eigene Frau und meine eigene Tochter wurden erst gestern in der Untergasse beinahe zerfleischt . Aber die Engländer werden es tun. “ bezahle dafür!"

Ich habe dieses Thema verkürzt, indem ich über das Geschäft gesprochen habe. Es war nicht ratsam, über den Krieg zu sprechen, und ich achtete darauf, ihm keine Gelegenheit zu geben, darauf zurückzukommen, bevor ich den Laden verließ.

Auf dem Weg zurück zum Haus der Familie von Rebling in der Karlstraße konnte ich an nichts anderes denken als an die Neuigkeiten, die ich hören sollte, und daran, was ich tun sollte, wenn der von mir vorgeschlagene Plan abgelehnt würde. Mir blieb nichts anderes übrig, als sofort loszubrechen, Nessa mitzunehmen und auf unseren Verstand und unser Glück zu vertrauen, dass wir entkommen.

Im besten Fall kein hoffnungsvoller Job und im schlimmsten Fall mit unzähligen Risiken und Gefahren für uns beide verbunden. Ich kannte mein Deutschland zu gut, um mir dessen nicht schmerzlich bewusst zu sein; und das Wissen bereitete mir zutiefst Unbehagen. Aber ich habe eine optimistische Ader in mir und habe im Allgemeinen Glück, also habe ich die Betrachtung der Unannehmlichkeiten aufgeschoben, bis ich mich ernsthaft mit ihnen auseinandersetzen musste.

Ich hätte mir jedoch keine Sorgen machen müssen, denn als ich das Haus erreichte, lief alles so gut wie ein gut geölter Motor. Ich erkannte es sofort an der Art, wie Feldmann mich begrüßte.

Anstelle der vorherigen mürrischen, wütenden Blicke lächelte er nur, ergriff herzlich meine Hand, wäre mir fast um den Hals gefallen, und ich hatte eher Angst, dass er mich am Ende küssen würde. Rosa und Nessa waren in der gleichen ausgelassenen Stimmung und hätten eher die Einzelheiten einer Hochzeit als eine kleine Verschwörung gegen die Regierung arrangieren können.

Sie hatten alles klar und deutlich, und mein grober Plan wurde gefeiert, als wäre er Teil der wunderbarsten Strategie der Welt gewesen.

„Oscar wird uns helfen, so gut er kann“, sagte Rosa und errötete ein wenig, als sie seinen Vornamen benutzte ; „Und er kann die Pässe und alles ohne Probleme bekommen. Er hat seinen bereits und schlägt vor, dass wir auch einen für Hans haben werden. Ich habe Hans gesehen, und er hat zugestimmt zu gehen, wenn er Urlaub bekommen kann. Er tut es Ich glaube nicht, dass er das kann, stimmt aber zu, dass wir uns für alle Fälle besser eins besorgen sollten. Das wird für dich sein.“

„Wird es darauf nicht eine Art Beschreibung von ihm geben?“ Ich fragte.

„Das kann ich arrangieren“, erklärte Feldmann. „Zum Glück ist es in meiner Abteilung. Es reicht für Sie, und natürlich wird er es nie sehen.“

„Ich werde mich um alles kümmern“, sagte Rosa. „Und Oscar sagt, er schafft es spätestens in drei Tagen, vielleicht auch in zwei.“

Es gab eine Menge davon, dass Oscar dies tun würde und dass Oscar jenes tun könnte; aber alles schien so gut wie das Beste, und ich war bald genauso gut gelaunt wie die anderen. Es wurde vereinbart, dass wir mit dem Morgenexpress reisen sollten, der uns rechtzeitig über die Grenze bringen würde, damit ich Rosa am nächsten Tag mein Geständnis überreichen konnte.

„Oscar" drückte mir zum Abschied noch einmal die Hand, als wäre ich sein bester Freund; erklärte, er gehöre nicht zu den englischen Hassern; dass er dachte, ich hätte großartig gehandelt, indem ich so viel riskiert habe, um Nessa zu retten; und dass er hoffte, dass wir nach diesem abscheulichen Krieg gute Freunde sein würden.

Als nächstes bereitete ich mich darauf vor, das Haus am nächsten Tag zu verlassen, und beim Abendessen gab ich meine Entschlossenheit bekannt. Die Gräfin war strikt dagegen, aber hinterher ging ich mit ihr allein in den Salon und nannte ihr meine „offiziellen" Gründe.

„Ich möchte, dass du deine Schrankschublade öffnest, Tante; aber bevor du es tust, sage ich dir, dass du feststellen wirst, dass jemand darin gewesen ist –"

„Nessa?" unterbrach sie aufgeregt.

„Ich werde es Ihnen gleich sagen. Sie haben völlig Recht, dass es jemanden im Haus gibt, der den Spion spielt, und natürlich werden Sie verstehen, dass es ein Problem ist, wenn ich dem Geheimdienst beitreten soll Es ist für mich schlicht unmöglich, mit so jemandem im Haus hier zu bleiben."

„Sie sollen es sofort verlassen, Johann."

„Das besprechen wir gleich. Sie werden feststellen, dass die Briefe, die Sie hier so ordentlich verstaut haben, sowieso nur hineingeworfen wurden, um anzudeuten, dass der Täter überrascht war und schnell handeln musste."

Dann schloss sie mit zitternden Fingern die Schublade auf und dort lagen die Briefe, wie ich es ihr gesagt hatte. „Nessa wird morgen das Haus verlassen, Johann", rief sie sofort.

„Aber es war überhaupt nicht Miss Caldicott, Tante; es war Gretchen." und ich beschrieb, was ich gesehen hatte, und riet ihr dann, die Angelegenheit überhaupt nicht offen zur Kenntnis zu nehmen. „Sie wissen jetzt, wer es ist, und können auf der Hut sein, indem Sie die Papiere, die hier nicht von Bedeutung sind, aufbewahren und andere an einem sichereren Ort aufbewahren."

„Aber so einen Menschen im Haus zu haben, Johann!"

„Sie kann jetzt keinen Schaden mehr anrichten; und daran müssen Sie sich erinnern. Sie wissen weder, wer sie hierher gebracht hat, noch den Grund dafür. Es könnte viel mehr schaden als nützen, wenn Sie deswegen Unruhe stiften würden. Das sind Merkwürdige Zeiten, und die Tatsache, dass Sie ein englisches Mädchen im Haus haben, könnte der Grund sein. Wenn Sie Gretchen wegen ihrer Geschäfte schicken , kann es sein, dass Sie jemand anderen hierher bringen oder eine der anderen Bediensteten bestochen oder gezwungen wird, ihren Platz einzunehmen; " und ich hämmerte so lange herum, bis ich sie überredete, den Vorschlag anzunehmen.

Ich hatte ein starkes Interesse daran, diesen Standpunkt zu vertreten. Ich war mir sicher, dass Gretchen von Ersteins Geschöpf war und dass wir, wenn sie im Haus bliebe, sehr nützlich sein könnten, um ihn von der Spur abzubringen, indem wir sie im Falle von Schwierigkeiten ein paar falsche Tatsachen herausfinden ließen.

In der Nacht dachte ich sorgfältig über unseren Verschwörungsplan nach. Es sah gut aus; wirklich sehr gut; vielleicht zu gut, und am Ende beschloss ich, mich auf einen möglichen Zwischenfall vorzubereiten, falls das Unerwartete passieren sollte.

Ich konnte nirgendwo einen sehen; Aber auf eine Luftblase kann man nie vorbereitet sein, das wusste ich nur zu gut; Deshalb beschloss ich, nicht überrascht zu werden. Wenn auf der Reise etwas schiefgehen sollte, war es wahrscheinlich, dass wir dem Ärger entgehen und entkommen könnten, wenn uns eine gute Tarnung zur Verfügung stünde. Ich arbeitete an dieser Idee und dachte an mehrere andere Dinge, die wahrscheinlich nützlich sein würden.

Ich kam auf die Idee, mich selbst zum Flugzeugmechaniker zu machen und Nessa zu meiner jungen Assistentin zu machen. Es gab nicht viel über Flugmaschinen, die ich nicht kannte – außer natürlich Zeppelinen; so dass es mir gut ging und ich problemlos „meinen Assistenten" gut genug trainieren konnte, um die Prüfung zu bestehen.

Wir sollten dem abscheulichen deutschen System ausweichen, das jeden Arbeiter dazu zwingt, seine Personalkarte mit sich herumzutragen; Aber wenn wir nicht in der Lage sind, solche Dinge zu bekommen, müssen wir einen Bluff machen – wir haben sie verloren oder so – und auf meine Fähigkeiten im Umgang mit den Werkzeugen vertrauen, die uns durchbringen.

Ich machte mich ziemlich früh am Morgen auf die Suche nach Zimmern und fand fast sofort eine Unterkunft, die meinen Bedürfnissen wie angegossen entsprach. Es war eine kleine möblierte Wohnung am Falkenplatz ; nur ein paar Zimmer mit einem Badezimmer auf der Rückseite, dessen Fenster zur Feuerleiter führte; ein Notausgang, der im Bedarfsfall von unschätzbarem Wert sein könnte.

Aber als ich sagte, dass ich den Platz übernehmen würde, gab es einen Haken. Ich wurde um die unvermeidlichen Papiere gebeten, um die Polizei zufriedenzustellen; und natürlich hatte ich keine. Meine Erklärung wurde höflich angehört, aber ohne Wirkung; Also sagte ich, ich würde sie besorgen, zahlte eine Anzahlung und ging los, um einige der kleinen Dinge zu kaufen, an die ich in der Nacht gedacht hatte.

Dann hatte ich ein kleines Glas. Ich kam gerade aus einem Laden, als ein großer, grauhaariger Soldat in Uniform vorbeikam und mich beiläufig ansah. Dem Blick folgte ein Erstaunen, sein Blick wurde aufmerksam und interessiert, und er hielt inne, als wollte er etwas sagen. Natürlich achtete ich nicht darauf und ging weiter; doch ein paar Sekunden später kam er an mir vorbei, blieb ein paar Meter vor mir stehen, um in ein Schaufenster zu schauen, und als ich ihn überholte, drehte er sich um und warf mir einen sehr scharfen, durchdringenden Blick zu.

Natürlich gab es in Deutschland jede Menge Leute, die mich gut gekannt hatten, und ich hatte das Risiko eingeschätzt, gegen einige von ihnen anzutreten. Aber ich konnte ihn nicht einordnen, und ich war nicht wenig erleichtert, als er unsicher wirkte und ging, ohne mich anzusprechen.

Es war ein beunruhigender Vorfall und machte mir klar, dass es ratsam war, während der Tage, die ich in Berlin bleiben sollte, so viel wie möglich drinnen zu bleiben. Damit war die Sache jedoch noch nicht erledigt.

Hoffnungs Hinweis erinnerte , meinen Termin mit Baron von Gratzen pünktlich einzuhalten , erschien ich kurz vor der Zeit und wurde pünktlich um Schlag elf in sein Büro geführt. Mein Erstaunen lässt sich erahnen, als er sich als der Fremde herausstellte, den ich gerade getroffen hatte.

Ich glaube, dass sein Erstaunen noch größer war als meins, als er auf den Zettel starrte, auf den sein Untergebener meinen Namen geschrieben hatte, und von dort aus zu mir.

„Dann sind Sie Herr Lassen?“ fragte er stirnrunzelnd und verwirrt.

Ich verbeugte mich und hielt ihm den Brief hin, den er mir geschickt hatte. „Sie haben nach mir geschickt, Sir.“

Er winkte mich zu einem Stuhl und lehnte sich so lange gedankenverloren zurück, dass ich mich fragte, was zum Teufel wohl auf mich zukommen würde.

„Du kommst aus England, nicht wahr?“

„Das glaube ich, Sir.“

„Und Sie sind der Mann ohne Erinnerung, was? Sehr außergewöhnlich, wirklich sehr außergewöhnlich. Höchst bemerkenswerter Fall. Und warum sind Sie nach Berlin gekommen?"

„Herr Hoffnung hat mich hergebracht. Ich habe verstanden, dass er die Anweisung dazu hatte."

„Erzählen Sie mir von Ihren Erfahrungen dort."

Ich sah ausdruckslos aus wie eine Wand und schüttelte den Kopf.

„Sicherlich können Sie sich an etwas erinnern. Lassen Sie mich Ihr Gedächtnis auffrischen. Ich kenne das Land gut, verstehen Sie. Waren Sie in London?" Nach einem weiteren leeren Blick meinerseits nahm er ein Papier heraus, warf einen Blick darauf und befragte mich zu einer Reihe von darin enthaltenen Orten und Themen. Auf alles antwortete ich entweder mit einem leeren Blick oder einem Kopfschütteln.

Die Untersuchung dauerte einige Zeit, und dann drückte er mir ein Blatt Papier und einen Stift hin und forderte mich auf, meinen Namen aufzuschreiben. Ich hatte mit einer solchen Prüfung gerechnet, ergriff ungeschickt den Stift und schrieb mit scheinbar unendlicher Mühe den Namen „Johann Lassen" in großen, ausladenden Großbuchstaben.

Er beobachtete mich wie ein Luchs bei der Arbeit, nahm die Zeitung, überflog sie genau und fragte: „Ist das das Beste, was Sie tun können?"

„Ich kann die großen Buchstaben lesen, Sir", antwortete ich und ich hatte den Eindruck, dass er ein Lächeln unterdrücken musste.

Als nächstes faltete er das Papier, aus dem er gelesen hatte, zusammen und zeigte mir einen Satz darin. Ein sehr unverbindlicher Satz, der mir aufgefallen ist. „Erkennen Sie die Schrift?" Noch mehr Kopfschütteln von mir. „Das solltest du, weißt du; es ist deine eigene Handschrift." und er steckte das Dokument weg und saß wieder da und dachte nach.

Ich hätte etwas gegeben, um in diesem Moment seine Gedanken lesen zu können, besonders als er sich so weit aufraffte, dass er mich mit ein paar scharfen Blicken beschenken konnte. Ich konnte dem unangenehmen Gedanken nicht widerstehen, dass er etwas vermutete; aber er zeigte keinerlei Anzeichen von Misstrauen, und sein Verhalten war weniger förmlich als vielmehr freundlich. Nach einer Weile löste etwas in seinem Kopf ein tiefes Stirnrunzeln auf seinem Gesicht aus.

Burgen in die Luft gesprengt , fanden sich in einem Krankenhaus in Rotterdam wieder, hatten außer einer Karte keine Ausweispapiere bei sich, Sie konnten sich überhaupt an nichts erinnern, was passiert war, und sind mit nach Berlin gekommen Herr Hoffnung . Sie wissen, dass es nur einen weiteren männlichen Passagier auf dem Dampfer gab, einen Mr. Lamb, über den wir allen Grund haben, neugierig zu sein. Sind Sie sicher, dass Sie nicht dieser Mann sind?"

„Ich weiß es nicht, Sir. Ich bin mir über nichts sicher, außer darüber, was passiert ist, seit ich in Rotterdam war."

„Nun, als Sie hier ankamen, erkannte die Gräfin von Rebling Sie als ihren Neffen. – Waren Sie in Göttingen?" fragte er so plötzlich, dass ich der Falle nur knapp entkommen konnte.

„Das glaube ich, Sir."

„Dann werden natürlich viele Leute da sein, die Sie identifizieren können."

„Natürlich, Sir", schaffte ich es zu erwidern, obwohl mir ein Schauer der Bestürzung über den Rücken kribbelte, als ich das bedeutungsvolle Lächeln hörte, das die Worte begleitete.

„Wir wissen natürlich, dass nie jemand mit Namen Lamm dort war", sagte er und hielt erneut inne, als wollte er mir Zeit geben, alles zu verarbeiten, was dies bedeuten könnte.

"Sprechen Sie Englisch?" war die nächste Frage, mit perfektem Akzent in meiner eigenen Sprache gestellt.

„Sicher", antwortete ich mit einem, wie ich meinte, sehr korrekten Tonfall. Aber es schien ihn nicht so sehr zu beeindrucken, wie ich es mir gewünscht hätte; und nachdem er mich ein oder zwei Augenblicke lang neugierig betrachtet hatte, stand er auf, holte einen Band von Mark Twains „*Unschuldige Kinder im Ausland*" und legte ihn mir aufgeschlagen vor, mit der Bitte, ich solle versuchen, eine Passage zu lesen.

Ich betrachtete es ernsthaft und gab es als hoffnungslos auf.

Aber er war zu viel für mich. „Nun, ich werde es dir vorlesen und dich bitten, es mir nachzusprechen." Und er las es und ich musste die Worte so amerikanisch wiederholen, wie ich konnte. „Danke", sagte er, als er das Buch schloss und wieder weglegte. Und dann folgte eine weitere lange Pause.

Ich erinnerte mich an Hoffnungs beunruhigende Worte – dass der Baron mir etwas sagen würde, was mir vielleicht nicht gefallen würde. Das hatte er auf jeden Fall gut gemacht, und als er wieder anfing, machte ich mir langsam schreckliche Sorgen über den weiteren Verlauf der Dinge.

„Und Sie möchten unserem Geheimdienst beitreten?" fragte er mit dem abrupten Themenwechsel, der mich beunruhigte.

„Herr Hoffnung hat es mir gesagt, aber –“ und ich lächelte ausdruckslos.

„Glauben Sie, dass ein Mann ohne Gedächtnis für uns von großem Nutzen wäre?“

„Ich fürchte nicht, Sir; aber um die Wahrheit zu sagen, ich habe keinerlei Lust dazu. Die Ärzte in Rotterdam sagten mir, ich solle mein Gedächtnis rechtzeitig wiedererlangen und wenn ich mich gut ausruhen und einfach sein könnte.“ Eine Zeit lang absolut ruhig, das ist alles, was ich mir wünsche.

Er nickte, nicht unfreundlich, und blickte mich dann plötzlich mit dem scharfsinnigsten Blick an, den ich je in den Augen eines Mannes gesehen habe, und fragte: „Bist du sicher, dass du das ernst meinst?“

„Auf jeden Fall, Sir, bei meiner Ehre “, blickte er ihm fest in die Augen.

Er hielt sie einen Moment lang mit derselben Anspannung fest, als wollte er meine innersten Gedanken lesen, dann nickte er und lehnte sich in seinem Sitz zurück. „Das kann ich verstehen und glaube dir. Ich freue mich, das zu hören.“

Was er meinte, konnte ich nicht sagen, aber ich fühlte mich erleichtert, weil ich seiner Meinung nach offenbar aufgestiegen war, aus irgendeinem Grund war es unmöglich, es auch nur zu erraten. Es vergingen einige Minuten, bis etwas mehr gesagt wurde, die bisher längste Stille. Dass er offenbar alles überfahren hatte, was ihm bei seinem nächsten Zug passiert war, zeigte sich.

„Ich interessiere mich sehr für Ihren Fall und bin darüber ebenso sehr verwirrt. Persönlich bin ich der Meinung, dass es das Beste wäre, Ihnen Zeit zu geben, um zu sehen, ob die Erinnerung zurückkommt. Aber das ist eher ein Punkt Ärzte als für mich. Sie haben für uns in England sehr wertvolle Arbeit geleistet, und wenn alles andere gut läuft, besteht kein Zweifel daran, dass Sie mehr in dieser Art tun könnten. Aber dies sind Zeiten, in denen wir nicht alles tun können, was wir können ; die Dinge sind zu anstrengend. Abgesehen von diesem Gedächtnisverlust scheinen Sie völlig normal zu sein – wieder Ärzte; und Sie sollten sie besser sofort aufsuchen;“ und er klingelte an seiner Tischglocke. „Wenn Sie an ihnen vorbeikommen, und Ihrem Aussehen nach habe ich keinen Zweifel daran, dass Sie das schaffen werden, werden Sie natürlich an die Front gehen.“

Mir stockte der Atem, aber er sah meine Bestürzung nicht, denn er war während des Sprechens aufgestanden, hinausgegangen und hatte seinen Sekretär namens von Welten bei mir zurückgelassen.

KAPITEL VIII

VON ERSTEIN

Baron von Gratzen war einige Minuten fort; und überaus unangenehme Minuten waren es für mich. Zuerst konnte ich nichts anderes als Schachmatt für alle meine Pläne sehen. Dass die Ärzte mich als diensttauglich einstufen würden, stand außer Frage; und da Deutschland so viele Männer wie möglich in der Kampflinie haben wollte, war ich sicher, dass ich ohne Verzögerung abgeschickt werden würde.

Aber dann brauchte ich nur eine Verzögerung von ein paar Tagen – bis dahin waren die Papiere fertig – und es war immer noch möglich, dass etwas passieren würde, das mir gerade noch genug Zeit geben würde, wegzukommen. Es war jedoch ein teuflisches Durcheinander; und es kostete mich unendlich viel Mühe, mich zusammenzureißen, als der Baron zurückkam und mich selbst zu den Ärzten brachte.

Sie waren auf den Fall vorbereitet worden und alle drei zeigten genauso großes Interesse an mir wie die anderen in Rotterdam. Einer von ihnen war ein Spezialist für solche Fälle und führte den ersten Teil der Untersuchung durch, nämlich die Untersuchung meines Gedächtnisses. Er stellte zahllose Fragen zu allen möglichen Themen und versuchte auf jede erdenkliche Weise, mich dazu zu bringen, zuzugeben, dass ich mich an etwas erinnern konnte; aber es fiel mir nicht schwer, ihm zu antworten. Er schien den größten Wert auf alles zu legen, was unmittelbar vor der Explosion auf dem *Burgen geschehen war* ; und war immer noch dabei, als der Baron zu uns zurückkam, sich seine abschließenden Fragen und Vorschläge anhörte und ihn dann aus dem Zimmer führte.

Es folgte die körperliche Untersuchung. Ich zog mich komplett aus und ein paar Minuten genügten, um sie von meiner Fitness zu überzeugen. Ich war natürlich in bester Verfassung und knallhart.

„Sie müssen eine militärische Ausbildung gehabt haben", sagte einer von ihnen.

„Soweit ich weiß, kann das nicht sein. Ich verstehe, dass ich schon lange um die Welt gereist bin."

„Da bin ich mir sicher", lautete das positive Urteil. „Jeder Muskel erzählt die Geschichte zu deutlich, als dass jemand sich irren könnte. Stehen Sie einfach da drüben; ich möchte auf Ihren Rücken schauen;" und er stellte mich nahe an die Wand und trat selbst ein Stück zurück.

„Nein, vielleicht nicht", murmelte er und gerade als ich über seinen Fehler kicherte, schrie er mich plötzlich auf Englisch an: „„Shun!' mit militärischer Schroffheit. Instinktiv, da ich für einen Moment völlig unvorbereitet war, zog ich die Fersen zusammen und richtete mich auf. Er kicherte, und ich hätte mich dafür verfluchen können, dass ich ein Idiot bin, weil ich die Show verschenkt habe.

Der Arzt, der mich gefangen hatte, konnte seine Freude nicht unterdrücken. „Ich wusste, dass ich mich nicht irren konnte. Du kannst dich anziehen", sagte er mir, rieb sich genüsslich die Hände und nachdem er seinem Kollegen noch einmal zugelacht hatte, eilte er davon, um das Ergebnis seines Experiments zu berichten.

Ich war sauer darüber, dass ich mich so zum Arsch gemacht hatte, obwohl alles so gut gelaufen war. Das Spiel war natürlich vorbei, und es blieb nichts anderes übrig, als sich der Musik zu stellen. Es stand nun im Unklaren , ob ich an die Front geschickt oder ins Gefängnis gesteckt werden sollte, und es brauchte keinen Salomo, um zu erkennen, dass die Chancen für Letzteres sehr günstig waren .

Der Baron und die beiden Ärzte kamen nach etwa fünf Minuten zurück, und der Mann, der mich rausgeschmissen hatte, erzählte dem Spezialisten lachend davon.

„Ich kann mir nicht vorstellen, wie es dir entgangen ist, Görlitz", sagte er, als sie eintraten; und der Spezialist schien ungefähr so zufrieden zu sein, wie ich mich fühlte.

„Versuchen Sie es noch einmal", knurrte er halb flüsternd.

„Diesmal könnte er vorbereitet sein", war die Antwort mit gedämpfter Stimme, aber nicht leise genug, um zu verhindern, dass ich sie hörte. Im Moment konnte ich den Überblick nicht behalten; Aber als der Arzt nach ein paar oberflächlichen Fragen so tat, als würde er ein paar Messungen vornehmen, und mich dann wieder mit dem Rücken zu ihm drehte, wusste ich, was kommen würde, und ich dachte, ich würde selbst ein bisschen Pantomime machen.

Sie sprachen leise miteinander und mitten im Gespräch schrie der Arzt „Meiden!" mich noch einmal an. Ich zuckte zusammen, zögerte und wurde dann aufmerksam, aber nicht annähernd so geschickt wie zuvor.

„Drehen Sie sich einfach um", rief der Spezialist. „Jetzt marschieren Sie durch den Raum." Ich gehorchte und war schon auf halbem Weg, als der Arzt „Halt!" rief. Ich habe sofort aufgehört.

„Da sind Sie", rief der Arzt. Der Spezialist nickte, sagte mir, ich solle mich setzen, und stellte mir alle möglichen Fragen über die Armee. Er schien eher erfreut zu sein, als ich sie nicht beantwortete.

Es folgte ein langes Pow-Wow zwischen den drei Ärzten, das sich zu einem ziemlich hitzigen Streit entwickelte, ob mein Befolgen des Befehlsworts wirklich eine Wiederholung der Erinnerung war oder nicht, als der Baron eingriff und ich mit seinem Untergebenen in sein Zimmer zurückgeschickt wurde .

„Sie haben ihnen ein schwieriges Problem gestellt, Herr Lassen", sagte er zu mir, als er sich nach etwa zehn Minuten zu mir gesellte; „Und hast mir auch eins gegeben. Aber es wird nicht schaden, die Entscheidung über dich auf jeden Fall um ein paar Tage aufzuschieben. Du hast keine Ahnung, wie du die englischen Befehlsworte kennst?"

Ich tat so, als würde ich tief nachdenken. „Kann ich dort in der Armee gewesen sein?" fragte ich und sah ihn ausdruckslos an.

Er lächelte und nickte dann. „Ja, Sie sind ein Deserteur. In Ihrem Bericht steht, dass Sie sich ihr angeschlossen haben, um bestimmte Informationen zu erhalten."

„Es ist sehr seltsam, Sir."

„Sehr", antwortete er etwas trocken. „Es macht es ein wenig schwierig, einen Vorschlag zu machen, den Dr. Görlitz gemacht hat; er ist der Spezialist für Geisteskrankheiten, wissen Sie. Er hält es für nicht unwahrscheinlich, dass Sie wieder in die Umgebung gebracht werden, die unmittelbar vor dem Schock stattfand, der Sie Ihres Gedächtnisses beraubte , es würde seine Genesung erheblich erleichtern. Vielleicht Ihre einzige Chance dazu. Aber Sie möchten vielleicht kein solches Risiko eingehen. Sie sollten verstehen, dass ich Ihnen auf jede erdenkliche Weise helfen möchte", fügte er freundlich hinzu.

„Ich bin Ihnen sehr dankbar, Sir. Natürlich wäre es ein Risiko, aber mein großer Wunsch ist es, mein Gedächtnis zurückzugewinnen."

„Heißt das, dass Sie gerne nach England zurückkehren würden?"

Ich traute meinen Ohren kaum und versuchte, meine überwältigende Freude unter dem Deckmantel stirnrunzelnder Überlegungen zu verbergen. „Das Risiko würde mir keine Angst machen, Sir."

„Sehr gut. Ich werde mich darum kümmern. Das ist ungefähr so weit, wie wir heute kommen können; aber eines sollte ich dir sagen. Es gibt jemanden in Berlin, der dich kennt und erklärt, dass dein Gedächtnisverlust ein Problem ist bloßer Vorwand , und dass Sie es aufgrund einer überaus finsteren Angelegenheit angenommen haben, in die Sie vor ein oder zwei Jahren verwickelt waren."

Darüber könnte ich aufrichtig lächeln. „Kannst du mir seinen Namen sagen?"

Er hielt einen Moment inne. „Es wird nichts schaden, wenn Sie es für sich behalten; ich glaube die Geschichte nicht, aber ich kenne den Mann ja zu gut. Es ist Graf von Erstein ."

„Er ist ein Schurke, das weiß ich; aber es kann natürlich die Wahrheit sein."

„Wir werden nicht über ihn sprechen", sagte der Baron und erhob sich. „Ich habe dir nur gesagt, dass du auf der Hut sein sollst, weil ich echtes Interesse an dir hege." Und damit schüttelte er mir die Hand und schickte mich weg, als ich mich an meine Schwierigkeiten an diesem Morgen mit den Ausweispapieren erinnerte. Ich erklärte es ihm und er schickte nach von Welten und wies ihn an, das Notwendige zu tun.

Als ich den Ort verließ, hatte ich das gleiche Gefühl wie jeder , der sich mit dem Rücken an einer Gefängnistür gerieben hat und durch ein leises Quietschen davongekommen ist, sich auf der falschen Seite des Gitters wiederzufinden. Die ganze Sache hat mich verwirrt. Da ich die üblichen Methoden des deutschen Beamtentums so gut kannte, war die Behandlung des Barons unverständlich; Und so sehr ich auch versuchte, mir den Kopf zu zerbrechen, konnte ich keinen Anhaltspunkt finden, um es zu erklären.

Und dann das Glück! Eigentlich soll es mit offiziellen Ausweisen nach England zurückgeschickt werden! Ich hätte vor Freude jubeln können! Da aber die Zeit, in der ich mit von Erstein zu Mittag essen wollte, bereits vorbei war , eilte ich zurück zum Falkenplatz , besorgte mir die kleine Wohnung und fuhr sie dann mit dem Taxi zu von Ersteins Adresse.

Was für ein Mistkerl dieser Rohling war, dachte ich, als ich an die Geschichte dachte , die er bereits über mich verbreitet hatte. Er hatte vor, die Dinge für mich heiß zu machen, und das war kein Fehler, und er hatte keine Zeit verloren, sich an die Arbeit zu machen. Und was für ein Blödsinn, dass der alte Graf mir diese Warnung gegeben hat. Wenn ich in Berlin Halt gemacht hätte, hätte ich von Ersteins Feindschaft vielleicht ernst genommen; Aber so wie die Lage war , konnte ich es mir leisten, über ihn zu lachen, denn höchstens ein paar Tage würden Nessa und mich außer Landes bringen, wenn das Glück nur Bestand hätte.

Ich erreichte die Gallenstraße , wo von Erstein seine prächtige Wohnung hatte, so spät, dass er bereits mit dem Mittagessen begonnen hatte. „Ich hatte dich aufgegeben, Lassen", sagte er, als ich eintrat. „Ich dachte, mit dem alten Gratz könnte etwas passiert sein, das dich aufgehalten hat. Er ist ein flaumiger alter Vogel. Setz dich bitte hin.

„Warum sollte es nicht sein?" Ich wusste, was er meinte.

Er schaltete die Frage aus und wir sprachen bis zum Ende des Mittagessens über nichts Besonderes, außer dass er hin und wieder eine Frage einschlug, die mich vielleicht beschäftigt hätte, wenn ich nicht auf der Hut gewesen wäre. Aber ich war an diesem Morgen so gründlich durch die Mühle gegangen, dass mir die Rolle, die ich spielte, sozusagen in die Knochen gewachsen war.

„Jetzt können wir uns in aller Ruhe unterhalten", sagte er, als wir uns in Sesseln niederließen. „Ist es immer noch Ihre Angewohnheit, vor einer Zigarre eine Zigarette zu rauchen?" fragte er grinsend, während er mir die Schachtel hinhielt.

„War das denn eine meiner Gewohnheiten?" Ich konterte und lehnte die kleine Falle ab.

„In Ordnung, du machst es sehr gut. Du solltest auf der Bühne stehen, mein Wort, das solltest du", sagte er mit einem breiteren Blick. „Aber jetzt packen wir es an. Wie stehen wir zwei da ?"

"Worüber?"

„Machen Sie nicht so herum. Sie wissen, was ich meine."

„Das werde ich, wenn du es mir sagst."

„Willst du mich als Freund haben oder so?"

jemandem streiten werde , der so viel Einfluss hat wie du."

„Und ich habe dir gesagt, dass es ein schlechter Arbeitstag für dich wäre, wenn wir uns stritten; und wir werden uns streiten, wenn du versuchst, um den heißen Brei herumzureden, wie du es jetzt tust. Ich glaube an Klartext, und das würdest du tun Denken Sie besser daran, nicht nur jetzt, sondern immer."

„Dann lass mich jetzt etwas Klartext reden."

„Das sollst du", holte seine Zigarre heraus und schnippte die Asche ab. „Ich muss nur ein oder zwei Worte sagen und schon kann ich dich so leicht aus dem Weg schleudern, wie ich die Asche wegschnipste. Denk auch daran."

Ich lachte. „Du hast eine angenehme Art mit dir, von Erstein ."

„Angenehmes oder Unangenehmes ist mir völlig egal. Wenn ich etwas will, habe ich es. Und was ich jetzt will, ist dieses englische Mädchen bei den von Reblings , und Sie sollten besser aufpassen, dass Sie mir nicht in die Quere kommen." Art und Weise darüber.

„Wie kann es sein, dass ich Ihnen im Weg stehe?"

„Weil du ein Verwandter der von Reblings bist , mein Freund, und du wirst die schöne Rosa heiraten, von der du als alter Hase übrigens eine Handvoll finden wirst. Aber sie mag das englische Mädchen und wird versuchen, Sie zu beeinflussen, und wenn ich sie kenne, was ich sicherlich tue, wird sie Erfolg haben, wenn ich es nicht aufhalte.

„Aufhören? Wie?"

dir zeige, auf welcher Seite deines Brots die Butter ist. Jetzt schau her. Ich weiß eine Menge über dich; genug, um deinen Streit mit den von Reblings in Frage zu stellen , deiner Verlobung ein Ende zu setzen und dir die Münze zu verlieren, auf der du gestanden hast." Ich zähle noch einmal. Dieser ganze Blödsinn über einen Gedächtnisverlust ist nur –" und er schwenkte seine Zigarre in der Luft, um seine Bedeutung zu unterstreichen.

"Was weißt du über mich?"

„Oh, versuchen Sie nicht, dieses Narrenspiel mit mir zu machen."

„Aber ich sollte mich intensiv für die Geschichte interessieren. Es brennt mir in den Fingern, alles über mich selbst zu erfahren", beharrte ich und sah, wie dieser Satz ihn provozierte.

„Wo bist du von Göttingen hingegangen, mein junger Freund?" fragte er mit einem bedeutungsvollen Nicken, als ob die Frage mich verwirren würde.

„Woher zum Teufel soll ich das wissen?"

„Du bist nach Hannover gegangen. Das weißt du ganz genau."

„Habe ich? Und tue ich das auch? Du bringst mich regelmäßig zum Mischen, weißt du?" Ich war erfreut zu sehen, dass er schnell die Beherrschung verlor.

„Das hast du. Und als du dort warst , hattest du einen Freund, der sich Gossen nannte; in Wirklichkeit war er aber ein Franzose namens Gaudet. Sag nicht, dass du dich nicht erinnerst, denn das wäre eine Lüge", knurrte er.

„Das ist ein hässliches Wort, von Erstein ."

„Und die ganze Sache war eine hässliche Angelegenheit. Er war ein Spion und wollte ein paar Geheimnisse haben; Sie konnten sie herausfinden; und plötzlich wurde festgestellt, dass Sie im Besitz einer großen Geldsumme waren. Wie sind Sie daran gekommen?"

„Ehrlich gesagt, das hoffe ich", antwortete ich mit absichtlicher Leichtfertigkeit.

„Wie hast du es bekommen? Und wie bist du auch an die Information gekommen? Das ist die Frage; und wenn du sie nicht beantworten willst, kann ich es. Aber du solltest mich besser nicht dazu zwingen, meine Lippen zu öffnen."

„Ich fange an, mich furchtbar zu interessieren. Wie eine Geschichte, nicht wahr?" und ich habe gelacht.

„Du solltest besser lachen, solange du kannst", rappte er und fluchte bösartig.

„ Natürlich meinst du, dass ich die Informationen an den Franzosen verkauft habe und dass das der Grund dafür ist, dass ich plötzlich Geld habe."

„Ich meine es nicht nur so , ich kann es beweisen. Beweisen Sie es, verstehen Sie das?"

Ich grinste ihn noch einmal an und schüttelte den Kopf. „Jemand hat dich auf den Arm genommen, von Erstein . Die ganze Sache ist einfach nur Blödsinn."

„Es ist nicht gut, Lassen. Ich habe dich hier;" und er streckte seine Hand aus und ballte sie. „Hier! Und kein zappelnder Humbug über Gedächtnisverlust wird Ihnen dabei helfen, da rauszukommen."

„Dann muss ich ein höllischer Schurke sein."

„Das ist das Wahrste, was du gesagt hast, seit du hier bist. Es ist genau das, was du bist; und die von Reblings sollten es wissen."

„Sie haben mir noch nicht gesagt, wie ich an diese wertvollen Informationen gekommen bin. Das würde ich gerne wissen."

„Wenn du deine verlorene Erinnerung für eine Sekunde aufwecken lässt, gerade lange genug, um dich an den Namen Anna Hilden zu erinnern, wirst du alles darüber wissen, ohne ein Wort von mir zu sagen." Sein höhnischer, anzüglicher Tonfall zeigte deutlich, dass dies einer seiner Trumpfkarten war, und er richtete seinen Blick auf mich und wartete aufmerksam auf die Wirkung.

„Aber mein Gedächtnis wird mich beim Aufwachen nicht verpflichten, wissen Sie. Hatte sie etwas damit zu tun?"

„Zum Teufel mit all deiner vorgetäuschten Unschuld! Du weißt, dass sie es getan hat, und dass du sie dazu gebracht hast, es dem Mann, den sie heiraten sollte, herauszulocken, wenn du nicht auf der Straße gewesen wärest;

so wie du es jetzt versuchst mit mir", rief er und blickte mich drohend an. „Aber dieses Mal haben Sie es mit einem Mann zu tun, nicht mit einer Frau, und außerdem mit der falschen Sorte Mann."

Ich ließ den scherzhaften Ton fallen und antwortete ernst. „ Natürlich mag alles, was Sie sagen, die Wahrheit des Evangeliums sein, aber ich gebe Ihnen mein Wort, dass ich mich nicht die leiseste Erinnerung an irgendetwas habe, was Sie erwähnt haben."

Er lachte verächtlich. „Das ist eine Lüge", knurrte er fluchtartig.

Ich hatte mehr als genug und stand auf. „Wenn dies nicht dein eigener Ort wäre, würde ich dir dieses Wort in die Kehle stopfen; und wenn wir uns das nächste Mal treffen, werde ich es tun, wo auch immer es ist", sagte ich ihm.

Er schien zu verstehen, dass ich es ernst meinte, und sein Gesicht veränderte sich. „Das nehme ich zurück", murmelte er. „Setz dich wieder hin."

Ich habe mich nicht hingesetzt, sondern blieb stehen. Entweder war er ein so arroganter Feigling, wie ein solcher Rohling nur sein kann, und ich hatte ihn erschreckt, oder es war ihm ein Gedanke gekommen, der für die Veränderung verantwortlich war.

Er ließ seine Zigarre fallen; machte sich die Mühe, es zu finden, wegzuwerfen und ein anderes anzuzünden; und es war leicht zu vermuten, dass dies alles nur dazu diente, Zeit zu gewinnen. Dann saß er da und dachte nach, während er nervös an einem ganz besonderen Ring herumfummelte, den er an seinem Mittelfinger trug. Er sah, wie ich es betrachtete, und sprach darüber , zweifellos um etwas mehr Zeit zum Nachdenken zu haben .

„Du siehst dir das an", sagte er und hielt die Hand hoch. Ich nickte, und er zog es heraus und reichte es mir. „Es ist ein Puzzle-Ring, den ich in China gekauft habe", erklärte er und zeigte, dass es sich in Wirklichkeit um eine kleine Ringkette handelte, die auf sehr raffinierte Weise zu einem einzigen Ring zusammenpasste.

Ich untersuchte es und um noch Zeit zu gewinnen, sagte er mir, ich solle versuchen, es zusammenzusetzen. Ich habe es tatsächlich versucht und bin gescheitert, und als er sich sein Problem ausgedacht hatte, nahm er es zurück und zeigte mir die Armatur.

„Es tut mir leid, dass ich gerade die Beherrschung verloren habe, Lassen", sagte er in einem ganz anderen Ton als zuvor wütend. „Es ist immer ein Blödsinn. Aber ich habe wirklich geglaubt, dass Sie Ihr Gedächtnis fälschen. Was ich Ihnen über die Hannover-Sache erzählt habe, ist jedoch durchaus wahr, und die Tatsache, dass Sie sich nicht daran erinnern, würde kein Atom ergeben Es gibt keinen Unterschied zu unserem Volk. Aber was ist nun mit der Engländerin?

Ich zögerte eine Sekunde und nahm dann wieder Platz. „Ich bin bereit, dir zuzuhören", sagte ich; und er konnte die Befriedigung aus seinem fetten, verräterischen Gesicht nicht verbergen. Er meinte natürlich, dass er mir Angst gemacht hatte.

„Was wirst du wegen ihr tun?" war seine nächste Frage.

„Was *du* tun willst, ist der Punkt, Mann."

„Sie ist eine Spionin und sollte interniert werden."

„Und warum ist dir das so wichtig? Du hast vor einiger Zeit gesagt, dass du sie haben willst. Wie soll dir die Internierung dabei helfen?"

„Sie würde nach Krustadt und zum Kommandanten geschickt werden – egal; den Rest können Sie mir überlassen. Sie werden nichts erfahren."

Ich konnte mir eine Zeit lang nicht zutrauen zu sprechen, so wütend war ich über die Andeutungen der Worte und des Verhaltens des grinsenden Unmenschen. Aber wahrscheinlich gab es noch mehr zu lernen, also unterdrückte ich meine Wut und zwang mich schließlich sogar dazu, zu nicken und bedeutungsvoll zu lächeln. „Und mein Teil?" Ich fragte.

„Zwei Dinge; beides ganz einfach. Der alte Gratz hat bisher einen Strich durch die Rechnung gemacht, verfluche ihn, und wenn du im Haus bist, kannst du ihm sagen, dass du weißt, dass ich Recht habe, dass sie eine Spionin ist, und das kannst du geben." er beweist.

„Beweise?" wiederholte ich erschrocken.

„Ich habe Beweise gesagt, nicht wahr? Ich gebe dir ein paar Papiere und du kannst ihr ein oder zwei unterschieben und ihm den Rest geben, mit der Aussage, dass du sie in ihrem Zimmer oder irgendwo anders gefunden hast. Er wird dazu verpflichtet sein Dann ordnen Sie eine Suche an, und das wird den Zweck erfüllen.

„Verdammt, das Ding!" rief ich, sprang auf und rang meine Finger, als hätte ich sie mit meiner Zigarre verbrannt.

„Hier, nimm noch eine", sagte er, und als ich sie angezündet hatte, hatte ich mich wieder in der Hand.

„Aber wenn sie auf frischer Tat ertappt würde, könnte sie erschossen werden, und das würde Ihnen nicht viel helfen."

„Das überlassen Sie mir", antwortete er mit einem anzüglichen Blick und einem Augenzwinkern. „Die Frage ist, wirst du mir helfen?"

„Es gefällt mir nicht, von Erstein , und das ist die Wahrheit“, sagte ich.

„Das habe ich dich nicht gefragt.“

„Und wenn ich dir helfe?“

Er legte seinen dicken Finger an seine Lippen. „Mama wegen der Sache mit Hannover.“

„Und wenn ich es nicht tue?“

Er hielt inne und blinzelte mich scharf an. "Ich denke du wirst."

Ich wollte den Vorschlag prüfen. „Aber warum sollte man sich die Mühe machen, sie zu bekommen? Wenn du sie heiraten willst, warum fragst du sie dann nicht?“

Das berührte seinen germanischen Sinn für Humor und er brach in lautes und offensichtlich echtes Gelächter aus. „Warum hast du Anna Hilden nicht geheiratet? Weil du sie auch ohne bekommen könntest, nicht wahr? Das Gleiche gilt hier natürlich.“

„Dann kommt es darauf“, sagte ich nach einer Pause. „Sie denken, Sie wissen, dass ich in dieser Angelegenheit in Hannover den Verräter auf eine Weise gespielt habe, die mich in Gefahr bringt, erschossen zu werden; aber dass Sie bereit sind, es zu vertuschen, wenn ich dabei helfe, Miss Caldicott in Ihre Gewalt zu bringen. Das ungefähr.“ Es?"

„Sagen Sie es so, wie Sie möchten“, knurrte er, ihm gefiel die unverblümte Aussage nicht. „Aber du solltest dich besser an die Linie halten, mein Freund, und zwar sofort. Was wirst du jetzt tun?“

„Ich werde mich an die Linie halten, von Erstein .“

Er gluckste. „Ich dachte, du würdest Weisheit erkennen“, spottete er.

„Allerdings nicht ganz so, wie Sie denken. Was ich tun werde, ist“ — und ich hielt inne — „Ihnen achtundvierzig Stunden Zeit zu geben, um Berlin zu verlassen; und wenn ich Sie dann hier finde, werde ich nicht nur.“ Erzählen Sie den von Reblings Ihren gesamten verflixten Plan, aber ich werde es auch Baron von Gratz erzählen. Und ich bin überglücklich, dass Sie mir diese Karte in die Hände gegeben haben.

KAPITEL IX

Ein Brotaufstand

Es dürfte kaum jemanden geben, der völlig verblüfft wirkte als von Erstein , als ich mein Ultimatum überbrachte und aufstand.

Dass ich ihn erschreckt hatte, zeigten seine kreideweißen Wangen unmissverständlich, während das Zittern seiner Lippen, seine geballten Hände und das grelle Leuchten in seinen kleinen Schweineaugen von seiner Wut zeugten. Er sprang sofort auf, um mich daran zu hindern, weiterzugehen.

„Geh auf keinen Fall so, Lassen. Lass uns darüber reden", schrie er . „Die Sache kann erklärt werden und wir können uns verständigen."

"Du Schwein!" Ich knurrte. „Geh mir aus dem Weg, sonst vergesse ich, dass ich in deinem Zimmer bin und lege meine Hände auf dich."

Er versuchte, nicht zusammenzuzucken, war aber zu sehr ein Grinse. „Sehen Sie, ich werde kein Wort über die Sache mit Hannover verlieren. Das schwöre ich", sagte er, als ich zur Tür ging.

„Du hast es bereits getan, du lügnerischer Heuchler. Das weißt du; und ich weiß es auch . Ich habe davon gehört und werde es hören, wenn du noch mehr sagst. Und beim Himmel, wenn du es wagst, noch eine Silbe darüber zu sagen." es, ich werde – nun ja, mir danach aus dem Weg gehen, das ist alles"; und ich überließ es ihm, selbst zu beurteilen, was ich tun würde.

Ich musste gehen. Ich hätte das Tier verprügeln sollen, wenn ich aufgehört hätte. Ich war wahnsinnig vor Wut; und ich ging weg und konnte im Moment an nichts anderes denken als an seine abscheuliche Feigheit und Bestialität. Ich bin kein Heiliger und gebe auch nicht vor, einer zu sein; Aber der höllische Plan dieses Unmenschen, Nessa in seine Gewalt zu bringen, war mehr, als Fleisch und Blut ertragen konnten. Ich glaube, zumindest hoffe ich, dass es mir genauso heiß gewesen wäre, wenn sich ein anderes Mädchen Sorgen gemacht hätte.

Ich rannte durch die Straßen und achtete kaum darauf, wohin ich ging, und erst als sich meine Wut etwas abgekühlt hatte, begann ich darüber nachzudenken, welche Schritte ich unternehmen sollte. Ich war froh, dass ich die Beherrschung verloren und mich auf ihn eingelassen hatte; Aber nach einer Weile wurde mir klar, dass ich einen schweren Fehler gemacht hatte. Alles, was ich brauchte, war, ein paar Tage Verspätung zu gewinnen; und es wäre weitaus diplomatischer gewesen, wenn ich scheinbar seinen Plänen gefolgt wäre und nur ein paar Ausreden gefunden hätte, um etwaige Untätigkeit zu rechtfertigen.

Aber man kann sich nicht immer um die Diplomatie kümmern; und überhaupt hatte der Bettler große Angst. Wahrscheinlich würde er genauso sehr darauf bedacht sein, eine neue Offensive zu starten, wie ich, zu entscheiden, was als nächstes zu tun sei; und was auch immer passierte, ich würde es nicht bereuen, dass ich mich gehen ließ. Was mir leid tat, war, dass ich nicht in der Lage war, mit meinen Händen zu „gehen", statt nur mit Worten.

Es würde jedoch nicht genügen, nur Däumchen zu drehen; Und nach einer Weile kam mir der Gedanke, dass es das Beste wäre, noch einmal ein Interview mit dem alten Gratz zu bekommen und ihm einfach die ganze hübsche Geschichte zu erzählen. Wenn es nichts nützte, würde es auch nicht schaden, und sicherlich würde es ihn auf jeden weiteren Plan von Ersteins vorbereiten , Nessa als Spionin zu beweisen.

An diesem Punkt klopfte mir jemand auf die Schulter. „Hallo, Cousin Johann, was machst du an diesem abgelegenen Ort?"

Es war Hans. „Wenn es dazu kommt, was machst du dann, junger Mann?"

„In der Untergasse gibt es eine Party , und ich habe mir das angeschaut. Viele Frauen streiten sich wegen Essen oder so. Es sah aus, als würde es warm werden, also dachte ich, es sei Zeit, nach Hause zu gehen."

„Lass uns gehen und es uns ansehen", sagte ich direkt. Ich hatte in England Gerüchte über Brotunruhen gehört und die Idee, mir selbst eines anzuschauen, gefiel mir sehr, und ich erinnerte mich daran, was der Schneider dazu gesagt hatte.

Der Ort war ganz in der Nähe; Und tatsächlich gab es eine große Menge und auch eine laute Menge. Ziemlich ein paar hundert Frauen mit ein paar Männern und so viel Lärm wie bei einem irischen Fraktionskampf. Wir standen ein oder zwei Minuten an der Straßenecke, als Hans einen Freund erblickte und mich aufforderte, auf ihn zu warten, und rannte los.

Ich bemerkte, dass, obwohl Polizisten in der Nähe waren, der Schneider recht hatte, als er sagte, dass sie nicht die üblichen Schritte unternahmen, um den Streit zu beenden; und ich bemerkte auch, dass die Menge immer zahlreicher wurde und sich in meine Richtung bewegte.

Dann hörte man zersplitterndes Glas, begleitet von lautem Geschrei der Frauen, die sich um die Stelle scharten, an der es zerschmettert worden war, und ich ging die Straße weit genug hinunter, um zu sehen, dass eine Bäckerei aufgebrochen worden war.

Dann griff die Polizei ein; aber es war zu spät und es waren zu wenige davon. Außerdem hatte der Mob Blut geschmeckt, oder besser gesagt, Essen gerochen; und bald darauf gab es einen weiteren Krach; Diesmal ein Proviantladen. Man hatte zugelassen, dass die Menge außer Kontrolle geriet; und ich sah, wie einige der Polizisten wegstürmten, vermutlich um weitere Männer anzurufen.

Ich stand in diesem Moment auf der Straße und musste zur Seite springen, um einem offenen Auto auszuweichen, das ratternd die Straße entlang auf den Mob zukam. Im Auto saßen eine alte Dame und ein Mädchen, und als sie an mir vorbeikamen, stand dieses auf und rief dem Chauffeur aufgeregt zu, er solle anhalten.

Wenn es kein Deutscher gewesen wäre , wäre er nie so dumm gewesen, überhaupt versucht zu haben, auf die Straße zu gehen; aber ich nehme an, man hatte ihm gesagt, er solle diesen Weg einschlagen, und sein Instinkt des sklavischen Gehorsams gegenüber Befehlen tat sein Übriges. Das Ergebnis war, was jeder hätte vorhersehen können.

Er war zu spät, um umzukehren, und seine einzige Chance, durchzukommen, bestand darin, mit voller Wucht in die Menge zu fahren und sich auf sein Glück zu verlassen, um ihm den Weg freizumachen. So blieb er am Rande der Menge stehen; Und in kürzerer Zeit, als es nötig wäre, es zu erzählen, war das Auto das Zentrum einer jaulenden, hungrigen Menge von Viragos, für die der Anblick reicher Leute in einem teuren Auto wie eine gute Mahlzeit vor vielen ausgehungerten wilden Tieren war.

Schlimmer noch war die Tatsache, dass einige Raufbolde, die sich zurückgehalten hatten, sich auf den Wagen zu drängeln begannen, dessen Insassen nach der Polizei riefen. Sie hätten genauso gut nach dem Mond weinen können; und jeder Schrei wurde von den umstehenden Frauen mit Spott und Wutschreien beantwortet. Der Ärger verschärfte sich bald.

Eine Frau, die noch rücksichtsloser war als die anderen, rief lautstark, um die beiden aus dem Wagen zu locken, sprang auf die Stufe, packte den Chauffeur, der vor Schreck wie gelähmt schien, zerrte ihn von seinem Sitz, und die Menge drängte und brüllte legte ihm Handschellen an, bis er in der Menge unterging. Dann öffnete jemand die Autotür und schnappte sich das Kleid des Mädchens, das schreiend aufstand.

Das war zu viel; Also drängte und drängte ich mich hindurch, schob die Frau beiseite, die versucht hatte, das Mädchen zu packen, und forderte die beiden von Panik geplagten Damen auf, herauszukommen. Sie zögerten jedoch, und ein schmutziger Rowdy mit einem langen, eisenbeschlagenen Knüppel bellte mich als Junker an und versetzte mir einen heftigen Schlag auf den Kopf. Es gelang mir auszuweichen und ich versetzte ihm einen Stoß in den Mund, der ihn zurücktaumeln ließ und es mir ermöglichte, ihm seinen Stock zu entreißen.

Mit dieser Waffe schaffte ich bald Platz um das Auto herum und forderte die beiden verängstigten Insassen erneut auf, das Auto zu verlassen. Das Mädchen sprang sofort heraus und musste ihrer Mutter helfen, während ich den Mob auf Abstand hielt und dann eine Art Rückzugsgefecht im Miniaturformat führte.

Aber wir hatten keine Chance zu entkommen. Die Mutter war halb gebrechlich und konnte sich nur sehr langsam bewegen, während die Frauen um uns herum, wütend darüber, dass sie von ihrer Beute abgehalten und von dem Tier, das ich geschlagen hatte, und ein paar seiner Kumpane, die inzwischen aufgetaucht waren, geführt wurden, um uns herum strömten Viele Teufel sind verrückt geworden.

Wir erreichten jedoch den Bürgersteig, und als ich einen tiefen Eingang entdeckte, änderte ich meine Taktik und machte mich auf den Weg dorthin, wobei ich einige derjenigen, die im Weg standen, ziemlich grob behandelte. Wir konnten die Tür problemlos erreichen, und ich brachte meine beiden Schützlinge für einen Moment hinter mir in Sicherheit und sagte dem Mädchen, sie solle so lange an die Tür hämmern, bis jemand sie öffnete, während ich versuchte, die Menge zurückzuhalten.

Es war kein Picknick; aber ich ging davon aus, dass ich den Ansturm für eine Minute oder so unterdrücken könnte, bis jemand auf das Klopfen des Mädchens antwortete. Es war zu unserem Vorteil , dass der Kampf, den wir bereits geführt hatten, dazu geführt hatte, dass einige von denen, die vor der Menge standen, ein wenig zurückhaltend waren, weil sie zu nahe kamen; und da die Tür sehr schmal war und der Stock , den ich erbeutet hatte, sehr lang war, legte ich ihn quer nach außen und bildete so eine nützliche Barriere, und konnte ihn in Position halten, indem ich mich auf Armeslänge zurückzog, also fast außerhalb Reichweite der Hände und Füße der Vorderleute.

Zu meiner Bestürzung wurde jedoch kein Versuch unternommen, uns ins Haus zu lassen, obwohl das Mädchen ununterbrochen geklopft hatte. Der Mob stürzte sich bald darauf und die Dinge begannen hässlich auszusehen. Die alte Dame war zu Tode verängstigt und krank und stand kurz vor dem Zusammenbruch. die Tochter, fast ebenso panisch und beunruhigt über den Zustand ihrer Mutter, hörte auf, an die Tür zu hämmern, und beugte sich über sie; die Menge wurde von Minute zu Minute wütender; Die Hintern begannen, die Vorderen nach vorne zu drängen, der Rohling, den ich zuerst geschlagen hatte, kam mit den anderen weiter, und ich bekam ein paar ziemlich heiße Schläge und Tritte.

Aber die kleine Barriere des Stocks hielt das Schlimmste ab, und da jede Sekunde von entscheidender Bedeutung war und Hilfe durch eine Verstärkung der Polizei kommen konnte, nahm ich die Strapazen auf mich und hielt einfach durch.

Auf diese Weise wurden noch ein paar wertvolle Minuten gewonnen, als ein anderer der Männer, ein schmutziger kleiner rothaariger Bettler, vorsichtiger als die anderen, auf die schwache Stelle meiner Verteidigung fiel – meinen Griff am Stock. Zuerst versuchte er es mit seinen Fäusten auf meine Hände, und als er feststellte, dass das nichts nützte, zückte er ein Taschenmesser und stach damit auf mich ein.

Ich ließ die rechte Hand los und ließ ihn fallen, indem ich ihm auf die Nase klopfte, was das Blut in einen Strom strömen ließ und ihm etwas anderes zum Nachdenken gab. Aber seine beiden Gefährten hatten seinen kleinen Ausweichmanöver bemerkt und waren bereit, ihm durch Nachahmung zu schmeicheln, also musste ich eine andere Taktik anwenden.

Zu diesem Zeitpunkt war ich ziemlich rücksichtslos und nicht in der Stimmung, mich von einer Gruppe deutscher Raufbolde manipulieren zu lassen; Also verwandelte ich die Barriere in eine Angriffswaffe; mit seinem eisenbeschlagenen Ende bildete es eine schöne Art Hecht ; und ich habe es ohne Skrupel und Gnade genutzt. Ich schlug den Schlag dem Mann, der mich zuerst geschlagen hatte, ins Gesicht, dann dem Mann neben ihm in die Brust und traf schließlich einen dritten mit einem Knall auf den Schädel.

Das machte alle Männer aus und nahm der Menge den Appetit auf mehr. Sie wichen ein oder zwei Schritte zurück, und ich trat vor den Torbogen, schwang den Knüppel über meinen Kopf und schwor, dass ich der ersten Person, ob Mann oder Frau, den Schädel einschlagen würde, die auch nur einen Fuß vorwärts bewegte.

Niemand in den ersten Reihen schien es eilig zu haben, die Einladung anzunehmen; Aber wieder begannen die Hintermänner, die nichts von den Ereignissen wussten, nach vorne zu drängen, und langsam wurden die Leute vorn gegen ihren Willen und trotz ihrer Bemühungen, dem Druck zu widerstehen, nach vorne gedrängt.

Das Ergebnis war eindeutig. Natürlich konnte ich nicht jeden Kopf zerschlagen, und ich wusste nicht, was ich tun sollte, als mir ein wirklich glücklicher Gedanke kam. Ich hatte viel Kleingeld in meiner Tasche, zückte es und ließ es auf der Straße verstreuen.

„Wenn Sie Geld wollen, dann ist es da“, rief ich aus vollem Halse und schickte dem ersten ein zweites Los nach.

Es war ein wirklich großartiger Plan. Ich schrie so laut, dass fast alle es hören konnten, und das Aufblitzen der Münzen erledigte den Rest; Der Druck rund um den Eingang unseres Schutzraums ließ sofort nach, und sowohl die hintere als auch die vordere Reihe lieferten sich mitten auf der Straße, wo ich sorgfältig darauf geachtet hatte, das Geld zu scheuen, zu einem furchteinflößenden Gerangel. Ich habe noch nie in meinem Leben ein schöneres Gefecht gesehen.

„Wir können gehen", rief ich dem Paar hinter mir zu, als ich sah, dass der Bürgersteig frei genug war, um zu entkommen. Doch die ältere Frau war gestürzt und zu keiner Anstrengung fähig.

„Haben Sie etwas Geld?" Ich habe das Mädchen gefragt. „Mein eigenes ist ganz weg."

Sie betastete ihre eigenen Taschen und die Handtasche am Arm ihrer Mutter und gab alles, was sie finden konnte.

Es reichte aus, um die Menge noch ein oder zwei Minuten lang zu beschäftigen, und ich stieg aus, und gerade als die Leute nach der ersten Ablenkung des Gerangels nachließen, schrie ich, dass noch mehr kommen würde, und schleuderte die ganze Menge los zwischen den herumwirbelnden Köpfen ausgestrahlt und dabei darauf geachtet, sie so weit wie möglich auf der Straße zu verscheuchen. Es gab sofort einen Ansturm darauf.

Ich schlüpfte zurück in den Türrahmen, hob die alte Dame hoch, rannte darauf zu und forderte das Mädchen auf, den Stock mitzubringen und in der Nähe der Häuser zu bleiben, die inzwischen alle verschlossen und vergittert waren.

Es gelang uns, ein paar Meter bis zur Straßenecke zu kommen, als zwei der Männer, die uns Schwierigkeiten bereitet hatten, uns entdeckten und, da sie dachten, ich sei jetzt unbewaffnet, mir nachstürmten und viele andere aufriefen, ihnen zu folgen.

Sie überholten uns bald und es blieb uns nichts anderes übrig, als uns erneut zu wehren, diesmal ohne die freundliche Hilfe einer Tür. Ich legte meine Last auf das Pflaster, nahm dem Mädchen den Stock ab und drehte mich zu den Ankommenden um . Als sie sahen, dass ich immer noch bewaffnet war, hielten sie überrascht an und zögerten. Ich nutzte sofort den Moment ihrer Bestürzung, ging direkt auf sie zu, schlug den nächsten und war auf dem Weg zum nächsten, als ich hinter mir einen Schrei hörte, der auf einen Angriff von hinten hindeutete.

Ich drehte mich um, um ihm zu begegnen, und zu meiner großen Erleichterung sah ich Hans neben den beiden Damen stehen. „Komm schon, Hans", rief ich und im Handumdrehen war er an meiner Seite. Wir erlebten ein paar Sekunden lang ein heftiges Taumeln, bei dem er sich wie ein Ziegelstein zusammenfügte, und dann kam Erleichterung. Wir hörten das Geräusch von Pferden und das Klirren von Ausrüstungsgegenständen, und im nächsten Moment bog eine kleine Kavallerietruppe um die Straßenecke, und wir überließen ihnen den Rest des Geschehens. Bald zerstreuten sie den Mob, der in alle Richtungen außer unserer floh, und die Straße wurde schnell geräumt, so dass das Auto das einzige auffällige Merkmal im Vordergrund blieb.

Da der Chauffeur nirgends zu sehen war und die alte Dame nicht laufen konnte, schickte ich Hans zu ihr zurück und ging nachsehen, ob das Auto stark beschädigt war. Es war sicherlich in den Kriegen gewesen; Es wurde alles abgestreift, sogar die Polster, aber der Motor war in Ordnung, also startete ich ihn, stieg ein und fuhr rückwärts zu der Stelle, wo die Damen waren.

Dann wurde mir plötzlich klar, was für einen Arsch ich von mir machte, irgendjemanden zuzulassen sehen Sie , dass ich etwas über Autos wusste; Aber jetzt war es zu spät, etwas vorzutäuschen , und ich tröstete mich mit dem Gedanken, dass es nicht nötig war, die Leute wissen zu lassen, wer ich war.

Aber da habe ich ohne Hans gerechnet. Die Mutter hatte sich soweit erholt, dass sie aufstehen konnte, und redete mit ihm, als ich sie erreichte, während Hans und die Tochter einander auf eine Art, die Geschichten erzählte, schafsartige Blicke zuwarfen. Sie waren offensichtlich alte Freunde und noch ein bisschen mehr; und deshalb war ich nicht überrascht, als die Mutter mich als Lassen, Hans' Cousin, kannte.

Sie war furchtbar süß und dankbar und die Tränen zitterten in ihren Augen, als sie sich bei mir bedankte, meine Hand in ihren beiden hielt, erklärte, dass sowohl sie als auch ihre Tochter mir ihr Leben schuldeten, und so viel daraus machte, dass ich es tun musste mischte sich mit dem Vorschlag ein, sie solle so schnell wie möglich nach Hause kommen.

"Aber wie?" rief sie hoffnungslos aus. „Wo ist Wilhelm?“

Aber Wilhelm, offenbar der Chauffeur, war nirgends zu sehen; und es blieb mir nichts anderes übrig, als mich freiwillig bereit zu erklären, das Auto selbst zu fahren.

Die ganze Zeit über nutzte Freund Hans seine Chance mit der Tochter, die sich auch überschwänglich bei mir bedankte, als ich ihrer Mutter ins Auto geholfen hatte.

„Wohin soll ich fahren?“ Ich fragte, als ich das Steuer übernahm.

„Hans kennt den Weg", schlug die Tochter mit einem leichten Anflug von Verwirrung vor, als sie diesen Vorschlag wagte. Er grinste.

„Dann komm mit, Hans", sagte ich; und er kam herein und sagte mir, wohin ich gehen und welchen Weg ich nehmen sollte.

„Eher ein nettes kleines Kind", sagte ich plötzlich und gab ihm einen Chip; Das Mädchen war ungefähr sechzehn, schätze ich, da ihr Haar noch offen war. Aber er ärgerte sich über die Rede.

„Kind! Sie ist nur ein Jahr jünger als ich", rief er ziemlich empört.

„So weht also der Wind, was?"

„Ich wünschte beim Himmel, ich wäre früher heraufgekommen; aber ich sage dir, du hast dich wirklich gewehrt, Cousine. Nita hat mir alles darüber erzählt. Sie sagt, sie wären in Stücke gerissen worden, wenn das nicht gewesen wäre für dich. Du bist ein glücklicher Bettler!"

„Ich bin mit so einem Glück nicht besonders zufrieden, Hans, das kann ich dir sagen."

„Ich wünschte nur, es wäre meins gewesen", erklärte er bedauernd.

„Du hast es gut gemacht, so wie es war, als du gekommen bist; und natürlich hat sie dich gesehen. Ziemlich hübscher Name – Nita."

Er lächelte verlegen und gefärbt . „Aber ihre Mutter wusste es nicht. Wenn sie es hätte, könnte sie ihre Meinung ändern und –" Er beendete den Satz nicht und rief: „Aber ich sage, du weißt doch, wie man mit einem Auto umgeht!"

Das gefiel mir jedoch nicht und so ging ich zurück zu der hübschen Nita. „Die Mutter ist dagegen, was?"

„Nur aus dem albernen Grund, dass wir zu jung sind. Und ich werde in ein oder zwei Monaten Offizier sein; aber darin ist die Baronin wie Rosa, sie kann es nicht verstehen, wenn jemand erwachsen ist."

„Das wird schon wieder gut, wenn du ein oder zwei Jahre in der Armee bist", sagte ich tröstend.

„Ein oder zwei Jahre", rief er bestürzt aus.

„Nun, wenn sie nicht so lange auf dich wartet, ist sie es nicht wert, sich darum zu kümmern, Hans."

Aber er war nicht in der Stimmung für irgendeinen philosophischen Trost. „Aber sie wird es tun; das hat sie hundertmal gesagt. An ihr besteht kein Zweifel; aber da ist noch etwas anderes; eher jemand anderes."

„Und wer bist du? Nummer eins oder Nummer zwei?“

„Oh, ich meine nicht mit ihr; aber der alte Gratz hat jemand anderen.“

„Und was hat er damit zu tun?“

„Johann! Da er ihr Vater ist, hat er natürlich alles damit zu tun.“

Das war in Wahrheit so etwas wie ein Glas. Er war so ziemlich die letzte Seele in Berlin, die wissen sollte, dass ich mein Gedächtnis soweit wiedererlangt hatte, dass ich mit dem Auto umgehen konnte. „Meinen Sie, dass diese alte Dame die Frau des Barons von Gratzen ist?“

„ Natürlich ist sie das. Ich dachte, du wüsstest es.“

KAPITEL X

KOMPLIKATIONEN

Die Tatsache, dass es mir gelungen war, die Frau und die Tochter des Barons von Gratzen aus den Fängen des Pöbels zu befreien, war erschreckend und könnte lebenswichtige Folgen haben. Aber ob es mir helfen oder schaden würde, war schwer zu entscheiden.

Der erste Eindruck war, dass es Pech war. Allen Berichten zufolge war Lassen ein viel zu großer Feigling, um sich dem Mob entgegenzustellen; und diese Tatsache allein war gefährlich, da sie dazu neigte, den Unterschied zwischen uns hervorzuheben. Bei dem Interview mit dem Baron war mehr als genug herausgekommen, um zu zeigen, dass er bereits vermutete, dass ich nicht Lassen war; und diese Angelegenheit könnte seinem Verdacht den letzten Schliff geben. Darüber hinaus könnte mein Umgang mit dem Auto als zusätzlicher Beweis für die Fälschung gewertet werden.

Es gab natürlich noch eine andere Seite. Es waren seine Frau und sein Kind, die gerettet worden waren; und wenn er nicht einen Stein anstelle eines Herzens hätte, würde er bestimmt ein gewisses Maß an Dankbarkeit empfinden. Aber würde das ausreichen, um ihn dazu zu bringen, seinen Verdacht zu unterdrücken?

Der deutsche Beamte ist im Allgemeinen ein zwiespältiger Mensch; Er zeigt die eine Seite in seinem Privatleben und die andere in seinem Büro. Sein Verhalten mir gegenüber war an diesem Morgen recht freundlich gewesen; aber das geschah, nachdem sein Verdacht besänftigt worden war und er mich als Lassen betrachtet hatte. Welche Auswirkungen es haben würde, wenn sein Verdacht erneut geweckt würde, ließ sich nicht sagen.

Wenn er wie viele von denen wäre, die ich früher gekannt hatte, wäre er durchaus in der Lage, privat und zu Hause die tiefste Dankbarkeit zu bekennen und sogar zu empfinden und im nächsten Moment in seinem Büro mit Tränen in den Augen zu bereuen, dass es ihm gehörte Die Pflicht zwang ihn, mich ins Gefängnis zu schicken . Das ist die schlimmste germanische Sentimentalität. Es ist so ziemlich wie eine Kompassnadel in einem Gewitter; Man weiß nie, wohin es als nächstes führen wird.

Haus erreichten, konnte die Baronin nichts mehr als zufrieden stellen, als dass ich hineingehen sollte, damit ihr Mann Gelegenheit hätte, sich bei mir zu bedanken; und rein gingen wir. Es war eine Erleichterung, festzustellen, dass er nicht zu Hause war; Aber sie wollte nichts von meiner Abreise hören, bis sie überzeugt war, dass ich nicht ernsthaft verletzt war, und wollte mich sofort zu einem Arzt schicken, um mich untersuchen zu lassen.

Die Diskussion führte wie üblich zu einem Kompromiss und Hans trug mich ins Badezimmer. Es gab nichts, was Seife, Wasser und eine Kleiderbürste nicht in Ordnung bringen könnten. Ich war sehr schmutzig; Ich hatte ein oder zwei blaue Flecken, ein paar Kratzer im Gesicht und eine Schnittwunde an der Hand, wo einer der Männer darauf gestochen hatte, damit ich den Stock loslassen konnte.

Der letzte sah wegen der ein oder zwei Blutstropfen, die überall verschmiert waren, am schlimmsten aus; Aber es hat nichts gebracht, und ich hatte wirklich Glück, dass ich so glimpflich davongekommen bin.

Während ich die Spuren des Schrotts beseitigte, erzählte mir Hans viel mehr über Nita und die Lage im Hause von Gratzen sowie seine Eindrücke von Nitas Vater.

„Ich denke, er ist ein ganz normaler Bär, wissen Sie. Für mich ist er das, aber andererseits mag er mich nicht mehr als ich ihn, Pech gehabt“, sagte er traurig.

„Glauben Sie, der beste Weg, jemanden dazu zu bringen, Sie zu mögen, besteht darin, ihn zunächst nicht zu mögen?“

„Ich habe nicht damit angefangen; aber er macht immer ein finsteres Gesicht, wenn er mich hier findet, redet mit mir, als wäre ich ein zehnjähriges Kind, und nennt mich ‚ Hansikin ‘.“ Es macht mich regelmäßig krank, das kann ich Ihnen sagen. Natürlich ist er schrecklich anständig zu seiner Frau und zu Nita, und beide vergöttern ihn, und er tut es auch mit ihnen. Aber er versucht immer, sich über mich lustig zu machen, und er ist so ein listiger alter Mann Bettler, dass ich nie eine Chance bekomme, gegen ihn zu punkten. Ich glaube, er ist ein genauso großer Humbug wie jeder andere in Berlin. Und ich bin nicht der Einzige, der das auch denkt.“

„Was du heute getan hast, sollte seine Meinung ändern, Hans.“

„Das ist nur mein Pech. Ich bin zu spät gekommen, um irgendetwas zu tun, und selbst das Wenige, das ich getan habe, konnte die Baronin nicht sehen.“

„Aber Nita hat es gesehen.“

„Und es wird ihm sehr am Herzen liegen, was sie sagt. Er wird nur grinsen und sagen, ich sei ein guter Junge oder so ein Mistkerl, und es dann vergessen.“

„Das werden wir sehen. Er wird wissen, dass kein Junge einen erwachsenen Mann so kopfüber in die Gosse schicken könnte wie du.“

"Habe ich?" er weinte aufgeregt.

Die Wahrheit war, dass er es nicht tat; aber es schien eine Chance zu geben, ihm etwas Gutes zu tun, also beschrieb ich einen kleinen fiktiven Vorfall dieser Art und sagte ihm, dass er im Moment zu aufgeregt sei, um sich an irgendetwas zu erinnern. „Es war der Wendepunkt der ganzen Show, Hans, denn wenn der Bettler nicht in diesem Moment niedergeschlagen worden wäre, hätten sie uns sicher in die Enge getrieben.“

„Glaubst du, Nita hat es gesehen?“ er weinte jungenhaft.

„Wie konnte sie, als ihre Mutter fast ohnmächtig auf dem Bürgersteig lag? Sie wollte alle Augen für sich haben.“

„Nur mein Glück!“ rief er mit einer trostlosen Kopfbewegung, als wir die Treppe hinuntergingen.

Auch Nita und ihre Mutter hatten die Zeit zur Reparatur genutzt und beide schienen sich von dem Schock erholt zu haben. Ich musste mehr von der Danksagungszeremonie durchmachen. Nur die Bitte um eine dringende Verabredung hielt mich von der äußerst dringenden Einladung ab, zum Abendessen zu bleiben, um noch einmal vom Baron gedankt zu werden; und ich musste den Strom der Dankbarkeit eindämmen, indem ich Hans‘ Rolle in die Tat umsetzte.

„Es ist furchtbar nett von Ihnen, mir die ganze Ehre zu erweisen, meine liebe Frau, aber Sie übersehen die Rolle meines Cousins; und Sie haben ihm genauso viel zu verdanken. Ich fürchte, es hätte eine ganz andere Geschichte zu erzählen gegeben, wenn er nicht aufgetaucht wäre, als er es tat.

„Das wusste ich nicht“, rief sie voller Überraschung; und ich sah, wie Hans und Nita, die es zusammen in einer Ecke kuschelten, hellhörig wurden.

„Ich will ihn nicht erröten lassen“, antwortete ich mit gesenkter Stimme und wiederholte die Fabel, die ich ihm im Badezimmer erzählt hatte, garnierte sie mit ein oder zwei mehr oder weniger künstlerischen Akzenten.

„Das habe ich alles nicht gesehen.“

„ Leider konnten Sie im Moment leider nichts mitbekommen, fürchte ich.“

„Nita hat mir auch nichts davon erzählt.“

niemanden außer dich Augen oder Gedanken gehabt haben . Das ist natürlich nur natürlich.“

„Dann habe ich dem Jungen Unrecht getan, Herr Lassen.“

"Junge!" wiederholte ich erschrocken. „Kein Junge hätte das tun können, was er getan hat, und kein Mann hätte sich mutiger verhalten können." mit besonderem Schwerpunkt auf dem „Mann".

Es hat gut funktioniert. Nach einem Moment rief sie ihn an, wiederholte den Kern der Geschichte und zeigte ihre Dankbarkeit auf eine Weise, die ihn wie ein Mädchen erröten ließ. Dann küsste sie ihn und erklärte zu beider großer Freude und Erstaunen: „Das ist ein Abschiedskuss für den Jungen, Hans. Ich werde dich danach nie wieder als einen betrachten, und der Baron auch nicht, da bin ich mir sicher." . Sie müssen zum Abendessen anhalten und hören, was er davon hält."

Er war von all dem so überwältigt, dass er kaum herausstammen konnte, dass er die Einladung annahm, und als ich ging , kam er zur Tür und konnte nicht genug sagen, um sich bei mir zu bedanken. Er hatte eine sehr vage Vorstellung von allem, was er wirklich getan hatte, und es war nicht überraschend, dass er als Deutscher bereit war, die Geschichte als Evangelium zu akzeptieren und sich lieber über seine eigenen Fähigkeiten zu ärgern.

Trotzdem war er ein anständiger Junge, und seine kleine harmlose Prahlerei war sehr verständlich. „Ich sage, Cousine", fügte er hinzu, als er die Tür öffnete, „ich wünschte, du würdest mir einen Gefallen tun und es Rosa sagen. Sie wird es glauben, wenn du es sagst."

„ Natürlich werde ich das tun. Ich fahre über die Karlstraße ", versprach ich bereitwillig. Ich wollte hören, ob es Neuigkeiten über den Fortschritt unserer „Verschwörung" gibt. Die Angelegenheit des Nachmittags war nicht nur süß, denn es stellte sich die Frage, welche Auswirkungen sie auf den Baron hatte; und je früher ich Berlin den Rücken gekehrt habe, desto besser.

Es war die Aufgabe der alten Gretchen, sich um die Haustür zu kümmern, und als sie auf mein Klingeln antwortete, sagte sie mir, dass niemand zu Hause sei und dass Rosa ein Paket für mich hinterlassen habe. Ein Blick zeigte, dass die Papierumhüllung zerrissen war und dass das Päckchen von ungeübten Fingern unbeholfen und in großer Eile aufgerichtet worden war. Gretchen war offenbar neugierig auf den Inhalt gewesen.

Deshalb öffnete ich es in ihrer Gegenwart, da es nicht schaden konnte, wenn sie es sich noch einmal ansah, und fand darin ein hübsches Kartenetui mit dem Aufdruck „Johann Lassen" auf einigen Karten und einer Zeile mit der Aufschrift „Sie dachte, ich." sollte sie verstehen und nützlich finden. Es war ziemlich nett von ihr und sollte eindeutig als Zusicherung dienen, dass sie unser Geheimnis für sich behalten wollte.

Sie kam bald darauf herein und ich dankte ihr dafür. Sie war erfreut, dass es ihr gelungen war, ihre Absicht deutlich zu machen; aber sie war nicht so erfreut, als sie hörte, dass die alte Gretchen einen Blick auf das Kartenetui geworfen hatte. Sie war auch keineswegs erfreut über die Geschichte vom Nachmittagsgeschehen in der Untergasse . Sie wirkte wirklich sehr ernst dabei.

„Ich werde nicht sagen, dass ich darüber erfreut bin, Johann", erklärte sie. Wir waren uns einig, dass es für uns besser wäre, die christlichen Namen zu verwenden, auch wenn wir allein sind. „Es muss darüber nachgedacht werden."

"Dein Grund?"

„Von Gratzen . Du hast ihn heute Morgen gesehen, nicht wahr?"

Ich nickte und erzählte ihr ganz kurz, was geschehen war und dass er recht freundlich gewesen sei.

Sie schüttelte den Kopf. „Sie müssen sehr vorsichtig mit ihm sein. Er weiß genauso gut wie ich, dass mein Cousin ein ausgesprochener Feigling ist und dass kein Mann in ganz Berlin weniger wahrscheinlich das tun würde, was Sie heute Nachmittag getan haben oder könnten Ich habe es in der Tat getan. Der Baron ist ein Mann, den ich nie verstehen könnte. Niemand kann es. Er tut die außergewöhnlichsten Dinge; er ist furchtbar scharfsinnig und schlau; mal weltfremd und mal abscheulich hart; obwohl man es von seinem Benehmen her verstehen würde Ich glaube, er würde keiner Fliege etwas zuleide tun.

„Nun, hoffen wir, dass er dabei seine weltfremde Seite zeigt, denn es ist zu spät, die Dinge zu ändern." und wir diskutierten immer noch darüber, als Feldmann eintraf und sie ihn eifrig nach Neuigkeiten fragte.

„Es gibt leider einen Haken. Was Hans betrifft", berichtete er mit besorgtem Blick. „Seine Reiseerlaubnis wurde verweigert. Sie werden ihn nicht einmal für vierundzwanzig Stunden von seiner Ausbildung entbinden. Ich habe getan, was ich konnte, das versichere ich dir, Rosa."

„Und über das andere?"

„Oh, das ist natürlich in Ordnung. Eine bloße Frage der Form; und ich gehe davon aus, dass es morgen fertig sein wird. Aber das eine nützt nicht viel ohne das andere."

„Johann könnte deines gebrauchen, Oscar", schlug Rosa vor.

„Auf keinen Fall", protestierte ich. „Herr Feldmann könnte in grenzenloses Chaos geraten."

„Das ist es nicht, Lassen. Ich bin auf der ganzen Linie so bekannt, dass es hoffnungslos wäre. Du würdest sofort entdeckt werden. Ansonsten würde ich das Risiko wie ein Blitz eingehen; ich weiß, wie Rosa sich fühlt." darüber."

"Was können wir tun?" rief sie und drehte sich zu mir um.

„Machen Sie das Beste daraus. Nessa muss ohne mich gehen, wenn ich nicht aussteigen kann; und das ist morgen nicht möglich. Wird es in den Papieren einen genauen Reisetermin geben?"

„Ich habe das vereinbarte Datum angegeben, aber ich wage zu behaupten, dass ich es ändern könnte, um uns einen Spielraum von ein oder zwei Tagen, vielleicht einer Woche, zu geben; aber dann ist diese Hochzeit die Ausrede; und dieses Datum kann natürlich nicht geändert werden . Aber ich könnte Miss Caldicott durchaus nach Holland begleiten."

„Was, mit einem falschen Pass! Es ist furchtbar nett von dir, das anzubieten, aber ich bin sicher, sie würde keine Sekunde davon hören. Nein, wir müssen es andersherum versuchen."

"Was ist das?" er hat gefragt.

Bei der Erwähnung von Gratzen schüttelte er bedrohlich den Kopf . „Ich weiß viel über ihn, und ich würde keinen Pfennig davon abhängig machen, dass es Hoffnungen von dieser Seite gibt", sagte er mit Nachdruck. „Ich sage nicht, dass er nichts tun wird, denn man weiß nie, was er als nächstes tun wird. Er ist einer der klügsten und fähigsten Männer im Land, das geben wir alle zu, aber —" und er gestikulierte und zuckte mit den Schultern.

"Unzuverlässig?" Er nickte. „Auf eine zwielichtige, skrupellose Art und Weise, meinst du?"

„Oh je, nein, das überhaupt nicht", sagte er energisch. „Individuell. Das ist das beste Wort. Wenn er denkt, dass etwas getan werden sollte, dann tut er es, ob es nach offiziellen Regeln geschieht oder nicht. Das ist nicht deutsch. Er ist nicht gründlich, so wie wir das Wort verstehen."

Es blieb nur der andere Plan – dass Nessa und ich verkleidet davonkommen sollten, und als Feldmann einen zaghaften Vorschlag wegen falscher Papiere machte, lachte er.

„Sie werden leicht verstehen, dass, wenn ein Volk so vielen Regeln und Vorschriften unterliegt wie wir, viele Menschen ihren Verstand einsetzen, um diese zu brechen. Falsche Ausweise sind ebenso verbreitet wie falsche Münzen, und wenn Sie wüssten, wohin Sie gehen müssen , für ein paar Mark würde man einen kaufen, oder auch einen echten", erklärte er; aber er machte kein Angebot, sie zu bekommen, und es war besser, die Sache dann nicht noch weiter voranzutreiben.

Ich ging bald darauf. Die Tatsache, dass Hans' Genehmigung nicht eingeholt wurde, und alles, was über von Gratzen passiert war, machten die Lage immer schwieriger und komplizierter. Der Mann schien selbst für diejenigen, die in ständigem Kontakt mit ihm standen, ein Rätsel zu sein, und es war daher lächerlich, sich vorzustellen, dass jemand , der ihn nur einmal gesehen hatte, ihn verstehen sollte. Eine genaue und sorgfältige Durchsicht des Interviews mit ihm brachte kein Licht auf die Angelegenheit. Er war außerordentlich nett und freundlich gewesen; aber es hatte einen Moment verblüffenden Kontrasts gegeben. Dieser eine scharfe Blick von ihm; so scharfsinnig, zielstrebig und durchdringend, dass es fast schien, als würde er ihn in einen anderen Mann verwandeln; und es könnte durchaus als der einzige Moment angesehen werden, in dem man die Maske fallen ließ.

Am Morgen kam es zu einem weiteren Vorfall. Es traf eine knappe formelle Vorladung ein, die mich mittags in sein Büro bestellte. Dies nach dem Einsatz vom Vortag in der Untergasse ! Er hätte zumindest den Anstand haben können, eine private Notiz zu schreiben; und natürlich verstärkte die Sache mein Unbehagen.

Und dann stellte sich bitte heraus, dass er diese Zeit benannt hatte, da es die Stunde war, zu der er zum Mittagessen nach Hause ging und mich mitnehmen wollte! Wie könnte man einen solchen Mann beurteilen?

Ich legte ihm den Zettel mit dem Hinweis vor, dass ich gedacht hatte, es handele sich um eine offizielle Angelegenheit, und er lachte darüber und sagte, er habe seiner Sekretärin nur gesagt, sie solle mich um einen Anruf bitten.

Er konnte nicht genug von mir machen; redete ständig mit „Mein Junge“ und „Mein lieber Junge“ zu mir; überschüttete mich mit Beteuerungen der Dankbarkeit; und krönte das Ganze, indem er mich bat, sein Haus zu meinem Zuhause zu machen, während ich in Berlin war.

Das hat mir überhaupt nicht gefallen. „Wäre es nicht sehr widerlich, Sir, wenn ich zu Ihnen gehen würde, wenn ich gerade erst meine Tante verlassen habe?“

„Ich habe gute Laune, meine offizielle Macht zu nutzen, um dich zu zwingen, mein Junge“, erwiderte er lachend; „Aber die Frau soll mit dir darüber reden. Auf jeden Fall musst du versprechen, uns so viel wie möglich von dir sehen zu lassen.“

Das war leicht zu versprechen; und nach ein paar Augenblicken gingen wir zusammen hinaus.

Wenn er nicht aufrichtig war, dann war er einer der besten Schauspieler der Welt, sowohl auf als auch neben der Bühne.

Welcher war er?

Ich konnte keine Antwort auf die Frage finden. Doch wahrscheinlich hing alles davon ab – Nessas Schicksal und meine Freiheit und möglicherweise sogar mein Leben.

KAPITEL XI

DAS PROBLEM VON GRATZEN

Sobald wir auf der Straße waren, hakte sich von Gratzen bei mir unter. „Es wird dir nicht schaden, mit mir in der Öffentlichkeit gesehen zu werden", sagte er scherzhaft; und selbst in dieser halb scherzhaften Bemerkung gelang es ihm, eine subtile Bedeutung zu vermitteln.

„Das kann ich verstehen, Sir."

„Und jetzt möchte ich alles über die Affäre von gestern erfahren."

„Ich gehe davon aus, dass Sie bereits gehört haben, was es zu erzählen gibt."

„ Natürlich habe ich die Geschichte meiner Frau und Nitas gehört, aber ich möchte deine. Vielleicht brauche ich deine Aussage für offizielle Zwecke, verstehst du?"

„Ich möchte lieber nichts Offizielles tun", antwortete ich. Ein Erscheinen als Zeuge in einem Polizeiverfahren war undenkbar.

„Lassen Sie sich davon nicht beunruhigen, ich werde alles in Ordnung bringen. Aber die Affäre war bei weitem die schwerwiegendste, die wir je hatten, und ich möchte alle Fakten zur Verfügung haben. Das ist alles."

Er hörte sich meine Beschreibung der Szene an; fragte mich insbesondere nach den Männern darin und fragte, ob ich sie erkennen könne; und lachte regelrecht über die Geschichte des Gerangels um das Geld.

„Es war ein Geniestreich, Junge, ein wahrer Geniestreich", erklärte er und fragte mich, wie viel ich weggeworfen hätte. Eine sehr deutsche Note. Ich erwartete, dass er mir eine Rückzahlung anbieten würde; aber das hat er mir erspart und mich die Geschichte weiterführen lassen. Als ich zum Schlussteil kam, machte ich das Beste aus Hans' Beitrag und erklärte, dass das Ergebnis ohne ihn sehr ernst gewesen wäre und dass er sich wie der tapfere Mann verhalten hätte, der er war.

Es machte Eindruck; aber er zeigte nicht annähernd so viel Interesse wie an den anderen Teilen.

„Eines hast du ausgelassen, nicht wahr, mein Junge? Etwas, das mir außerordentlich gefiel und mich zum Nachdenken brachte. Ich meine, dass du in der Lage warst, das Auto zu fahren. Nita sagt, dass du nicht nur wie ein Experte gefahren bist, sondern es auch warst in der Lage, den Motor wieder in Ordnung zu bringen.

Nita hätte viel besser den Mund halten sollen, dachte ich. „Ich war danach selbst furchtbar ratlos darüber", antwortete ich und fühlte mich verdammt unwohl.

„Du hast seit deiner Ankunft nichts mehr mit Autos zu tun gehabt, oder?"

„Natürlich nichts. Das hat mich beunruhigt. Ich ging einfach darauf zu, als wäre es die natürlichste Sache der Welt – ich musste den Motor allerdings nicht anfassen – und stieg ein und fuhr ihn." "

„Sie sehen natürlich, was es bedeutet. Nun, dass es eine instinktive Wiederkehr der Erinnerung war. Es war ein großes Glück."

Das war jedoch Ansichtssache; aber als wir das Haus erreichten, wurde nichts mehr darüber gesagt.

Beim Mittagessen drehte sich alles um das Thema Schrott. Sie waren voll davon und gingen immer wieder über den Boden, bis man hätte glauben können, ich hätte das Eiserne Kreuz durch eine auffällige Tat äußerst tapferer Tapferkeit und Einsatzbereitschaft gewonnen.

Das war die sentimentale Seite, und als der Baron und ich danach allein in seinem Allerheiligsten rauchten, wurde er noch peinlicher und schmeichelhafter. „Es nützt nichts, wenn du versuchst, die Affäre herunterzuspielen, mein lieber Junge. Wenn du nicht gewesen wärst, hätte der Himmel weiß, was mit meiner Frau und Nita passiert wäre. Ich habe keinen Zweifel daran, dass es die Frau getötet hätte." . Sie ist nicht stark, sie war sehr krank und erholt sich gerade erst. Das Wunder ist, dass sie nicht so zusammengebrochen ist, wie es ist."

Ich versuchte zu protestieren, aber er hörte mir nicht zu.

„Ich sage Ihnen, mir gefriert das Blut, wenn ich darüber nachdenke, was diese Teufel getan hätten, wenn sie sie erwischt hätten. Ich kenne solche Berliner; sie hätten ihr die Kleider vom Rücken gerissen und sie gnadenlos misshandelt und geschlagen." Und es war nur die glückliche Tatsache, dass Sie anwesend waren und so tapfer gehandelt haben, die sie gerettet hat. Ich werde es nie vergessen, niemals; und wenn ich jemals irgendetwas tun kann, um zu beweisen, dass ich meine, was ich sage, werde ich die Chance nutzen beide Hände."

„Sie sind sehr nett, Sir."

„Sprechen Sie nicht so über Freundlichkeit. Ich wäre ein undankbares Tier, wenn ich es nicht ernst gemeint hätte. Sie können beurteilen, wie ich mich fühle, wenn ich Ihnen sage, wenn mein Sohn gelebt hätte, würde ich ihn genauso haben wie Sie." und seine Augen waren feucht, als er impulsiv seine Hand ausstreckte und meine drückte.

Dass er es ernst meinte, schien unmöglich zu bezweifeln. Er saß eine Weile da und sah mich fest an, dann überraschte er mich. Er beugte sich vor und richtete seinen Blick auf meinen. „Ich möchte dir eine Frage stellen. Bist du sicher, dass du mich noch nie zuvor gesehen hast?"

Rosas Warnung schoss mir durch den Kopf. Das könnte eine Falle sein; also erwiderte ich seinen Blick mit gleicher Entschlossenheit und schüttelte den Kopf. „Ich erinnere mich nicht daran, Sir."

„Versuchen Sie zu denken. Geben Sie sich Mühe. Schauen Sie auf die Jahre zurück, als Sie ein Junge waren."

Natürlich habe ich es „versucht" und bin natürlich auch gescheitert.

Mit einem Seufzer, der die Essenz aufrichtigen Bedauerns auszudrücken schien, ließ er sich in seinen Stuhl zurückfallen und sagte nach einem Moment mit fast ebenso großer Ernsthaftigkeit:

„Du weißt alles, was ich dir gesagt habe; glaubst du es, glaubst du, dass ich wirklich ein Freund für dich bin?"

„Natürlich, Sir. Sonst könnte niemand so sprechen wie Sie", antwortete ich lächelnd. Es war eine seltsame Frage.

„Wenn du es glaubst, gibt es dann etwas, was du mir gerne sagen würdest?"

Was zum Teufel hatte das zu bedeuten? Ich unterdrückte meine Zweifel mit einem weiteren Lächeln und nickte dann. „Es gibt eine Sache, Sir." Sein Gesicht hellte sich auf und er war augenblicklich voller Erwartung und Interesse.

„Es geht um den Mann, den Sie gestern erwähnt haben – Graf von Erstein ."

Sein Aussehen veränderte sich sofort. All das Licht und der Eifer verschwanden und er steckte seine Zigarre wieder in seine Lippen. „Oh, was ihn betrifft, nicht wahr? Na?" fragte er, als ob ihn das Thema überhaupt nicht interessierte.

Aber er hörte sich den Bericht über das Interview mit von Erstein aufmerksam an , blinzelte mich neugierig an, wenn Nessas Name erwähnt wurde, und schien interessiert genug zu sein, um einige Fragen über sie zu stellen.

„Eine hässliche Geschichte, mein Junge, sehr hässlich; obwohl ich nicht sehr überrascht bin, da ich den Mann kenne. Aber warum hast du es mir erzählt?"

„Weil ich möchte, dass du vorbereitet bist, falls er dennoch versucht, seinen höllischen Plan auszuführen."

Er lächelte. „Und weil du von Natur aus empört bist, nicht wahr?"

„Das tue ich. Meiner Cousine zuliebe. Die beiden sind sehr alte Freunde."

„Ich verstehe. Dann ist es nicht um des Mädchens willen?"

Auf was zum Teufel wollte er hinaus? Seine Art ließ mich die ganze Zeit rätseln. „Teilweise ihr zuliebe natürlich. Diese Art von Biest macht mich immer wild."

„Das kann ich verstehen, mein Junge, und freue mich, es zu hören. Genau das, was ich von dir erwarten sollte. Ist sie hübsch?"

„Ich nehme an, sie ist englisch", antwortete ich achselzuckend.

„Dass es dir nicht so geht, weil sie Engländerin *ist* ?"

„Ich hoffe, dass es mir ähnlich gehen würde, wenn sie eine Hottentotte wäre, Sir."

„Ich wünschte, alle unsere jungen Leute wären gleich. Nun, um deinetwillen werde ich dafür sorgen, dass ihr kein Schaden zugefügt wird. Ich gehe jedoch davon aus, dass du ganz sicher bist, dass sie nicht wirklich eine Spionin ist? Sehr ernst, gerade jetzt." , Du weisst."

„Meine Cousine ist es, und sie kennt sie schon seit vielen Jahren."

„Warum geht das Mädchen dann nicht nach Hause?"

„Das ist ihr einziger Wunsch, Sir. Sie versucht seit Monaten, die Erlaubnis zu bekommen, aber von Erstein hat es geschafft, es zu verhindern."

Er nickte ein- oder zweimal und lehnte sich nachdenklich in seinem Stuhl zurück, bis er einen Blick auf die Uhr warf und aufstand. „Die Zeit ist abgelaufen. Ich muss zurück. Ich lege Wert darauf, immer wieder bei der Sache zu sein. Es ist ein Hobby von mir. Ich werde über alles nachdenken, was Sie mir erzählt haben, denn es interessiert mich; viel mehr." als Sie sich vorstellen können. Ich werde ein oder zwei Nachforschungen über diese Miss Caldicott anstellen, und wenn alles in Ordnung ist, soll sie nach Hause gehen. Das können Sie Ihrer Cousine sagen. Aber es ist ein langer Weg und eine schlechte Zeit für sie, allein zu reisen ."

„Ich glaube nicht, dass es ihr etwas ausmachen würde, Sir."

„Du bist ein sehr ernsthafter Verfechter, mein Junge, aber lass mich dir einen Hinweis geben. Lass niemanden auf die gleiche Idee kommen. Ich darf dich jetzt nicht mitnehmen, es sei denn, du willst dich zum Feind machen." „Meine Frau. Du musst eine Weile bleiben und heroisiert werden. Denke daran, versäume es nicht, zu mir zu kommen, wenn du in irgendwelchen Schwierigkeiten steckst", sagte er.

„Ich werde auf jeden Fall kommen, Sir."

Als wir in den Flur hinausgingen und uns die Hände schüttelten, sagte er: „Übrigens habe ich den Bericht des Arztes über Sie erhalten; und Görlitz ist fest davon überzeugt, dass wir Sie nach England schicken, um zu sehen, ob die Umgebung Ihr Andenken wecken würde." zurück. Was meinst du?"

Ich konnte nur verhindern, dass er sah, was ich in Wirklichkeit davon hielt, aber ich stammelte: „Ich bin ganz in Ihren Händen, Sir."

Er lachte sanft und voller Bedeutung. „Vielleicht könnten wir dann zwei Fliegen mit einer Klappe schlagen. Wie wäre es für Sie, wenn Sie diese Miss Caldicott dorthin mitnehmen würden?" Und ohne meine Antwort abzuwarten, ging er und ließ mich so erstaunt zurück, dass ich fast vor Freude hätte schreien können.

Aber meinte er es ernst? Oder war es nur ein subtiler Test? Eine Falle? Ich machte mir darüber Sorgen, als seine Tochter herauskam, um mich für die „Heroisierungs"-Sache einzuladen.

Nita war ein ziemlich hübsches Mädchen, und da sie sich nun von dem Schock des Vortages erholt hatte und eine satte Farbe auf den Wangen und hell leuchtenden Augen hatte, wunderte mich Hans' Verliebtheit nicht mehr.

„Ich möchte unbedingt mit dir allein sprechen", sagte sie. "Ich möchte danken--"

„Meine liebe junge Dame, seit ich das Haus betreten habe, hat niemand etwas anderes getan. Geben Sie mir bitte eine Atempause."

Sie lachte; und es war ein besonders süßes, fröhliches Lachen. „Ich verstehe; aber das ist etwas Besonderes; etwas anderes meine ich."

„Oh! Soll ich raten?"

Mit einem Schrecken und einer lebhaften Röte senkte sie den Blick, fummelte einen Moment nervös an ihrer Bluse herum, blickte dann auf und lachte erneut. „Ihre Vermutungen machen mir nichts aus", forderte sie heraus.

„Etwas zu tun mit –"

Sie unterbrach sie mit einigen kräftigen Nicken. „Du hast allerdings ein paar Taradiddles erzählt . Hans hat eigentlich nichts gemacht. Ich habe alles gesehen."

„Wenn er nicht gerade auf mich zugestürzt wäre, als ich ihn rief, meine liebe junge Dame, wäre keiner von uns so leicht aus der misslichen Lage herausgekommen wie wir", sagte ich ernst. Es würde ihr nie gut tun, von ihrem Geliebten nur wenig zu denken. „Das und die Art und Weise, wie er auf die Bestien losging, hat alles entschieden und sie davonlaufen lassen."

„Aber er hat nichts getan, Herr Lassen!"

„Willst du mir sagen, dass du nicht gesehen hast, wie er diesen dunklen Kerl, den größten von ihnen, mit dem Kopf voran in die Gosse geworfen hat?"

„Tat er das wirklich?" sie weinte mit offenen Augen.

„Wenn Sie das nicht gesehen haben, können Sie nicht alles so gesehen haben, wie Sie gesagt haben."

„Aber er sagte mir, er hätte keine Chance, etwas zu tun."

„Bravo, Hans!" rief ich aus. „Genau wie er. Man würde doch nicht erwarten, dass er sich ausbreitet und mit seinem Mut prahlt, oder?"

Aber alle Wege führen nach Rom und so auch dieser. „Er erklärte, es sei alles deine eigene Schuld, und nach der Art und Weise, wie du zuvor gekämpft hast, habe ich –"

„Komm, lass uns zu deiner Mutter gehen", unterbrach ich sie, hakte mich bei ihr ein und ging zur Tür des Wohnzimmers. „Hans ist einer der Besten. Wenn er es nicht wäre, wäre er nicht so bereit, mir die Anerkennung für das zu geben, was er selbst getan hat. Aber das können wir nicht haben, wissen Sie."

Sie hielt mich einen Moment zurück. „Was du über ihn gesagt hast, hat bei Mutter Wunder gewirkt, sie völlig verändert, und wir gehen zusammen zu den von Reblings . Oh, ich *danke* dir sehr!" und da sie noch ein Kind war, drückte sie begeistert meinen Arm.

Ich musste einen Anfall von „Heroisierung" ertragen, aber dabei kam etwas zum Vorschein, das mich hinterher zum Nachdenken brachte. Nita spielte im Chor zum Lob ihrer Mutter, während sie einige der hübschen Dinge wiederholte, die von Gratzen ihr über mich gesagt hatte.

„Ich habe ihn noch nie in meinem Leben so von jemandem sprechen hören", erklärte sie; „Und er ist so betrübt über Ihren außergewöhnlichen Gedächtnisverlust. Ich glaube, er ist darüber sogar ziemlich provoziert. Er war als junger Mann in England, wissen Sie, und hat dort in späteren Jahren mehrere Besuche gemacht."

„Das wusste ich nicht", sagte ich und spitzte die Ohren.

„Er liebt es, über das Land und die Leute zu sprechen, und da Sie gerade erst von dort kommen, bin ich sicher, dass er bitter enttäuscht ist, weil Sie ihm nichts über die Dinge erzählen können, die Sie gesehen haben, über die Menschen, die Sie getroffen haben, und alles andere." davon."

„Für mich wäre es auch sehr interessant gewesen", sagte ich.

„Du weißt wohl nicht, wie lange du dort warst?"

Ich schüttelte den Kopf. Es schien irgendwie weniger gemein zu sein, das zu tun, als direkt mit Worten zu lügen; und es erfüllte genau seinen Zweck.

„Es muss schrecklich sein, das Gedächtnis zu verlieren", warf Nita ein.

„Das macht alles sehr schwierig", sagte ich achselzuckend. Das tat es.

„Und doch kannst du dich an alles erinnern, was seitdem passiert ist, nicht wahr?" sie blieb hartnäckig.

„Perfekt. So perfekt, als hätte ich diesen Schock nie erlebt."

"Es *ist* merkwürdig."

Dann nahm ihre Mutter das Rennen wieder auf. „Mein Mann meint, Sie müssen sehr lange in England gewesen sein", sagte sie.

„Das ist sehr interessant. Warum tut er das?"

„Ich weiß es nicht genau. Natürlich kann es nur eine Vermutung sein. Aber er erklärt, dass Sie viel mehr einem Engländer ähneln als einem von uns dann verstehst du etwas von den englischen Befehlsworten. Tatsächlich hielt er dich zuerst für einen Engländer, und er befragte mich sehr genau, ja, er verhörte mich fast, wie ich ihm erzählte, über deine Kämpfe gestern, genau wie du benutzte deine Fäuste und so weiter. Ich war ziemlich amüsiert.

Mein Gefühl war jedoch alles andere als amüsant. „Es ist tausendmal schade, dass ich ihm nichts sagen kann."

Zu meiner Überraschung schien sie das zum Lachen zu bringen, und ich hielt es für klug, mitzulachen. Aber es war etwas anderes, das sie gekitzelt hatte. „Es gab eine Sache, worüber er uns beide beunruhigen wollte. Erinnerst du dich, Nita?"

„Meinst du das Treten, Mutter?" Letzterer nickte und Nita fuhr fort. „Ich fand es furchtbar komisch, Herr Lassen, die Wahrheit zu sagen;

zumindest hätte ich es getan, wenn es jemand anderes gewesen wäre; aber Vater hat in solchen Dingen immer ein starkes Motiv. Wenn er mir eine Frage gestellt hätte, hätte er sie stellen müssen Fünfzig, da bin ich mir sicher, und ich habe jeden Vorfall von gestern noch einmal Revue passieren lassen, um herauszufinden, ob du jemals deine Füße benutzt hast, um diese schrecklichen Männer abzuwehren. Ich sagte ihm, dass du das sicher nicht getan hättest, und er schien nachzudenken Es war etwas ganz Außergewöhnliches für einen Deutschen, nur seine Fäuste benutzt zu haben. Finden Sie das nicht albern?"

„Ich weiß nicht so recht, was ich davon halten soll", antwortete ich wahrheitsgemäß.

„Schade, Nita, dein Vater ist nie albern", sagte ihre Mutter streng; aber Nita hatte ihre eigene Meinung dazu, dem Schmollmund und Schulterzucken nach zu urteilen, das die Zurechtweisung hervorrief.

Es entstand eine kurze Pause, und dies bot mir die Gelegenheit, das Thema zu wechseln, indem ich eine Frage über die Kriegsarbeit stellte, die beide leisteten; und bald darauf verließ ich das Haus.

Es war klar wie Schlamm im Weinglas, dass von Gratzen mir gegenüber immer noch unentschlossen war. Diese genaue Befragung über meine Kampfmethode war beunruhigend; ebenso der Hinweis auf meine zurückhaltende englische Art; und der Hinweis auf meine Aussprache, zumal ich mich eher auf meinen amerikanischen Akzent verlassen hatte. Das alles deutete darauf hin, dass meiner Meinung nach meine Nationalität verdächtig war.

Er war auch in England gewesen und ich wusste selbst, wie gut er die Sprache beherrschte. Im Großen und Ganzen war er wahrscheinlich genauso gut in der Lage, einen Engländer zu erkennen wie jeden anderen in ganz Berlin. Und doch hatte ich mir die ganze Zeit eingebildet, dass er völlig hinters Licht geführt worden war.

Gleichzeitig hätte mir niemand mehr Freundlichkeit entgegenbringen können. Dass er für die Affäre vom Vortag wirklich dankbar war, stand außer Zweifel; es kam mir jedenfalls so vor; und sein angedeutetes Hilfsangebot – dass ich mich in allen Schwierigkeiten an ihn wenden sollte –, das er mit einer Ernsthaftigkeit machte, die fast einer Beharrlichkeit gleichkam, deutete alles auf die Absicht hin, ein Freund zu sein.

Da war wieder der Hinweis auf Nessa; sein bereitwilliges Versprechen, sie „um meinetwillen" nach Hause zu schicken, und der verblüffende Vorschlag im allerletzten Moment, sie solle meine Obhut übernehmen, der mir buchstäblich den Atem geraubt hatte.

Was sollte man denken? Es war ein großes Rätsel, vor allem angesichts der unzuverlässigen Launen der deutschen Beamten im Allgemeinen und dessen, was Rosa und die anderen über von Gratzen im Besonderen gesagt hatten.

Was für eine schöne Verwechslung wäre es, wenn sein Vorschlag in die Tat umgesetzt würde und Nessa und ich gemeinsam unter offiziellem Schutz abgeschoben würden! Es schien eine Million Mal zu schön, um überhaupt denkbar zu sein. Verglichen mit solch einem herrlich prachtvollen Plan wirkte unser kleiner Verschwörungsplan geradezu verächtlich gemein und alltäglich; es lohnt sich kaum, sich auch nur einen Moment darum zu kümmern. Aber es war am besten, so viele Saiten wie möglich am Bogen zu haben, also ging ich zu den von Reblings , um zu hören, ob Rosa mir etwas darüber zu sagen hätte.

Sollten die anderen über die neue Entwicklung informiert werden? Im Moment schien es besser zu sein, es nicht zu tun. Es war ein Pech, solch eine atemberaubende Nachricht geheim halten zu müssen, aber es hatte nichts damit zu tun, Nessas Hoffnungen zu wecken, bis sie so gut wie sicher in Erfüllung gingen. Was würde sie von der Vorstellung halten? Ich hoffte, ich könnte es erraten. Da ich ein ziemlich sanguinischer Arsch war, begann ich mit dem Schlossbau auf dem Fundament, und als ich die Karlstraße erreichte, hatte ich ein wirklich sehr edles Gebäude geplant, gebaut und eingerichtet.

Die alte Gretchen öffnete wie üblich die Tür, und ihr Blick und ihr erstauntes Auffahren sowie ihre allgemeine Art, die etwas ungewöhnliches wie Bestürzung vermuten ließ, brachten mich auf den Boden der Tatsachen zurück und zerstörten meine Burg wirkungsvoll.

„Sie sind nicht zu Hause, Sir", erklärte sie hastig; und anstatt die Tür weit zu öffnen, hielt sie sie so fest, dass sie mir wirklich den Eingang versperrte. Ihre offensichtliche Nervosität war wahrscheinlich der Grund für einen Schritt, der sofort Verdacht erregte.

„Überhaupt niemand?"

„Nein, Sir. Sie werden erst spät zu Hause sein."

„Das ist lästig, aber ich rede besser mit Miss Caldicott."

„Sie ist auch nicht da, Sir." Die Antwort kam zögernd, und sie machte Anstalten, die Tür zu schließen.

Ein Lächeln und ein beiläufiges „Na ja, das spielt keine Rolle" brachten sie aus der Fassung und ihre Erleichterung zeigte sich in ihrem veränderten Aussehen. „Kann ich ihnen eine Nachricht überbringen, Sir?" Sie fragte. Doch ihre Erleichterung verschwand und wich größerer Besorgnis als je zuvor, als ich die Tür aufstieß und eintrat.

„Das ist eine gute Idee, Gretchen. Ich werde ihnen eine kleine Notiz schreiben", sagte ich, als ich an ihr vorbei in Richtung Wohnzimmer ging.

Sie schlüpfte vor mich und stellte sich neben die Bibliothek. „Hier finden Sie Papier und alles, Sir", grinste sie.

Es schien, als ob sie mich vom Salon fernhalten wollte; und es war nicht schwer zu erraten, dass sie dort bei ihrer Spionagearbeit gestört worden war. Es war jedoch ein schlechter Schuss; denn während der Pause erklang Stimmengemurmel im Salon.

„Du musst dich irren, Gretchen. Sie müssen ohne dein Wissen hereingekommen sein. Ich kann sie hören."

„Oh nein, Sir. Die Tür ist verschlossen. Ich habe den Befehl, sie immer verschlossen zu halten, wenn die Gräfin nicht zu Hause ist." und sie hielt den Schlüssel zum Beweis hoch und schlüpfte zwischen mich und die Tür.

Ich zuckte mit großem Schrecken zusammen und drängte mich an ihr vorbei. „Dann ist da ein Dieb im Haus", rief ich.

In diesem Augenblick hörte man im Wohnzimmer eine Art Aufruhr; ein Schrei von „Wie kannst du es wagen?" in Nessas Stimme, gefolgt von einem höhnischen Lachen, ungewöhnlich wie das von Erstein .

KAPITEL XII

"WIE ALTE ZEITEN"

Ich schnappte mir den Schlüssel von Gretchen, die jetzt sehr blass und zittrig war, öffnete die Tür zum Wohnzimmer und wollte gerade hineinstürmen, als mir der Gedanke kam, dass Nessa, wenn sie überrascht würde, vielleicht etwas herauslassen würde.

„Alles klar, Gretchen, danke", sagte ich laut genug, dass Nessa es hören konnte.

Die Frau warf die Hände hoch und rannte davon, und ich ging hinein, als würde ich einen gewöhnlichen Anruf tätigen.

Nessa war in den Wintergarten geeilt, um von Erstein zu entkommen , und kam zurück, als ich eintrat, ihr Gesicht war gerötet und ihre Augen glühten vor wütender Empörung, während er mich verblüfft und donnerschwarz dreinblickend böse anstarrte.

„Dieser Mann hat mich grob beleidigt, Herr Lassen!" Sie weinte. „Er nutzte die Abwesenheit der Gräfin aus und brachte mich unter dem Vorwand , ihr eine Nachricht zu überbringen, hierher, und dann – Ugh! Ich kann es nicht aussprechen." und sie ließ sich auf einen Stuhl fallen und verbarg ihr Gesicht in ihren Händen.

„Ich habe nur Ihren Rat befolgt, Lassen, und Miss Caldicott gebeten, mich zu heiraten", sagte er mürrisch. „Und dann –"

„Haben Sie das empfohlen?" unterbrach Nessa und fuhr aufgeregt auf.

Das war natürlich nicht der richtige Zeitpunkt, die Dinge zu erklären. Zuerst musste etwas erledigt werden. Ich ging mit bewusster Bedacht auf von Erstein zu, spürte ein wenig Freude über den Schrecken in seinen Augen, legte meine Hand auf seinen Mantelkragen und führte ihn zur Tür. Er hatte zu große Angst, um mehr als nur den geringsten Widerstand zu zeigen.

„Hast du ihm noch etwas zu sagen?" Ich fragte Nessa und blieb stehen, als wir die Tür erreichten.

„Nein, nein. Schicken Sie ihn einfach weg. Schicken Sie ihn weg", rief sie.

Ich führte ihn in den Flur und ließ ihn dann frei. „Ich werde dich verprügeln, von Erstein . Aus zwei Gründen. Du hast deinen Spion hier dazu gebracht, diese Tür zu verschließen, damit du dieses Mädchen für dich haben konntest; und gestern hast du Dinge gesagt, die mich in den Juckreiz getrieben haben, dich dann zu verprügeln."

„Ich meinte nicht –“

„Das reicht. Lügen Sie nicht mehr.“

Er versuchte zu poltern. „Du solltest mich besser nicht schlagen, Lassen; ich kann –“

Ein mit aller Kraft gegebener Schlag ins Gesicht löste die Drohung aus, tot geboren zu sterben, und zeigte gleichzeitig, aus welchem Holz er geschnitzt war. Er tat so, als ob die Wucht ihn umwerfen würde und nichts ihn dazu bringen würde, wieder aufzustehen. Der Kampf endete also dort, wo er begonnen hatte, da ich ihn nicht schlagen konnte, während er am Boden lag. Ich bedauerte, dass der eine Schlag so schlecht gewesen war, zerrte ihn in den Flur, setzte ihn auf die Fußmatte, warf ihm seinen Hut zu und schwor, dass die Arbeit fachmännisch erledigt werden würde, wenn er in Berlin anhalten würde. Er wand sich dort lange genug, um zu sehen, dass nichts mehr kommen würde, dann öffnete er die Tür, hielt inne, um mich zu beschimpfen und zu bedrohen, und rannte davon.

Nessa war wütend und ihre erste Frage zeigte, dass ein Teil ihrer Wut mir galt. Von Ersteins kleine Bemerkung über meinen „Rat“ war angekommen. „Ist das wahr, was dieser Mann gesagt hat? Haben Sie ihm geraten, mich zu bitten, ihn zu heiraten?“ Die Betonung liegt stark auf „beraten“.

Ich nickte; und ganz natürlich kräuselte sich ihre Lippe.

„Ich hätte es nicht für möglich gehalten“, rief sie.

„ Er hat mir gestern alles erzählt und ich habe ihn gefragt, ob er dich gefragt hat. Wenn das ein Ratschlag ist, habe ich ihn geraten.“

„Und doch wissen Sie, was für ein Mann er ist und dass er mich auf diese Weise verfolgt?“

„Aber trotzdem habe ich dir nicht geraten, ihn anzunehmen.“

"Jack!" sie weinte empört.

„Herr Lassen ist sicherer, und auch auf Deutsch.“

„Es ist fast genug, um mich sagen zu lassen, dass ich nie wieder mit dir sprechen werde.“

„Schlimmer als er ist, was?“ Es war wirklich eine merkwürdige Sache, aber wir schienen der Gefahr eines Missverständnisses nie widerstehen zu können; und als sie diesen Standpunkt vertrat, konnte ich nicht widerstehen, ihr einen Streich zu geben.

„Hast du ihn verprügelt?“ fragte sie nach einer Pause.

„Nein, keine leichte Aufgabe im Zirkus .“

„Sie haben eine kluge Diskretion entwickelt“, sagte sie mit einem Lächeln, das nicht gerade beruhigend war.

„Er ist ein Kerl mit großem Einfluss, wissen Sie.“

Es gab eine Besonderheit an unseren Streitereien; sie endeten im Allgemeinen gut; und dieses Mal schien ihr klar zu sein, dass wir nicht in der Leitung waren. Sie dachte eine Weile nach und ihr Verhalten änderte sich. „Soll ich glauben, dass Sie sich nach dem, was hier passiert ist und was ich gesagt habe, einfach bei ihm bedankt und ihm die Hand geschüttelt haben? Weil ich es nicht glaube. Ich habe gehört, dass Sie ihn geschlagen haben. Deshalb habe ich gefragt, ob Sie ihn verprügelt haben.“ "

„Ich habe ihm als Vorwort eine Ohrfeige gegeben, aber er hat sich hingelegt und wollte nicht aufstehen, also musste ich ihn zur Haustür hinausschleppen. Eine schlechte Show, aber ich glaube, er wird einen weiten Bogen um mich machen.“ in der Zukunft. Möchten Sie mir erzählen, was passiert ist?“

„Er schickte diese Frau, Gretchen, hoch, um zu sagen, dass er Berlin verlassen würde und dass die Gräfin ihm eine Nachricht für mich über etwas gegeben hätte, was sie mit ihm zu tun hatte. Ich war nur zu dankbar, als ich hörte, dass er weggehen würde, und als ich ankam unten, sie schloss die Tür ab. Es war natürlich alles geplant; und er bat mich, ihn zu heiraten, und als ich ihm seine Antwort gab, ergriff er mich und küsste mich. Ich löste mich von ihm und stürzte in den Wintergarten, Ich hatte vor, auf diese Weise in den Garten zu gelangen; aber er hatte das Fenster zugemacht, und als ich versuchte, es zu öffnen, kamst du, dem Himmel sei Dank.“

„Ich vermutete, dass es ungefähr so groß war.“

„Ich war noch nie in meinem Leben so erleichtert.“

„Obwohl es nur ich war.“

„Ja, obwohl es nur du warst.“ Dies jedoch mit einem Lächeln, das ihren gleichgültigen Ton völlig Lügen strafte.

„Nun, jetzt ist alles in Ordnung. Tatsächlich hat er es aufgrund eines Hinweises, den ich ihm gestern gegeben habe, für klug gehalten, zu gehen.“

"Sag mir."

„Lass es lieber eine Weile warten.“ Es war nichts zu gewinnen, wenn man ihr die Wahrheit sagte. „Ich bin gekommen, um zu sehen, ob es Neuigkeiten gibt.“

„Ja, leider. Ich habe von der Polizei den Befehl erhalten, mich morgen zu melden.“

„Die Zwei, die du hast! Ich frage mich, was das bedeutet. Wer hat es unterschrieben?“

„Baron von Gratzen .“

Ich starrte sie erstaunt an. Verwirren Sie den Mann. Hier tauchte er auf geheimnisvoll unerwartete Weise wieder auf. "Wann hast du es bekommen?"

„Nur ein oder zwei Minuten, bevor dieser Mann anrief.“

Was zum Teufel könnte das bedeuten? Es sah so aus, als hätte er sein Versprechen, ihr bei der Abreise zu helfen, direkt eingelöst und dann dies geschickt. „Wo müssen Sie sich melden?“

„Die Amtstraße “, und sie reichte mir die Zeitung. Es stammte aus seinem Büro und war mit seiner eigenen Handschrift unterzeichnet.

„Ich gebe es auf. Diese Bettler haben mich jedes Mal geschlagen. Erst vor ein oder zwei Stunden hat er mir gesagt, dass du nach Hause geschickt werden sollst“, und ich erzählte ihr von diesem Teil des Interviews und dass er gesagt hatte, ich könnte es Rosa erzählen . „Es ist wahr, er hat etwas davon gesagt, dass er einige Nachforschungen über Sie anstellen soll, um sich zu vergewissern, dass Sie kein Spion sind.“

„Dann wird er natürlich zunächst mich selbst befragen.“

„Möglich, aber – ich bekomme so unterschiedliche Berichte über ihn. Du musst auch aufpassen. Er wird dich bestimmt über mich ins Kreuzverhör nehmen. Ich kann es nicht aus meinem Kopf bekommen, dass er den Verdacht hat, dass ich fliege.“ unter der falschen Flagge. Du solltest mich wohl noch nie gesehen haben; und was auch immer du tust, achte auf Fallen und Dinge; und er ist so geschickt wie eine Wagenladung Affen im Spiel.

Sie freute sich riesig über die Nachricht, dass sie nach Hause gehen würde. Ich musste jedes Wort wiederholen, das er dazu gesagt hatte, und natürlich brachte sie es aus mir heraus, dass er davon gesprochen hatte, dass wir gemeinsam nach Hause gehen würden.

„Oh, wäre das nicht herrlich!“ rief sie aus.

„Um mit mir zu gehen?“

„Natürlich mit jedem gehen“, sagte sie mit plötzlicher Gleichgültigkeit. „Wenn du nur halb so viel durchgemacht hättest wie ich und nur ein Viertel der Spannung hättest, die ich ertragen musste, wärst du auch froh.“

„Ich bin ohnehin schon froh. Ich denke, dass dieses widerwärtige Klima im Moment alles andere als gesund für uns alle ist."

„Oh, wieder frei zu sein!" Sie weinte mit einem tiefen, tiefen Seufzer der Sehnsucht. „Wissen Sie, dass ich mehr als einmal kurz davor war, alles zu riskieren und einfach durchzubrennen und mein Glück aufs Spiel zu setzen?"

„Das erinnert mich daran, dass ich dir besser die Ersatzräder verrate, über die ich nachgedacht habe, falls diese anderen Reifen platzen. Ich hatte noch nicht viel Gelegenheit, mit dir zu reden, weißt du."

„Wir hatten ein Interview", erinnerte sie mich mit tanzenden Augen.

„Wir werden versuchen, es dieses Mal etwas besser zu machen. Das Beste wird der Plan des alten von Gratzen sein , wenn er aufgeht."

„Wenn das der Fall ist, müssten wir lange zusammen sein."

„Eher mies, was? Aber ich denke, ich könnte es ertragen, wenn du könntest."

„Das müsste ich natürlich tun."

„Im schlimmsten Fall könnten wir unsere alten Beschwerden besprechen."

„Und im besten Fall?" sagte sie zurückhaltend und versuchte, nicht zu lachen.

„Suchen Sie sich frische Exemplare aus, über die Sie klimpern können. Aber Sie müssen sich benehmen; denn den ersten Teil der Reise werde ich ein Deutscher sein, denken Sie daran."

„Und wenn du dich nicht benimmst, kann ich den Leuten sagen, dass du keiner bist. Das musst du dir merken."

„Benehmen? Bedeutung?"

„Dass du damals und heute keinen Unsinn reden sollst; also geh bitte zu den Ersatzrädern."

„In Ordnung. Das nächstbeste wäre, dass Sie Rosas Ticket usw. nutzen und mit ihrem Oscar reisen."

„Aber Rosa hat gesagt, dass du davon nichts hören würdest, und du glaubst nicht, dass ich den Mann dieses Risiko für mich eingehen lassen werde. Noch mehr Räder?"

„Erstens. Dass wir im schlimmsten Fall einfach verschwinden und das Wetter verändern.“ und ich beschrieb meine Idee – mich als Mechanikerpaar zu verkleiden.

„Sie beschäftigen viele Frauen, aber noch nicht als Mechanikerinnen“, sagte sie.

Ich lachte. „Aber du würdest als Junge gehen, Nessa.“

„Als was?“ sie weinte vor Erstaunen.

„Ich sagte Junge. Junge. Einfaches Wort.“

Sie starrte mich einen oder zwei Moment lang an, als wäre ich verrückt, dann leuchteten ihre Augen auf und sie brach in Gelächter aus. „Weißt du, warum ich lache?“

„Auf mich, wahrscheinlich.“

„Nicht ein bisschen davon. Weil es genau die Idee ist, die ich hatte. Ich habe die Kleidung dafür bereit und einen Overall; und oft und oft habe ich mich in meinem Zimmer eingeschlossen, mich schick gemacht und alles geprobt. Wissen Sie? wie ich zu Hause im Theater die Rolle eines Jungen gespielt habe; ich kann meine Hände in die Taschen stecken und stolzieren wie einer. Ich bin ein ziemlich guter Junge.“

"Gut?"

„Jedenfalls gut genug für einen Jungen“, antwortete sie und lachte erneut.

"Zeig mir."

Sie stand auf, schob die Hände wie in die Hosentaschen und ging mit freiem Schritt im Zimmer auf und ab. „Gib uns eine Kippe, Kumpel“, sagte sie, als sie mich erreichte. „Ist das in Ordnung?“ fragte sie, fiel in sich selbst zurück und setzte sich wieder hin.

„Eher! Verrückt! Du hast es irgendwie geschafft, den Gesichtsausdruck zu verändern.“ Sie hatte. Die Veränderung war wunderbar. „Mit ein oder zwei Make-up-Tupfern würde dich keine Menschenseele erkennen. Aber du warst schon immer ein kleiner Junge, weißt du. Vielleicht ist das der Grund .“

„Das bedeutete ein Kompliment?“

„Genau wie du es verstehst. Du warst sowieso ein eigenwilliger kleiner Bettler. Erinnerst du dich, wie schockiert deine Mutter an jenem Abend bei den Grahams war, als du als Junge auf deren kleine Bühne kamst?“

„Das tue ich in der Tat. Arme Mutter! Sie muss sich über all das schreckliche Sorgen gemacht haben und ist es natürlich immer noch. Aber Rosa hat einer Freundin in der Schweiz geschrieben und sie gebeten, zu telegrafieren, dass es mir gut geht; und vielleicht bis dahin Dieses Mal hatte sie die Botschaft. Es ist furchtbar böse, nehme ich an, aber ich erkläre, dass ich so rachsüchtig bin, dass ich diese Frau Gretchen und auch von Erstein fast umbringen könnte , wenn ich daran denke, was sie der armen Mutter zugefügt haben, indem sie meine Briefe gestoppt haben ."

„Er ist ein niederträchtiges Schwein; und wenn ich die Gelegenheit dazu bekomme, werde ich noch einmal mit ihm reden, bevor wir gehen. Aber wir wollen jetzt nicht über ihn reden. Wenn deine Mutter diesen Draht hat, wird sie es tun." Fühlen Sie sich viel besser. Sagen Sie mir jetzt, was Sie von meinem dritten Rad halten?

„Soll ich dir die Wahrheit sagen?"

"Natürlich."

Sie hielt inne und die Farbe kroch langsam in ihr Gesicht, raubte ihm die besorgte Angst, die mich so gequält hatte, und machte sie in meinen Augen so betörend hübsch wie eh und je. „Wenn Sie ehrlich sind , würde mir das dritte Rad besser gefallen als die anderen."

„Das Gleiche gilt hier, aber es wäre nicht so sicher. Wir haben die Requisiten jedoch für den Fall eines Missgeschicks dabei. Was sagen Sie?"

„Einstimmig getragen", rief sie begeistert. „Es wäre schön!"

„Dann hast du dich trotz alledem nicht viel verändert."

„Meinst du das Aussehen?"

„Nicht einmal viel, aber ich meinte das Wildfanggeschäft."

„Ah, das weißt du nicht. Ich habe mich verändert. Ich bin plötzlich erwachsen geworden. Es könnte nicht anders sein", antwortete sie sehr ernst. „Einmal sah es so aus, als wäre es sicher, dass ich ins Gefängnis kommen würde , und die Spannung war – na ja, fast unerträglich. Niemand kann sagen, was es bedeutete, gleichgültig und selbstbewusst wirken zu müssen, obwohl ich wusste, dass jeder Moment mein sein könnte." zuletzt in Freiheit. Diese Gefahr schien vorüber zu sein, aber nur um noch Schlimmerem Platz zu machen."

"Du meinst das--"

„Ja", unterbrach sie mit einem kurzen Nicken. „Ich kann es nicht einmal ertragen, seinen Namen erwähnen zu hören. Ich wusste bald, was sein wahres Ziel war; er hat einen Freund, einen Mann wie er, der eines der

Konzentrationslager befehligt: das in Krustadt: und – Aber Sie können es erraten. Es gab für mich nur eines zu tun, und ich habe mich darauf vorbereitet. Ich habe das Gift oben.“

„Nessa!“

„Keine Frau kann eine solche Tortur durchmachen und unversehrt daraus hervorgehen. Ich hätte natürlich dafür kämpfen sollen. Ich sagte es Rosa, und obwohl sie zuerst entsetzt war, sah sie es hinterher, und dann bekam sie Herrn Feldmann.“ um mir einen Ausweis als Hans Bulich zu besorgen , und half mir, die Verkleidung zu bekommen. Ich hätte jetzt gehen sollen, wenn du nicht gekommen wärst. Oh ja, ich bin verändert; niemand außer mir weiß, wie sehr.“

Die gezogene Anspannung ihres Gesichtsausdrucks zeigte dies in diesem Moment so deutlich, dass ich zu gerührt war, um Worte für eine Antwort zu finden. Aber sie sammelte sich schnell und lachte.

„Und als du dann kamst , war ich verrückt genug zu glauben, dass du ein Spion bist! Ich kann mir nicht vorstellen, warum ich so ein Idiot war. Es gab keine Entschuldigung, nicht die geringste, und ich erwarte nicht, dass du mir jemals wirklich verzeihst .“

„Ich gebe dir keine Vorwürfe. Bei meiner Ehre .“

„Nun, dann werde ich es mir nie verzeihen. Aber – selbst jetzt kann ich nicht anders, als dich anzustarren.“

„Starr weg. Mir gefällt es. Aber warum?“

„Du bist so – so völlig anders.“

"Wie?"

„In jeder erdenklichen Weise.“

„Denken Sie schon. In jeder Hinsicht?“ Unsere Blicke trafen sich und sie blickte nach unten.

„Das frage ich mich“, murmelte sie leise; und dann schnell mit lauterem Ton: „Natürlich ist es dein neues Leben. Erzähl mir davon.“

Wir haben beide verstanden; aber das war nicht der richtige Zeitpunkt, ihr zu sagen, dass sie sich nicht „wundern“ müsse; Also habe ich über die Dinge an der Front gesprochen.

„Aber ich möchte deine eigenen Erfahrungen, Jack“, protestierte sie.

„Ich bin Herr Lassen, der Mann ohne Erinnerung.“

„Du bist genauso provozierend wie immer. Du weißt, dass ich unbedingt alles hören möchte, und du wirst kein Wort sagen.“

„Nun, ich sage dir eins. Es war alles deine Schuld.“

Sie runzelte die Stirn auf eine Weise, die ich so gut kannte. "Wie?"

„Erinnern Sie sich an einen Tag in Hendon – wir waren damals übrigens verlobt –, wie Sie mich wütend gemacht haben, weil ich nicht den Mut hatte, nach oben zu gehen, und weil Cricket ein viel sichererer Sport sei, und wie ich mich verärgert davonstürzte und marschierte los, holte mir sofort ein Ticket und ging hoch. Das war der Anfang.“

„Und ich erinnere mich auch daran, was für einen Schrecken es mir bereitete, als ich dich gehen sah. Ich habe das Flugzeug die ganze Zeit mit schlagendem Herzen beobachtet, in einer Art faszinierter Panik, dass etwas schiefgehen könnte.“

„Und als ich kam, um nach dir zu suchen , stellte ich fest, dass du auch hinaufgegangen warst.“

„Du glaubst doch nicht, dass ich wollte, dass du mich überhebst, oder? Und war das wirklich der Anfang?“

„Natürlich. Ich bin danach viele Male hingegangen und es hat mir gefallen. Und als der Ärger kam, habe ich natürlich gemerkt, dass es meine Aufgabe ist.“

„Sei ein Kumpel und erzähl mir alles darüber, was du getan hast“, überredete sie ihn.

„Alles zu seiner Zeit, aber nicht jetzt. Wir sind schon lange genug allein zusammen, um schon jetzt für Aufregung zu sorgen. Ich sollte lieber weg sein.“ und ich stand auf.

„Ich nehme an, du hast recht, aber es war wunderschön. Wie in alten Zeiten.“

„Welche alten Zeiten?“

„Macht nichts. Sei nicht neugierig.“

„In Ordnung. Nun, schauen Sie her. Machen Sie weiter mit Ihrem Jungenteil. Schlüpfen Sie in die Haut hinein und lassen Sie sich die Namen der Dinge auf die Zunge klopfen. Man weiß nie, was passieren kann. Und wenn Sie Rosa dazu überreden könnten Überzeugen Sie Feldmann, für mich das zu tun, was er für Sie getan hat, tun Sie es.

„Klingt ein bisschen gemischt, nicht wahr?“ und sie lachte mit so echter Heiterkeit, dass es einem gut tat, ihr zuzuhören.

„Du musst es klären. Bis dahin. Wir werden es irgendwie hinbekommen.“

„Ich glaube, das ist das Seltsamste an dir. Du schaffst es irgendwie, mir das Gefühl zu geben, absolut zuversichtlich zu sein, dass du es schaffst. Es ist wie ein Wunder. Noch vor ein oder zwei Tagen war ich ganz unten in der Tiefe und hier lache ich.“ als wäre es nur einer unserer alten Scherze.“

KAPITEL XIII

IM THIERGARTEN

Die Erfolgszuversicht, die Nessa so offen zum Ausdruck gebracht hatte, hatte sie mir gewiss vermittelt. Die Tatsache, dass sie bereits auf die Idee gekommen war, bei dem Fluchtversuch die Rolle eines Jungen zu spielen, alles Nötige dafür beschafft hatte und tatsächlich einige Zeit damit verbracht hatte, es zu proben, war ein solcher Glücksfall, dass ich mehr als Die Hälfte neigte dazu, die anderen Pläne über Bord zu werfen und diesen sofort zu übernehmen.

Wenn man auf irgendeine Weise den nötigen Ausweis bekommen könnte, wäre die Hoffnung auf Erfolg groß und vielversprechend. Nessa konnte genauso gut Deutsch sprechen wie ich, und ihr Akzent, als sie mir diese Frage nach der Kippe und ihrer wunderbaren Veränderung ihres Gesichtsausdrucks gestellt hatte, war dem Leben angetan worden.

Sie war schon immer eine kluge Charakterdarstellerin gewesen, und es bestand kein Zweifel daran, dass sie in jeder Notsituation durchhalten konnte. Dass ihr die Idee gefiel, stand außer Frage; Und was mich betrifft — der Gedanke an eine solche Kameradschaft mit ihr bei einem solchen Unterfangen zog wie ein 200- PS- Motor an.

Auch ihr Instinkt war richtig, als sie ihrer Neigung folgte. Es war unsere beste Chance — natürlich ohne die des alten von Gratzen . Viel besser, als durch die Verwendung ihres Passes Ärger für Rosa zu riskieren. Das muss Feldmann klarmachen, denn es könnte ihn dazu bewegen, die Karte für mich zu besorgen.

In dieser Nacht ging ich sehr sorgfältig auf alle Einzelheiten des Plans ein und versuchte, alles vorherzusehen, was passieren könnte; Und dann erinnerte ich mich an die Geschichte, die Günter, mein Kumpel vom Fliegerkorps, mir von seiner Flucht erzählt hatte, nachdem ihn ein Motorschaden innerhalb der deutschen Linien zum Absturz gebracht hatte.

„Es ist nur eine Frage des Bluffs, Jack", sagte er, „wenn man den Fachjargon so gut plappern kann wie wir, und ein paar einfache Vorsichtsmaßnahmen. Hier ist eine davon. Ich gehe nie ohne sie hoch."

„Was zum Teufel ist das?" fragte ich, als er mir etwas reichte, das wie eine rote Flanellunterlage für seinen Bauch aussah.

„Sieht unschuldig aus, nicht wahr? Mein ‚Bauchpolster' nenne ich es. Nur ein Schutz gegen Erkältungen, nicht wahr? Genug, um einem Mann die Arme und bei Bedarf auch die Beine zu fesseln. Das ist meine eigene Idee, und seit meiner kleinen Reise habe ich noch etwas hinzugefügt. In den Flanell eingenäht ist genug Stoff für den Notfall um ein oder zwei Männer so lange wie nötig ruhig zu halten. Wenn ich das gehabt hätte, hätte ich nicht riskieren müssen, meine Wache auf den Kopf zu schlagen und ihm den Atem zu würgen.“

„Erzähl es mir, Dick.“

„Nun, meine Chance kam fast, als sie mich erwischt hatten. Natürlich habe ich den alten Bus verbrannt und meine Hände hochgeschoben, und nachdem sie sichergestellt hatten, dass ich nicht bewaffnet war, haben sie einfach einen Kerl damit beauftragt.“ Ich gab mir den Befehl, mich irgendwohin zu bringen. Damals war es ziemlich dunkel und ich tat so, als würde ich mich nach der Durchsuchung schrecklich unwohl fühlen, fummelte an meinen Kleidern herum und schaffte es, meine Schnur griffbereit zu haben. Dann suchte ich mir einen geeigneten Ort aus und fragte ihn nach einem Idioten Frage oder so, und ging auf ihn los. Er war nur ein dicker Landsturmer und hatte nicht mehr als ein paar Zappelbewegungen in sich; aber ich musste ihm auf den Kopf schlagen, um sicherzugehen – da wollte ich natürlich das Zeug haben. Dann zog ich mich mit ihm um, fesselte ihn mit meiner Kordel und machte mich alleine auf den Weg. Bluff erledigte den Rest, alles klar.“

„Aber was hast du gemacht, alter Schatz?“

Er lachte und zündete sich eine weitere Zigarette an. „Ich marschierte in die erste Hütte, die ich erreichte, scheuchte die Leute aus ihrem Leben und beschlagnahmte im Namen von Kaiser Bill Kleidung für einen verwundeten Gefangenen. Sie trennten sich wie ein Lamm, und fünf Minuten später wurde ich in einen Arbeiter verwandelt.“ "

„Aber Sie hatten keinen Ausweis?“

Dies brachte ein weiteres leises Lachen hervor. „Das habe ich gut hinbekommen. Es gibt keinen Arsch auf der Welt, der zu bluffen wäre, wenn man es richtig angeht. Mein Weg war, zur Polizei zu gehen. Ich warf ihm vor, dass ich Flugzeugmechaniker sei und geschickt worden sei um schnell nach Ellendorff zu fahren, einem kleinen Ort nahe der niederländischen Grenze, wo ich wusste, dass es dort eine Fabrik gab und dass man mich auf der Straße überfallen und ausgeraubt hatte. Es hört sich dürftig an, als ich es erzählte, aber ich hatte Mist gebaut um so auszusehen, und vor allem war ich, wohlgemerkt, zur Polizei gegangen; das war der beste Beweis dafür, dass ich kein falscher Mensch war: und ich wählte die Mitte der Nacht, als nur eine schläfrige Eule unterwegs war Pflicht. Er schluckte alles gut hin, nur dass er dachte, ich sei betrunken und wollte mich zuerst bis zum Morgen behalten; aber als ich einen Aufruhr machte, sagte er ihm, dass er in einen teuflischen

Krach geraten würde, und sagte, er Rufen Sie besser seinen Chef an, er besann sich eines Besseren, gab mir, was ich wollte, und war dankbar, dass es mir wieder gut ging und ich wieder einschlafen konnte. Ich hatte keine Probleme mehr, wurde ein- oder zweimal angehalten, aber die Karte brachte mich durch; und ich erreichte die Grenze problemlos. Dort hatte ich Glück . Ich bin auf ein paar Deserteure gestoßen, habe mich mit ihnen verbündet und – nun, das ist alles."

Günters Geschichte hatte damals großen Eindruck auf mich gemacht, und während meiner alten Studienzeit in Göttingen hatte ich genug Erfahrungen mit der Macht eines guten Bluffs gegenüber einem durchschnittlichen deutschen Beamten gemacht, um zu wissen, dass es durchaus machbar war, also entschloss ich mich jetzt davon profitieren.

Am nächsten Tag hatte ich genügend Zeit, alle notwendigen Vorbereitungen zu treffen und einige meiner eigenen Entwürfe hinzuzufügen. Dabei handelte es sich um einige „Eisenrationen" für den Fall, dass es Schwierigkeiten mit der Nahrungsversorgung gab; zwei oder drei Werkzeuge, darunter ein schwerer Schraubenschlüssel, der bei Bedarf als Waffe dienen würde; und ein schäbiger Koffer für alles.

Ich packte alles hinein, hob ein Brett unter das Linoleum in meinem Badezimmer und versteckte es dort, damit niemand in meiner Abwesenheit Lust hätte, mein Gepäck zu durchsuchen.

Mit einer Straßenkarte und einem Eisenbahnführer war die Route schnell festgelegt. Die niederländische Grenze sollte das Ziel sein. Es war viel näher als die Schweizer; und da Westfalen die Region der Fabriken war, war es viel plausibler, dass ein paar Mechaniker in diese Richtung reisen würden, als in irgendeine andere Richtung.

Gunters Erwähnung von Ellendorff , einem Dorf in der Nähe von Lingen und nahe der Grenze, deutete auf ein gutes Ziel hin; und die grobe Idee bestand darin, die Reise in Etappen durchzuführen, um die Leute von der Spur abzubringen, falls Verdacht geweckt werden sollte. Es war sicherer, als eine Fahrt mit einem der Durchgangs-Expresszüge zu riskieren, und außerdem war es viel einfacher, von Kleinstädten aus zu buchen als direkt von Berlin aus.

Das alles nahm viel Zeit in Anspruch, zumal es durch mehrere Spekulationen über das Ergebnis von Nessas Interview mit von Gratzen unterbrochen wurde . Das war sehr wichtig, da es wahrscheinlich die Art und Weise unserer Abreise bestimmen würde; Und als meine Vorbereitungen abgeschlossen waren und ich sie bei einer Zigarette sorgfältig überlegte, klopfte jemand an die Tür meiner Wohnung.

Es war ein Fremder; ein gut gekleideter Mann mit scharfen Gesichtszügen und unverkennbar ein Jude. „Herr Lassen?" er hat gefragt. Ich nickte. „Mein Name ist Rudolff ."

"Was ist es?"

„Es wäre besser, wenn ich Ihnen mein Geschäft privat erzähle", antwortete er und zeigte auf ein paar Leute, die auf der Treppe vorbeikamen.

Ich nahm ihn mit in mein Wohnzimmer mit dem äußerst unangenehmen Gefühl, dass er von der Polizei war.

„Ich bin in der Lage, Ihnen einen beträchtlichen Dienst zu erweisen, Herr Lassen", sagte er und blickte neugierig durch den Raum.

„Wer hat dich zu mir geschickt und woher wusstest du, wo du mich finden kannst?"

„Ihre Ankunft in der Stadt ist kaum ein Geheimnis, und Ihre Adresse habe ich von Ihren Freunden in der Karlstraße erhalten . Niemand hat mich zu Ihnen geschickt, mein Herr."

Er war nicht von der Polizei. Das war eine Erleichterung, und nichts anderes zählte. „Und der Dienst, von dem Sie gesprochen haben?"

„Werden Sie nicht überrascht sein zu hören, dass eine Reihe von Menschen Sie finden möchten?"

„Da es für Sie einfach war, wäre es für sie schwierig?"

„Vielleicht nicht so schwierig, wie Sie es sich vielleicht wünschen. Ich sage das, weil Sie meinen Besuch anscheinend etwas verübeln. Wenn das wirklich der Fall ist, werde ich natürlich gehen."

„Es ist mir egal, ob du gehst oder aufhörst; aber wenn du etwas hast, das deiner Meinung nach erzählenswert ist, sag es. Ich werde zuhören. Ich gehe übrigens davon aus, dass du nicht aus bloßer Philanthropie herausgekommen bist."

„Das habe ich nicht. Ich mache keinen solchen Vorwand . Wenn die Warnung, die ich Ihnen geben kann, etwas wert ist, bin ich nicht so reich, dass ich Geld wegwerfen würde."

„Dann raus damit." Es war nicht nur die Neugier, die mich zum Zuhören veranlasste. Es war wahrscheinlich, dass er mir einen gruseligen Vorfall aus Lassens Vergangenheit erzählen würde, und es war genauso gut, es zu hören. Es war auch durchaus möglich, dass er doch von Gratzen kam, mit der Absicht, mich beim Stolpern zu erwischen. Seine Frage deutete darauf hin.

„Ich glaube, Sie haben in Göttingen die Bekanntschaft mit Adolf Gossen gemacht ?“

„Das wage ich zu behaupten, aber ich erinnere mich an nichts davon“

„Ah, natürlich. Du bist der Mann ohne Erinnerung. Ich habe von deinem Unglück gehört“, sagte er mit einem verschlagenen, anzüglichen Blick.

„Und bezweifeln Sie es, was? Na, nehmen wir mal an, Sie kommen mit der Geschichte weiter?“

Er verstand den Hinweis und es stellte sich heraus, dass es sich um dieselbe hübsche Affäre handelte, auf die von Erstein so viel Wert gelegt hatte. Meinem Besucher zufolge schien es, dass jemand deswegen im Gefängnis saß; dass seine Freunde, deren Namen er nannte, wütend waren; dass sie hoch und niedrig nach mir Ausschau hielten; und wenn ich in Berlin bliebe , würden sie mich finden und auf jede ihnen geeignete Weise Rache üben. Er erklärte, er wisse, wo sie zu finden seien, und sie seien bereit, für die Information über meinen Aufenthaltsort zu zahlen.

Erstein gekommen, um mich aus der Stadt zu vertreiben.

„ Natürlich meinst du, dass du zu ihnen gehen wirst, wenn ich dich nicht bezahle?“

„Überhaupt nicht, Sir“, rief er mit einem schönen Ausdruck seiner Empörung. „Ich weiß, dass diese Leute Schurken sind; sie haben mich schändlich behandelt; ich bin nur gekommen, um Sie zu warnen. Sie können natürlich danach handeln oder nicht. Das ist ganz Ihre Sache.“ und zu meiner Überraschung stand er auf, ohne nach seinen Neuigkeiten zu fragen. „Ich habe alles getan, was ich tun konnte, indem ich gekommen bin.“

„Ich weiß nichts über die Angelegenheit, wie ich Ihnen sagte, aber ich bin Ihnen sehr dankbar.“ und als Hinweis holte ich meine Handtasche heraus.

„Verzeihen Sie, Sir“, rief er, wedelte mit den Händen, als wäre der Anblick von Banknoten eine Abscheulichkeit, und schüttelte heftig den Kopf. „Ich konnte nicht daran denken, nach dem, was Sie gesagt haben, Geld anzunehmen. Guten Tag;“ und als er die Wohnung verließ, gestikulierte er immer noch angesichts des Schocks über diese Idee.

Das war für einen deutschen Juden so unnatürlich, dass es Verdacht erregte. Wahrscheinlich hatte er diese finanzielle Scheu als verblüffenden Beweis für seine ehrliche Absicht und seine allgemeine Integrität gemeint.

Das war jedoch nicht der Effekt, den es hervorrief. Es diente eher dazu, den vorherigen Gedanken zu bestätigen, dass von Erstein ihn geschickt hatte, um mir Angst zu machen. Dass das Tier fast alles tun würde, um mir den Rücken freizuhalten, war natürlich sicher; und dann schoss mir eine seltsame Idee durch den Kopf.

sich lohnen würde, den Anschein zu erwecken, in die Falle zu tappen; geh mitten in der Verzweiflung zu ihm; Lassen Sie ihn glauben, mein einziges Ziel sei es, das Land verkleidet auszufliegen, vorzugsweise nach Holland. und veranlassen Sie ihn, die erforderliche Genehmigung usw. zu beschaffen. Die Möglichkeit, ihn mit seiner eigenen Petarde hochzuziehen, sah gut aus; und der Gedanke an seinen Kummer, als er herausfand, dass er mir geholfen hatte, Nessa aus seinen Klauen zu befreien, machte den Plan geradezu verlockend.

Daran, dass es gelingen würde, gab es kaum Zweifel, und ebenso wenig daran, dass er die nötigen Papiere bekommen könnte; aber der Preis dafür war zu hoch. Mit einem solchen Mischling etwas zu tun zu haben, war undenkbar, solange irgendein anderer Weg offen stand; Deshalb gab ich es auf, bis alle anderen Mittel ausprobiert worden waren.

Die drängende Frage ergab sich nun aus Nessas Interview mit von Gratzen , und ich machte mich auf den Weg in die Karlstraße , um davon zu erfahren. Diesmal wurde die Tür von dem Mädchen Marie geöffnet; Daher kam ich zu dem Schluss, dass Gretchen aufgrund der Affäre vom Vortag entweder abgehauen war oder zu ihren Geschäften geschickt worden war. Marie erzählte mir, dass niemand zu Hause sei und dass Rosa mit Nessa und Lottchen in den Thiergarten gegangen sei .

Ich fand sie bald; und Rosa spielte die Rolle der guten Fee und behielt das Kind bei sich, während Nessa mir die Neuigkeit erzählte.

„Zuerst möchte ich Ihnen die gute Nachricht überbringen“, sagte sie.

„Meinst du also, dass der andere schlecht ist?“

„Haben Sie doch ein wenig Geduld. Hauptsache, Rosa hat Herrn Feldmann dazu gebracht, zu sagen, wo wir die Dinge bekommen, die Sie wollen. Ist das nicht großartig?“

„Ja, wenn es Ihnen gelingt, mit mir durchzukommen; und das kann davon abhängen, was heute passiert ist. Ist alles in Ordnung?“

„Du könntest mir genauso gut ein Rätsel auf Russisch stellen. Ehrlich gesagt weiß ich nicht, was ich davon halten soll. Natürlich musste ich in die Amtstraße , um Baron von Gratzen zu sehen . Es schien ihm gut zu gehen, aber – „Und sie zuckte mit den Schultern und runzelte die Stirn.

„Das ist einfach der Eindruck, den er immer bei mir hinterlässt.“

„Er war in seiner Art furchtbar freundlich; aber es war ein Glück, dass Sie mich gewarnt haben, vorsichtig zu sein, denn er hat immer wieder eine Frage über Sie gestellt, gerade als ich es nicht erwartet hatte, und ob ich Sie verraten habe, kann ich nicht sagen. Ich glaube nicht, dass ich es getan habe; aber ich bin mir überhaupt nicht sicher, ob er nicht gesehen hat, dass ich gefechtet habe.

„Worüber hat er gesprochen?"

„Oh, er erzählte mir zuerst, dass jemand erklärt hätte, ich sei wirklich ein Spion, fragte, warum ich so lange hier geblieben sei? Wollte ich nicht nach Hause? Und so weiter. Natürlich war das alles leicht genug, aber ich Ich glaube, er hat nur versucht, mich über meine Nervosität hinwegkommen zu lassen; denn natürlich war ich furchtbar nervös; und schließlich sagte er, er glaube meiner Geschichte vollkommen, ja, er wisse, dass es die Wahrheit sei; dass ich es nicht tun solle Sorge; dass ich mich nur einmal in der Woche melden müsse; dass es nur eine Formsache sei; und dass ich wahrscheinlich nie alles tun müsste, da er ziemlich sicher sei, dass ich vor dem ersten Tag der Berichterstattung nach Hause geschickt werden würde.

„Und war das alles?"

„Eher nicht; nur das Vorwort; und wohlgemerkt, er hatte bis dahin kein Wort über Sie gesagt, nicht einmal Ihren Namen erwähnt."

„Was kam dann als nächstes?"

„Er bat mich, über England und die Engländer zu sprechen, und sagte, dass er oft dort gewesen sei und jede Menge Leute kenne; und dann kamen Sie ins Bild."

„Hat er nach mir gefragt, meinst du?"

„Erzählst du die Geschichte oder erzähle ich?" und sie begrüßte mich mit einem Lächeln, das gut zu sehen war. Sie ähnelte viel mehr der Nessa aus alten Zeiten, war gut gelaunt und hatte einen Großteil der besorgniserregenden Last der Depression abgelegt. „Ich weiß nicht, ob du es getan hast, aber heute kann ich die Dinge irgendwie nicht ernst nehmen."

„So sollte es sein; aber wie hat er mich reingebracht?"

„Nun, er hat sich entweder besser verhalten als ich, oder er war völlig aufrichtig. Er hat über Menschen gesprochen, viele Namen genannt und mich gefragt, ob ich einen von ihnen kenne, und das im lockersten Ton der Welt." Deins ist herausgesprungen.

„Lassen?"

„Natürlich nicht; Ihr eigenes, Lancaster."

„Puh! Das ist eine Warnung, wenn Sie so wollen. Was haben Sie gesagt?“

Sie lachte leise. „Ich glaube, ich war damals einer zu viel für ihn. Sie sehen, er hatte den Boden auf eine Weise vorbereitet, indem er Leute erwähnte, von denen ich noch nie gehört hatte, also schüttelte ich nur den Kopf, tat dann so, als ob ich darüber nachdachte, und sagte, das sei nicht der Fall.“ Sicher, dass meine Mutter einige Lancasters nicht gekannt hatte. Er war so anständig gewesen, dass das einfacher schien, als einfach nur zu lügen. Er wollte mehr und bat mich, es zu versuchen und mich daran zu erinnern, da er einen ganz bestimmten Grund hatte, sich dafür zu interessieren aber das sah gefährlich aus, also hielt ich es für das Beste, mich an nichts anderes aus Lancastrian zu erinnern.

"Also?"

„Lass mich nicht hetzen. Ich merkte schon, dass ich die Brücke überquert hatte, aber es war erst die erste. Nach einer Weile erwähnte er Jimmy Lambs Namen, und ich lachte, klatschte in die Hände und sagte, er sei mein Bruder–“ Schwiegereltern. Warum, was ist los? War das falsch?“ sie weinte, als sie mein Stirnrunzeln bemerkte.

Burgen untergegangen sein . Das wird wahrscheinlich keine Rolle spielen.“

„Das hatte ich ganz vergessen. Kein Wunder, dass er interessiert war und eine Flut von Fragen über ihn in mich hineinschüttete. Aber das war alles sicher, denn ich habe kein Wort über Jimmy gehört, seit ich hier bin, und Natürlich konnte er ihm nichts sagen. Eine davon war übrigens, ob Jimmy die Lancasters kannte. Und ich verstehe, warum er danach gefragt hat.

Unangenehm bedrohlich, das; denn es war klar, dass er versuchte, die Verbindung zwischen mir und Jimmy herzustellen. "Und danach?"

„Butter wäre ihm nicht im Mund geschmolzen. Er fragte mich nach Ihnen als Lassen; wieder sicherer Boden: und bedankte sich abschließend bei mir dafür, dass ich seine Fragen so offenherzig beantwortet hatte; erklärte, er sei ganz zufrieden, und dann, wie ich Ihnen sagte Er sagte, er würde seinen Einfluss nutzen, um dafür zu sorgen, dass ich nach Hause gehe.

„Irgendwas mit unserem gemeinsamen Weg?“

„Ja. Er sagte, es wäre vielleicht nicht gut für mich, alleine zu reisen, und fragte, ob es jemanden gäbe, der mich bis zur Grenze begleiten könnte.“

„Du hast mich nicht vorgeschlagen?“ Ich bin eingebrochen.

„Wirklich, Herr Lassen! Halten Sie jedes englische Mädchen für einen Idioten? Ich schlug Herrn Feldmann vor. Er schüttelte den Kopf und murmelte etwas darüber, dass er nicht entkommen könne; und dann kam das Einzige, was mir wirklich Angst machte. ' Natürlich Sie könnten sich in die Obhut einiger unserer Leute begeben, aber es wäre vielleicht besser, es nicht zu tun; es ist gerade jetzt so schwierig, unsere Leute zu verschonen;' – das alles in einer Art meditativem Ton und dann mit einer Veränderung, die irgendwie … Er veränderte seine Gesichtszüge, er fixierte mich mit einem Blick, der wie glühende Bohrer in mein Gehirn einzudringen schien und jeden Gedanken darin las, und bat mich, jemand anderen vorzuschlagen . Ich schrumpfte innerlich förmlich zusammen, wenn Sie wissen, was Ich meine, es fühlte sich an, als würde ein Fisch am Ende einer Gabel plötzlich in ein loderndes Feuer gestoßen. Ich weiß nicht, was ich gesagt oder getan habe. Es muss mich fasziniert haben, nehme ich an. Ich glaube, ich schüttelte den Kopf und stammelte das heraus Ich kannte niemanden sonst, bin mir aber nicht sicher. Ich erinnere mich nur deutlich an das Gefühl großer Erleichterung, als seine Augen meine Augen verließen und ich hörte, wie er etwas darüber sagte, er solle sich um die Sache kümmern. So etwas habe ich noch nie in meinem Leben gefühlt; und wenn ich dich verraten habe, dann war es das.

„Ich habe schon so einen Blick von ihm gesehen und kann verstehen, wie du dich dabei gefühlt hast. Deshalb kann ich den Mann nicht einordnen. Hallo, schau! Da kommen seine Frau und seine Tochter mit der Gräfin. Wir schließen uns besser an." . Es reicht nicht aus, sie denken zu lassen, dass wir zu dick sind;" und wir gingen zu Rosa, als die anderen die Stelle erreichten, und alle standen da und unterhielten sich. Lottchen zog mich sofort von den anderen weg und erklärte, dass sie mich jetzt nie mehr gesehen hätte, und nach einem Moment gesellte sich Nita, angezogen von der Lieblichkeit des Kindes, zu uns.

Ich sagte etwas, was sie beide zum Lachen brachte, und gerade als sich die anderen umdrehten und uns ansahen, erlebte ich die Überraschung meines Lebens.

Eine gutaussehende Frau ging vorbei und hielt ein kleines Kind an der Hand; Sie warf mir einen Blick zu, blieb mit einem Ausdruck tiefsten Erstaunens stehen, blieb stehen, um zu starren, die Hände geballt und an ihre Brust gedrückt, die Augen weit aufgerissen, der Mund offen und jedes Gesicht starr wie Stein.

„Johann!" Zuerst kaum mehr als ein Flüstern und dann laut: „Johann!" Und ohne weitere Umschweife stürzte sie auf mich zu, schlang ihre Arme um meinen Hals und brach in eine Flut leidenschaftlicher Schluchzer aus, vermischt mit ebenso leidenschaftlichen Zuneigungsbekundungen.

KAPITEL XIV

ANNA HILDEN

„Johann! Johann! Oh, mein Liebster! Oh, Gott sei Dank habe ich dich endlich gefunden! Oh, mein längst verlorener Schatz!" schwärmte die Frau begeistert, während ihr Kind auf mich zulief, sich an meinen Mantel klammerte und „Papa! Papa!" rief.

Eine angenehme Situation angesichts der Umstände und der Tatsache, dass sich eine Reihe anderer Menschen, angezogen von der Hysterie der Frau, um uns versammelten.

Nita und Lottchen eilten zu unserer Gruppe zurück; die beiden älteren Frauen sahen sowohl empört als auch angewidert aus; und Nessa beugte sich über Lottchen und konnte ihr Lachen kaum verbergen. Zum Glück behielt Rosa ihren Kopf.

Sie warf mir zunächst einen verächtlichen und empörten Blick zu, sagte dann etwas zu ihrer Mutter und die ganze Gruppe entfernte sich.

Der hysterische Leidenschaftsausbruch der Frau war inzwischen verstummt, und sie ließ einfach ihren Kopf auf meiner Schulter ruhen und weidete mit schmachtenden Verzückungen an meinem Gesicht, während ihre recht schönen Augen mein Gesicht betrachteten.

Mein erster Gedanke war, dass sie verrückt war; also versuchte ich, ihre Umarmung zu lösen. Zuerst sanft, dann aber mit beträchtlicher Kraft, denn sie wehrte sich entschieden. Als nächstes bemerkte ich, dass ihre Augen trotz all ihres hysterischen Schluchzens kaum feucht waren; eine Tatsache, die die Angelegenheit ganz anders interpretierte.

„Wir wollen hier keine Szene", sagte ich.

Dies hatte vergleichsweise wenig Wirkung und sie versuchte, ihre Hände loszureißen und die Umarmung noch einmal zu beginnen.

„Wenn wir noch mehr davon haben, rufe ich die Polizei", sagte ich scharf. Damit war das Geschäft erledigt. Nach einem Moment wurde sie weniger demonstrativ, machte einen großen Versuch, ihre Erregung zu zügeln, und erlaubte mir, sie wegzuführen.

Während wir die Menge abschüttelten, hatten wir Zeit, sie zu studieren und zu versuchen, einen Eindruck von der Bedeutung des Ganzen zu bekommen. Nachdem die Hysterie nun vorüber war, schien sie weniger emotional als vielmehr ratlos zu sein. Sie hielt den Blick auf den Boden gerichtet, dachte offensichtlich intensiv nach und achtete überhaupt nicht auf das Kind, das so unbekümmert war, als gehörte es nicht zum Bild, nur dass sie ein- oder zweimal zu der Frau aufblickte, als wäre es so Ich frage mich, was ich tun soll und suche nach einem Hinweis.

Ein Gedanke an die Wahrheit kam mir und ließ mich forschender denn je auf das Seitengesicht der Frau blicken. Zwei Dinge fielen mir gleichzeitig auf. Sie war älter, als ich geglaubt hatte; ein wenig Make-up kaschierte geschickt einige Fältchen, und ein Hauch Rouge auf der Wange half, meinen Irrtum über ihr Alter zu erklären; Bei näherer Betrachtung entdeckte man einige Streifen Fettfarbe in der Nähe ihres Haares.

Ich habe sie damals als zweitklassige Schauspielerin abgestempelt, und ihr übertriebenes Schauspiel in der Umarmungsszene deutete darauf hin. Wie sich die gewöhnliche Frau verhalten würde, wenn sie ihren längst verlorenen Liebhaber oder Ehemann entdeckt, könnte eine Frage sein; Aber sie würde auf keinen Fall Tränen vergießen, die sie aus Angst, sie könnten ihr Make-up verderben, sorgfältig tränenfrei machte. Es war offensichtlich eine Pflanze.

Allerdings war das alles andere als tröstlich. Mein Gedächtnisverlust machte es unmöglich, sie bloßzustellen, aus dem einfachen Grund, dass jeder Geschichte, die sie erzählen wollte, nicht widersprochen werden konnte.

„Jetzt würde ich gerne wissen, was das alles bedeutet“, begann ich, als wir keine neugierigen Zuschauer mehr hatten.

„Tust du so, als würdest du mich nicht erkennen?“ fragte sie und richtete ihre großen blauen Augen mit erbärmlicher Wehmut auf mich.

„Tust du so, als ob ich es tun sollte?“

„Warum hast du mich verlassen? Oh, wie konntest du, Johann?“ sie jammerte.

„Ich weiß nicht einmal, was du meinst.“

„Oh, aber du musst; du musst. Du hast mich so geliebt; zumindest hast du geschworen, dass du es immer und immer wieder getan hast“, rief sie. „Oh, erzähl mir nicht, dass du mich vergessen hast. Ich könnte alles andere ertragen.“

Dies schlug von Gratzen vor. Es war genau die Art von Plan, die einem so schlauen alten Bettler gefallen würde, um mich in die Falle zu locken. "Wer bist du?" Ich fragte.

Sie schlug die Hände vors Gesicht und sah aus, als würde sie wieder hysterisch werden. „Oh, du musst es wissen. Du musst es wissen. Du kannst mich nicht vergessen haben! Das kannst du nicht!“

„Vielleicht hilft mir Ihr Name.“

Mit einer sehr übertriebenen theatralischen Geste blieb sie stehen und starrte mich abwesend an.

„Ich bin – Anna. Deine Anna.“

„ *Meine* Anna? Ich wusste nicht, dass ich eine habe;“ und sie klatschte erneut mit den Händen vors Gesicht, aber nicht schnell genug, um ihren Gesichtsausdruck zu verbergen, der ungewöhnlich einem Lächeln ähnelte. „Und der Nachname?“

„Hilden, natürlich“, sagte sie nach einer Pause, ohne aufzusehen.

Das gab den Hinweis. Es war nicht der Plan von Gratzens , sondern der von Ersteins . Ich erinnerte mich an unser Interview; sein hartnäckiger Versuch, mein Gedächtnis zu testen; seine Geschichte von Anna Hilden; seine echte Wut, als ich mich nicht an sie erinnerte; und dann die plötzliche Verhaltensänderung, die so rätselhaft gewesen war.

Er hatte sie für die Rolle des ruinierten Mädchens ausgewählt und wahrscheinlich die melodramatische Szene geplant, die gerade stattgefunden hatte, wohlwissend, dass ich sie nicht bloßstellen konnte, wenn ich mich nicht gleichzeitig verriet. Es war gerissen und hat mich in ein furchtbares Durcheinander gebracht. Es schien nur einen Weg zu geben: die Frau dazu zu bewegen, die Wahrheit zuzugeben.

„Sie sehen selbst, dass mich das völlig überrascht hat“, sagte ich nach einer Pause. „Vor ein paar Wochen hatte ich eine sehr schwere Zeit; das Schiff, auf dem ich war, wurde in die Luft gesprengt und die Explosion führte dazu, dass ich mein Gedächtnis völlig verlor. Was Sie gesagt haben, mag absolut wahr sein; obwohl es mir unmöglich erscheint. Was möchtest du, dass ich das tue?

„Ich will meine Rechte“, antwortete sie nach einer kurzen Pause.

„Nun, wir können hier kaum über Dinge reden. Wo wohnst du?“

„Im Kammerplatz . 268g. Nein, ich meine 286g;“ Ich habe die Korrektur in einiger Verwirrung vorgenommen.

Merkwürdig, dass sie sich nicht an die richtige Nummer erinnern konnte; Es sah aus, als wäre sie gerade erst wegen dieser besonderen Angelegenheit dorthin gegangen. "Sollen wir da hingehen?" Ich fragte.

Sie fand die Frage unnötig peinlich, zögerte und blickte das Kind mit einem verwirrten Stirnrunzeln an. „Ich kann noch nicht nach Hause. Ich wollte meinen kleinen Schatz nur zu ein paar Freunden mitnehmen.“

Sie war sicherlich keine gute Schauspielerin, sonst hätte sie nie angedeutet, dass es wichtiger sei, das Kind zu Freunden zu bringen, als eine

Erklärung mit dem falschen Liebhaber zu bekommen, der nach vielen Jahren entdeckt wurde. "Wann dann?" Ich fragte und kam zu dem Schluss, dass das Kind für die Show ausgeliehen worden war und sofort dankend zurückgegeben werden sollte.

„Kommen Sie in einer Stunde dorthin", sagte sie, nachdem sie nachgedacht hatte. „Du wirst mir nicht noch einmal entkommen, denn ich weiß jetzt, wo ich dich finden kann", fügte sie mit einer Kopfbewegung hinzu.

„Ich werde es nicht versuchen. Hier ist meine Adresse." und ich habe es auf eine Karte gekritzelt. „Ich komme schon wieder. Ich interessiere mich nur zu sehr für das, was Sie gesagt haben, und möchte alles wissen, was Sie mir darüber erzählen können. Ich werde das Richtige tun, Anna." und ich streckte meine Hand aus.

Sie zögerte eine Sekunde und schüttelte dann die Hand. Ihr Blick zeigte, dass meine Worte sie positiv beeindruckt und auch verwirrt hatten.

Ich verbrachte die Zeit im Thiergarten damit, über den ganzen unangenehmen Vorfall nachzudenken: die wahrscheinlichen Auswirkungen auf diejenigen, die ihn miterlebt hatten, und die Linie, die ich bei dem bevorstehenden Interview einschlagen sollte.

Es würde auf jeden Fall eine gute Wendung bringen. Von Gratzen würde von seiner Frau alles darüber erfahren, und das sollte seinem Verdacht ein Ende bereiten. Wenn die Frau, die ich ruiniert hatte, mich als Ergebnis einer zufälligen Begegnung identifizieren konnte, konnte er kaum umhin, darin eine mächtige Bestätigung der Lassen-Theorie zu sehen.

Sowohl Rosa als auch Nessa wussten natürlich, dass die Geschichte, selbst wenn sie wahr wäre, nichts mit mir zu tun hatte und dass das, was die Gräfin selbst dachte, nichts bedeutete. Der Hauptpunkt war, was passieren würde, wenn die Frau dabei bliebe und wie weit sie bereit war zu gehen. Das würde wahrscheinlich von den Anreizen oder dem Druck abhängen, den von Erstein ausübte ; und wenn man den Mann beurteilte, war Druck wahrscheinlicher.

Es wäre leicht genug, dem Plan den Garaus zu machen, indem man die Polizei einbezieht; Ihre Nervosität bei der Erwähnung hatte das deutlich gezeigt. Aber das würde mir nicht passen. Je weniger sich die Polizei in meine Angelegenheiten einmischen musste, desto besser. Zweifellos könnte ein Ermittler bald die Wahrheit über die Frau selbst herausfinden; und wenn sie sich als hartnäckig erwies, wäre das vielleicht der beste Weg. Aber offensichtlich wäre die schnellste und beste Lösung, die Frau selbst zum Eingeständnis zu bewegen; und das muss die erste Angriffslinie sein.

Ihre Antwort auf meine Frage, was sie von mir erwartete, deutete auf eine Idee hin. Sie wollte ihre „Rechte", wie sie es ausdrückte; und es war eindeutig der einfachste Weg, ihnen etwas anzubieten. „Rechte" bedeutete Ehe; und sie würde wahrscheinlich in Schwierigkeiten geraten, wenn ich zustimmen würde, sie zu heiraten. Die Farce war ganz nach meinem Geschmack. Den Anschein zu erwecken, als würde ich sie zu einer solchen Ehe mit einem Mann zwingen, den sie noch nie in ihrem Leben gesehen hatte, war reichhaltig und zugleich eine gute Politik, da es sie von meiner Ehrlichkeit in meinen Absichten beeindrucken würde.

Ich hielt den Termin pünktlich ein und fand sie ziemlich atemlos und aufgeregt. Es war eine schäbige kleine Wohnung; war offensichtlich hastig vorbereitet worden; und die Menge an Dingen, die immer noch im Zimmer verstreut herumlagen, verriet, dass ich mitten in ihren Bemühungen angekommen war, es in Ordnung zu bringen.

Ohne Hut und andere Sachen sah sie viel weniger vorzeigbar aus. Sie war eine unordentliche Person, alles andere als sauber, und machte den Fehler, die Verwirrung und Unordnung im Ort zu erklären.

„Ich habe nicht wirklich geglaubt, dass du kommst, sonst hätte ich das Haus aufgeräumter gemacht. Wenn jemand in diesen Zeiten alleine um seinen Lebensunterhalt kämpfen muss, gibt es kaum eine Chance, das Haus in Ordnung zu halten."

„ Trotzdem sehe ich, dass du dein Bestes gegeben hast."

„Das muss ich immer", antwortete sie mit einem kurzen, halb misstrauischen Blick.

„Du hast einen harten Kampf?"

"Hart genug."

"Was machst du?"

„Natürlich alles, was ich kann. Es ist harte Arbeit."

Ihre Hände lieferten jedoch keinen Beweis dafür. „Nun, wir müssen versuchen, es dir leichter zu machen, Anna. Jetzt lass es uns besprechen."

„Ich wasche mir zuerst die Hände und räume ein bisschen auf", und sie ging in den Nebenraum, wo ich hörte, wie sie einige Möbel an ihren Platz stellte.

Dies bot Gelegenheit, das schäbige kleine Wohnzimmer genauer unter die Lupe zu nehmen, und eine Tatsache wurde sofort deutlich. Nichts deutete darauf hin, dass ein Kind überhaupt einen Fuß hinein gesetzt hatte. Auf dem Boden neben dem schäbigen Sofa lag eine teilweise geöffnete

Ledertasche; viel zu gut und teuer, um mit den anderen mithalten zu können, und ein Blick hinein enthüllte eine Reihe von Schminktisch-Accessoires, die auch viel besser waren, als eine berufstätige Frau, die sich abmühen musste, überhaupt besitzen würde.

Sie hatte dies in ihrer Verwirrung bei meiner Ankunft vergessen und kam sofort heraus, um es zu holen, immer noch in dem unordentlichen, schlampigen Kleid. „Ich werde jetzt keine Minute bleiben", sagte sie.

Doch es vergingen einige Minuten, bis sie zurückkam. Sie trug jetzt einen gut sitzenden Mantel und Rock und war genauso kosmetisch wie bei unserem ersten Treffen.

„Ich versuche, mich über Wasser zu halten, wissen Sie", sagte sie, zweifellos um ihre gute Kleidung zu erklären.

Ich lächelte zustimmend und kam zur Sache. „Zuerst möchte ich Sie fragen, ob Sie absolut sicher sind, dass ich der Mann bin, für den Sie denken."

„Glauben Sie, ich hätte heute so viel Aufhebens machen sollen, wenn ich es nicht getan hätte? Warum stellen Sie so eine Frage?"

„Weil ich mich an überhaupt nichts davon erinnern kann und du für mich ein absoluter Fremder bist. Erzähl mir einfach alles darüber."

Ihre Geschichte entsprach im Wesentlichen der Geschichte, die mir von Erstein erzählt hatte, und wiederholte sie, als hätte sie sie so erfunden, als hätte sie ihre Rolle in einem Theaterstück studiert. Sie war darin nicht ganz perfekt, und es gab nur diese verbalen Ausrutscher und Ausrutscher, die man in einem schlecht einstudierten Stück am ersten Abend der Aufführung hören kann. Darüber hinaus war sie, abgesehen von ihren Texten, hoffnungslos verwirrt und entweder sehr schlecht in Bezug auf Einzelheiten geschult worden, oder ihr Gedächtnis war kaum besser als ich angenommen hatte.

Meinem Aussehen nach schloss sie, dass mich ihre Geschichte schockierte, und ich saß lange Zeit stirnrunzelnd da, als wäre ich in Gedanken versunken. „Es scheint absolut unvorstellbar!" rief ich schließlich mit einem tiefen Seufzer aus. „Absolut unvorstellbar, dass ich Sie auf diese Weise hätte behandeln können; und nur – wie lange ist das her?"

„Sie sind direkt von Göttingen nach Hannover gekommen."

„Was habe ich da gemacht?"

„Ich weiß es nicht? Zumindest warst du immer so nah dran, dass du mir nie etwas erzählt hast."

„Du hast natürlich viel von mir gesehen?"

„Na ja, natürlich. Ich hatte wohl nicht vor, einen Mann zu heiraten , den ich nie gesehen habe .“

„Nein, nein, natürlich nicht. Oh je, wenn ich an alles denke!“ Ich stellte ihr noch ein paar Fragen, die sie leicht beantworten konnte, und als sie sich zunehmend entspannter fühlte, fragte ich: „Und wie alt ist das Kind?“

„Äh? Ich weiß es nicht. Oh ja, das weiß ich natürlich. Pops war letzten Geburtstag neun Jahre alt .“

"Neun!" rief ich aus. Ich wäre vielleicht erstaunt, denn sie hatten diesen Teil der Sache hoffnungslos durcheinander gebracht. Das Kind, das ich im Thiergarten gesehen hatte , war keinen Tag älter als sechs, wahrscheinlich sogar jünger. "Wo ist sie geboren?"

Das hat sie erschüttert. „Was spielt es für eine Rolle, wo sie geboren wurde, solange sie irgendwo geboren wurde“, sagte sie und errötete so lebhaft, dass man es unter ihrem Rouge sehen konnte. Offensichtlich wusste sie nicht, wo „unser Kind“ geboren worden sein sollte. „Wichtig ist, was Sie dagegen tun werden.“

„Es gibt nur eine Sache, die einem ehrenwerten Mann einfallen würde, Anna. Ich werde dich sofort zu meiner Frau machen“, rief ich.

Ihr Erstaunen war pure Freude. Es war so vollständig, dass sie nicht wusste, was sie tun oder sagen sollte, und mich nur mit offenen Augen anstarrte. „Ich habe nicht gesagt, dass ich das wollte, oder?“ sie stammelte ausführlich.

„Da ist das Kind, Anna; und weder du noch ich können es uns leisten, an unsere eigenen Wünsche zu denken.“ und zum Beweis meiner moralischen Pflicht unter den gegebenen Umständen hielt ich einen Vortrag über die Notwendigkeit, das Kind vom Makel seiner Geburt zu befreien.

Dies gab ihr Zeit, sich zusammenzureißen. „Ist das dein Ernst?“ fragte sie, als ich fertig war.

„Ich vertrete in solchen Fällen die entschiedensten Ansichten. Der beste Plan wäre, dass ich die Heirat sofort, tatsächlich noch heute, arrangiere; und wahrscheinlich können wir morgen oder übermorgen heiraten.“

„Aber ich –“ Sie hielt plötzlich an. Es sah so aus, als wollte sie protestieren , dass sie keinen Mann heiraten würde, den sie noch nie zuvor gesehen hatte. „Ich würde gerne darüber nachdenken“, ersetzte sie unbehaglich.

„Aber warum sollte man darüber nachdenken? Sie haben heute Nachmittag gezeigt, wie sehr Sie sich über meine Desertion ärgern und wie sehr Sie sich immer noch um mich kümmern, es sei denn, Sie spielten eine

Rolle. Warum also zögern, wenn ich dazu bereit bin? Es ist wahr, dass ich das tun kann." Ich tue nicht so, als würde ich mich um dich kümmern, wie ich es früher getan habe, aber es kann sein, dass mir alles wieder einfällt. Wir hoffen es auf jeden Fall."

„Aber Sie sind mit Ihrem reichen Cousin verlobt, nicht wahr?"

Dies war ein gutes Beispiel für ihre schlampigen Methoden. Da sie das wusste, wusste sie natürlich auch, wo sie mich gefunden hatte, so dass die kleine melodramatische Erkennungsszene im Thiergarten nur ein malerischer Überfluss gewesen war. Ich ließ es durchgehen und antwortete ernst: „Ich sollte nicht zulassen, dass diese Verlobung meine Pflicht dir gegenüber beeinträchtigt, Anna."

„Dann musst du dich sehr verändert haben."

„Das hoffe ich, wenn Sie sich nicht wirklich irren, dass ich der Mann bin, den Sie denken. Aber ich werde nach unserer Hochzeit sehen." und ich stand auf.

„Warte noch ein bisschen", rief sie nervös und ratlos. „Ich hätte nicht erwartet, dass du so nachgibst", fügte sie hinzu und lachte nervös. „Es ist nicht im Geringsten so, als wäre ich geführt worden – was ich erwartet hatte. Meinst du wirklich und wahrhaftig, dass du bereit bist, mich sofort so zu heiraten?"

Mit aller Ernsthaftigkeit, die ich aufbringen konnte, gab ich ihr die Zusicherung. „Ich schwöre Ihnen mein heiliges Ehrenwort : Wenn ich Sie so behandelt habe, wie Sie es sagen, werde ich Sie heiraten, sobald es möglich ist." Ein absolut sicheres und aufrichtiges Versprechen.

Das machte ihr Angst. Die Angelegenheit hatte eine viel ernstere Wendung genommen, als sie erwartet hatte. „Du – du hast mir fast den Atem geraubt", drückte sie es aus; und sie saß da und drehte und drehte nervös ihre Finger, ohne im Geringsten zu wissen, wie sie der unerwarteten Schwierigkeit begegnen sollte. „Ich muss Zeit haben, darüber nachzudenken", sagte sie schließlich.

"Warum?"

„Oh, ich weiß es nicht; aber es ist – es ist so plötzlich."

„Da ist das Kind, Anna", erinnerte ich sie noch einmal.

„Oh, störe das Kind. Ich meine, ich denke an mich selbst." Dies geschah hastig, als sie sich umdrehte, um aus dem Fenster zu starren. „Weißt du, was für ein Leben ich geführt habe?" fragte sie mit leiser Stimme, ohne sich umzusehen.

„Was auch immer es ist, es muss meine Schuld sein, und es ist mir egal, was du getan hast. Ich habe dich dorthin gefahren. Da ist unser Kind, denk dran."

Es herrschte erneut langes Schweigen, als sie am Fenster stand. Ihre schwere Atmung, die geballten Hände und die krampfhaften Bewegungen ihrer Schultern zeugten von großer Aufregung. Wenn es nur um die Schauspielerei ging , war sie eine weitaus bessere Schauspielerin, als sie bisher gezeigt hatte. Und die Veränderung in ihrem Aussehen, als sie sich schließlich zu mir umdrehte, bewies, dass ihre Gefühle echt waren.

„Du bist durch und durch ein weißer Mann, und im Vergleich zu dir bin ich nur Dreck", rief sie angespannt. „Sehen Sie, ich habe über das Kind gelogen. Sie gehört weder Ihnen noch mir. Was sagen Sie dazu?" und sie warf herausfordernd ihren Kopf zurück.

„Nur, dass ich es bereits weiß, ihr Alter machte es unmöglich. Aber es macht keinen Unterschied, welches Unrecht ich dir angetan habe."

„Meinst du immer noch, dass du mich heiraten würdest?"

„Ich meine jeden Buchstaben des Versprechens, das ich dir gerade gegeben habe, ob Kind oder kein Kind", antwortete ich im gleichen ernsten Ton.

"Mein Gott!" rief sie begeistert aus, warf wild die Hände hoch und brach dann in Tränen aus. „Und sie sagten mir, du wärst ein Schurke!" Sie war völlig überwältigt, ließ sich auf einen Stuhl fallen und verbarg ihr Gesicht in ihren Händen. Die Tränen waren echt, denn als sie aufsah, hatten sie kleine Rinnsalchen im Rouge und im Puder gebildet.

"Also?" Ich fragte sofort.

„Ich bin nicht geeignet, die Frau eines Mannes wie dir zu sein", stammelte sie unter Tränen. „Für dich bin ich Dreck; nur Dreck. Wenn mehr Männer wie du wären, gäbe es weniger Frauen wie mich."

War der Moment gekommen, auf ihr Geständnis zu drängen? Es sah so aus; aber es erschien mir feige, ihre Reue und ihren Kummer auszunutzen, die durch meine eigenen Tricks entstanden waren.

„Geh jetzt bitte weg", sagte sie nach einer langen Pause.

„Aber wie stehen wir da, Anna?"

„Ich weiß es nicht. Ich kann nicht denken. Ich kann nichts tun. Nur wenn ich gewusst hätte – Oh, um Himmels willen, geh weg, oder ich werde sagen – Oh, geh doch!"

„Gibt es noch etwas, was du mir sagen möchtest?"

„Nein. Ja. Ich weiß es nicht. Lass mich jetzt nur in Ruhe.“

„Dann komme ich morgen.“

„Nein, nicht morgen. Am nächsten Tag. Gib mir Zeit. Ich muss Zeit haben“, schrie sie wild.

Ich zögerte. In ihrem gegenwärtigen Zustand wäre es leicht gewesen, sie so einzuschüchtern, dass sie alles zugab; aber irgendwie konnte ich mich nicht dazu durchringen, also verließ ich sie.

Kapitel XV

EIN NACHTANGRIFF

Der Erfolg meines bluffenden Angebots, die Frau zu heiraten, löste bei mir ein gewisses Bedauern darüber aus, dass die Sache nicht so weit ans Licht gekommen war, dass ich ihr volles Geständnis einholen konnte; und es sollte sich als einer dieser katastrophalen Fehler erweisen, die aus anständigen Beweggründen entstehen.

Ich hatte sie kaum verlassen, als ich begann, die Sache deutlich zu sehen. Es war nicht schwer gewesen, sie zu überzeugen, aber da war von Erstein . Er würde wahrscheinlich nicht an eine Heiratsbereitschaft glauben und würde sie bald von seiner Meinung überzeugen können. In diesem Fall pfeife ich vielleicht nach einem Geständnis.

Trotzdem war ich nicht leer ausgegangen. Sie hatte die Lüge über „unser Kind" zugegeben, und er konnte das nicht wegreden. Darüber hinaus war es immer noch möglich, zu Fuß Nachforschungen anzustellen und so die Wahrheit herauszufinden. Es war sehr gut, dass sie einen so positiven Eindruck von mir hatte . Da war weder Schauspielerei noch Humbug dabei, und es blieb abzuwarten, wie das Ergebnis aussah. Es war ziemlich sicher, dass sie wenig Lust haben würde, den Plan weiter voranzutreiben.

Was haben sich die anderen in der Zwischenzeit gedacht? Nessa hatte über das Geschäft im Thiergarten gelacht ; aber es war mehr als ein Witz darin, selbst wenn man die Wahrheit kannte. Sowohl sie als auch Rosa würden sehr neugierig sein, was dann passiert sei, also ging ich sofort zu ihnen und fand sie alle darüber reden.

Die Gräfin war schockiert und sehr verzweifelt. „Es war so ein Skandal, Johann; und an einem solchen Ort und mit den von Gratzens dort zu passieren", sagte sie.

„Ich brauche dir nicht zu sagen, wie leid es mir tut, Tante."

„Das war nicht Johanns Schuld, Mutter", sagte Rosa. „Er konnte nicht verhindern, dass die Frau einen solchen öffentlichen Ort wählte und sich so verhielt."

„Warum sagst du wählen, Rosa? Du glaubst nicht, dass sie damit gerechnet hat, Johann dort zu treffen, oder? Was ist passiert, nachdem wir gegangen sind?" Sie fragte mich.

„Mein Eindruck ist, dass sie sich den Ort ausgesucht hat, Tante. Ich habe mit ihr gesprochen und sie anschließend in ihrer Wohnung gesehen."

„Aber da kann sicher kein Fünkchen Wahrheit drin sein.“

„Wie soll ich das sagen? Am deutlichsten: Ich erinnere mich weder an sie noch an etwas, was sie mir erzählt hat.“

„Was hat sie Ihnen erzählt, Herr Lassen?“ fragte Nessa mit funkelnden Augen. „ Natürlich sind wir alle gespannt darauf, es zu hören – wenn es Ihnen nichts ausmacht, es uns zu sagen.“

„Es macht mir überhaupt nichts aus. Es ist keine schöne Geschichte.“ und ich habe es ihnen so kurz wie möglich gesagt. Nessa musste ihr Gesicht vor der Gräfin verbergen , als ich von meinem Heiratsantrag sprach, und Rosa verbarg ihr Lachen unter dem Vorwand der Empörung.

„Du scheinst unsere Verlobung ganz schnell vergessen zu haben, Johann!“

„Oh nein. Sie hat mich daran erinnert; aber natürlich hat sie den ersten Anspruch.“

"In der Tat!" „, schrie sie und warf den Kopf hin und her.

Aber ihre Mutter nahm es ernst. „Ich denke, du hattest Recht, Johann, und ich bin dankbar, dass du genügend männlichen Geist hattest“, erklärte sie und gab mir das Gefühl, ein absoluter Heuchler zu sein.

„Und wann werden Sie heiraten, Herr Lassen?“ fragte Nessa mit schelmischem Blick und Ton.

„Es ist noch nicht endgültig geklärt.“

„Und dein Kind?“ gechipt Rosa.

„Da ist ein Fehler passiert. Sie hat hinterher zugegeben, dass das Kind weder ihr noch meins ist.“

„Das habe ich zugegeben!“ rief die Gräfin mit größerer Empörung, als ich es für möglich gehalten hätte. „Willst du uns sagen, dass sie dreist genug war, so etwas zu gestehen? Sie muss ein normaler Begleiter sein und du musst verrückt sein, wenn du daran denkst, sie zu heiraten! So etwas habe ich in meinem ganzen Leben noch nie gehört.“

„Sie war nicht gerade dreist, als sie es mir erzählte, Tante Olga. Ich glaube, sie war von meinem Angebot ziemlich berührt; und als ehrenhafter Mann –“

„ Ehrwürdiger Geiger, Johann! Reden Sie keinen Blödsinn. Sie ist eine Betrügerin, sonst nichts; und ich werde morgen früh zu meinem Anwalt gehen und ihm sagen, er solle die Polizei informieren.“

Dann kam Rosa zur Rettung. „Wenn du Johann nicht in ernsthafte Schwierigkeiten bringen willst, wirst du das nicht tun, Mutter. Du hast dir oft Sorgen gemacht, weil ich ihn nicht heiraten wollte, und ich habe dir den wahren Grund nicht gesagt; aber du solltest besser sein." weiß es jetzt. Die Geschichte der Frau über den Verkauf geheimer Informationen ist wahr. Du erinnerst dich vielleicht nicht daran, Johann; aber ich habe ein paar Briefe von dir, in denen du es mehr als zur Hälfte zugibst und dass dies der Grund war, warum du floh aus dem Land und hatte nie vor, zurückzukehren.

„Rosa!" rief die liebe alte Dame in tiefer Verzweiflung. „Ist das wahr, Johann?"

„Leider kann ich weder Ja noch Nein sagen, Tante Olga."

„Ich hole die Briefe", sagte Rosa, holte sie und las uns die Briefe vor. „Sie können sehen, dass es seine Handschrift ist." und sie gab die Briefe ihrer Mutter, die einen Blick darauf warf und sie mir dann reichte.

„Ich kenne die Schrift natürlich nicht", sagte ich. „Ich glaube nicht, dass ich es überhaupt kopieren könnte. Ich bin immer noch in der Pothook-Phase." Es war eine kleine, seltsam zuckende Faust, schwer zu entziffern, aber für jeden , der sie jemals gesehen hatte, leicht zu identifizieren. Und die Gräfin wusste es gut.

„Was sollte ich besser tun, Johann?" sie legte Berufung ein.

„Das überlasse ich Ihnen. Ich hoffe, ich bin jetzt zu so etwas nicht mehr fähig; aber wenn ich es getan habe, muss ich die Konsequenzen tragen."

„Es gibt nur eins zu tun, Mutter, und das ist nichts. Du willst wohl nicht, dass Johann erschossen wird", sagte Rosa scharf.

„Nicht, Rosa!"

„Es ist schön und gut, das nicht zu sagen; aber das wird passieren, wenn man darauf besteht, dieses schmutzige Wasser umzurühren."

„Aber du würdest nicht zulassen, dass er eine solche Frau heiratet, Kind!"

„Vielleicht würde er sogar das lieber tun, als erschossen zu werden", war die Erwiderung.

Es war grausam, aber effektiv; und nach ein paar weiteren Worten gab ihre Mutter nach und ging weg, verzweifelt bis zu den Tränen.

„Mir wäre es lieber gewesen, wenn du ihr die ganze Wahrheit gesagt hättest, als sie so zu betrüben, Rosa", sagte ich.

„Möglicherweise, aber ich würde es nicht tun. Du weißt es nicht, Mutter, und ich weiß es. Es war notwendig, sie zu erschrecken, sonst hätte sie die Geschichte verbreitet. Ich werde es sofort in Ordnung bringen.“

„Glauben Sie diese Geschichte über Ihren Cousin?“

„Ich weiß, dass es wahr ist, und Oscar weiß es auch. Er hat es mir in dem Moment gesagt, als wir hörten, dass Johann zurückkommen würde.“

„Aber er kam trotzdem zurück“, betonte Nessa.

„Wegen seiner Spionagearbeit, Nessa. Er war ein geborener Spion. Er hat in Amerika eine Menge Dinge aufgespürt, und als die Geheimdienstleute sahen, wie gut er bei der Arbeit war, schickten sie ihn nach England und nachdem er herausgefunden hatte, was er herausgefunden hatte „Da draußen sagte ich ihm, er solle nach Hause kommen und versprach, sich um die andere Angelegenheit zu kümmern. Das wird erklären, warum ich nicht überglücklich war, dich zu sehen“, fügte sie zu mir hinzu.

Ich nickte. „Und erklären Sie wahrscheinlich, warum von Gratzen es für lohnenswert hält , mich nach England zurückzuschicken, um mein Gedächtnis wiederherzustellen.“

„Sehr wahrscheinlich – wenn er wirklich glaubt, dass du es verloren hast. Oscar sagt, das sei der Grund, und er sollte es wissen. Er hat darüber gelacht; aber es ist nicht nur eine Sache zum Lachen.“

„Besser lachen als sich Sorgen machen“, sagte ich.

„Jetzt erzähl uns alles über deine Anna“, sagte Nessa, die sich weigerte, die Sache ernst zu nehmen.

Ich berichtete ihnen ausführlicher über das Interview und beantwortete eine Menge Fragen über Anna. Ich beschrieb den Frontwechsel, den sie an den Tag gelegt hatte, die Art und Weise, wie sie zu einem Geständnis über das Kind gebracht worden war, und meine Meinung, die von Erstein vertrat die Rückseite davon.

„Diese Szene im Thiergarten werde ich heute nie vergessen“, lachte Nessa. „Du sahst so vom Blitz getroffen aus.“

„Nichts im Vergleich zu dem, was ich gefühlt habe, das kann ich Ihnen sagen. Ich habe mich noch nie in meinem Leben so dumm gefühlt. Natürlich konnte ich nicht sagen, ob sie es ernst meinte oder nicht.“

„Nessa lachte und kicherte den ganzen Weg nach Hause darüber.“

„Ich konnte nicht anders. Es war so absolut lächerlich, Rosa. Ihr ‚Oh, mein lange verlorener Schatz!‘ war einfach exquisit. Und sie hat es ungewöhnlich gut gemacht.“

„Mein Lachen muss warten, bis wir alle aus dem Wald sind“, sagte Rosa; „Und es ist noch ein langer Weg.“

„Deiner wird es nicht tun, oder?“ Nessa hat mich gefragt.

„Nicht ein bisschen davon. Lachen wir, solange wir können. Aber was ist jetzt mit der Arbeiterkarte, die ich brauche?“

„Oscar versteht es“, antwortete Rosa. „Ich habe ihm gesagt, er solle keine Zeit verlieren. Und nach dieser Affäre heute werde ich mich umso wohler fühlen, je früher du weg bist. Es geht mir auf die Nerven. Ich gehe jetzt besser zu meiner Mutter und beruhige sie.“

Wir standen auf und Nessa drehte sich mit einem schelmischen Lächeln zu mir um. „Du wirst mich bei der Hochzeit haben, nicht wahr?“ sie sammelte sich.

"Wessen?"

„Warum natürlich deins.“

„Sicherlich. Ohne dich ginge es nicht“, antwortete ich lachend, aber mit einem Blick, der ihr ziemlich leid tat, dass sie mich gechipt hatte.

"Warum nicht?" fragte Rosa unbeirrt. Ihr Humor war nur germanisch. „Du erwartest nicht, dass ich anwesend bin, hoffe ich?“

„Was sagen Sie, Miss Caldicott?“

„Oh, machen Sie sich nicht lächerlich. Rosa versteht solche dummen Witze nicht. Gute Nacht, Herr Lassen.“ Sie sprach gleichgültig, aber es gab einen leichten Druck auf die Hand, der mich mächtig zufrieden mit mir selbst nach Hause gehen ließ und viel mehr an sie als an die neuen Komplikationen dachte, was mich fast zum Kummer brachte.

Es war eine dunkle Nacht, die Straßen waren verlassen, und ich stürzte mich auf der Grundlage dieses Handdrucks durch den Burgbau, als, als ich eine Abkürzung über einen Platz nahm, ein betrunkener Mann hinter mir herlief und hineintaumelte Mich. Er verfluchte mich dafür, dass ich ihm im Weg stand, und versuchte, auf mich zuzukommen, und bevor ich ihn abschütteln konnte, erschienen zwei andere, und einer von ihnen zielte mit seinem Stock auf meinen Kopf.

Zum Glück hatte ich gerade noch Zeit, mich aus dem Weg zu zwängen und dem ersten Mann den Vorteil des Schlags zu überlassen. Es traf ihn mit voller Wucht am Kopf, und er stürzte zusammen. Die anderen beiden waren davon so verblüfft, dass sie lange genug zögerten, um mir die Chance zu geben, meinerseits anzugreifen. Ich ging auf den Raufbold los, der mich angegriffen hatte, schlug ihm so hart unters Kinn, dass er taumelnd zurück in die Gosse stolperte, und war bereit für Nummer drei. Aber er war nicht mehr kampfbereit und rannte davon.

Sein Begleiter in der Rinne rappelte sich auf, aber sein Stock war ihm bei dem Sturz aus der Hand geflogen, und als er feststellte, dass er ohne ihn allein mit mir fertig werden musste, hielt er Diskretion auch für sicherer und rannte dem anderen hinterher.

Ich drehte mich um, um einen Blick auf den betrunkenen Unmenschen zu werfen, der den Streit oder vielmehr den Raub begonnen hatte, denn das schien der Sinn der Angelegenheit zu sein. Der Schlag schien hart genug gewesen zu sein, um seinen Schädel zu brechen; aber als ich ihn untersuchte, stellte ich fest, dass es ihn nicht ernsthaft verletzt hatte. Ich entdeckte auch etwas, das mir sagte, dass ich den wahren Zweck des Angriffs nicht erkannt hatte.

Ich habe ihn sofort erkannt. Er war der Kerl, der mich an diesem Morgen im Namen Rudolffs aufgesucht hatte .

Er konnte aufstehen und gehen; Allerdings zitterte er, denn er war ziemlich benommen, und ich musste ihn auf dem Weg zu meinen nahegelegenen Zimmern hochhalten. Die Treppe war eine Schwierigkeit, aber wir kamen irgendwie hoch, und ein Schluck Spirituosen und eine Pause brachten ihn bald wieder zu sich, sodass er reden konnte.

„Ich nehme an, du wolltest mich noch einmal warnen, Rudolff , nicht wahr?" Ich sagte .

Er starrte mich dumm an.

„Versuchen Sie nicht, mich auf diese alberne Art und Weise zu täuschen, mein Freund. Ich weiß zu viel über Sie. Also lassen Sie es sein, sonst landen Sie auf der Polizeistation. Sie sollten sich Gefährten aussuchen, die nicht plappern, Du weisst."

Das ließ ihn aufhorchen und aufmerksam werden. „Ich war betrunken, nicht wahr?"

„Nein. Nicht zu betrunken, um den Lockvogel zu spielen, mein Mann."

„Verstehe nicht", murmelte er kopfschüttelnd.

„In Ordnung. Ich habe keine Zeit, mit Leuten wie dir herumzualbern. Das kannst du bei der Polizei versuchen;" und ich stand auf und ging zum Telefon.

„Warte noch ein bisschen", rief er hastig. „Ich werde versuchen, mich an Dinge zu erinnern."

„Nennen Sie mir die nächste Polizeistation“, sagte ich ins Telefon, ohne den Hörer abzunehmen.

Das reichte ihm. „Bringen Sie sie nicht hierher“, sagte er mit einem Fluch. „Ich sage dir alles, was ich weiß.“

„Ich will nur eins. Wer hat dich mir vorgestellt? Sag mir das und du kannst gehen.“

Er versuchte zu lügen und nannte wahllos einen Namen.

„Du machst dich nur lächerlich, Rudolff. Lügen nützen mir nichts. Du bist heute Morgen mit einem Garn hierhergekommen, das du nur von einem Mann in Berlin bekommen konntest, und ich weiß alles darüber. Du warst dabei.“ Ich bin heute Nachmittag in den Thiergarten gegangen und habe mich darauf hingewiesen, dass Sie wissen, wen ich meine.

Es war ein guter Schuss und er wand sich unbehaglich, obwohl er eine schwache Art der Verleugnung versuchte. „Was nützt es zu lügen?“ Ich klopfte streng.

„Ich weiß nicht, was du meinst“, murmelte er.

„Das werden wir bald klären.“

Vorsichtshalber schloss ich die Tür ab, wandte mich wieder dem Telefon zu und fragte nach von Ersteins Nummer; und nach einigen Vorgesprächen mit jemandem, den ich für seinen Diener hielt, antwortete mir von Erstein.

"Wer ist es?" fragte er scharf.

„Johann Lassen. Ich hoffe, ich habe Sie beim Packen nicht gestört.“

"Was willst du mit mir?"

„Nichts; ich habe schon genug von dir; aber hier ist ein Freund von dir und er steckt in einer gewissen Schwierigkeit.“

„Auf was zum Teufel willst du hinaus? Wer ist er?“

„Der Mann, den Sie heute hierher geschickt haben.“

„Ich weiß nicht, was du meinst.“

„Ach komm, das geht nicht. Jedenfalls tut er es, und das reicht mir.“ Ich habe versucht, die Andeutung einer Drohung einzubringen.

"Wie heißt er?"

„Das wissen Sie, ohne dass ich es Ihnen sage; ich weiß nur, wie er sich selbst nannte. Man schickt doch doch keine Männer in geheimen Besorgungen durch den Ort, ohne ihre Namen zu kennen, oder?“

„Na, wie nennt er sich?“

„ Rudolff ; ich weiß jetzt nicht, wer er ist.“

„Ich habe noch nie von dem Mann gehört und ich habe genug von deiner Dummheit.“

„Ganz wie du willst. Ich kann natürlich mit ihm klarkommen.“ Ich hörte ihn schwefelig fluchen.

"Was will er?" Er knurrte nach einer Pause.

Vor allem, um aus dem Gefängnis herauszukommen , denke ich.“

„Oh, Blazes! Kannst du nicht Klartext sprechen?“

„Ja. Wie Sie sehen, ist der zweite kleine Scherz, den Sie mir heute ausgedacht haben, fehlgeschlagen. Einer Ihrer gemeinsamen Freunde hat ihm einen Schlag auf den Kopf verpasst, und ich habe ihn hier. Nach dem, was er mir erzählt hat, habe ich... Ich habe Sie angerufen, um zu erfahren, was Sie dagegen tun möchten. Da Sie und ich so gute Freunde sind, schien es nicht gerade freundlich, ihm die Verantwortung zu übertragen, ohne Ihnen die Möglichkeit zu geben, mir Ihre Meinung zu sagen. Sehen Sie?

„Ich sage Ihnen, ich weiß nichts darüber;“ wütend mit einem Fluch.

„Hier gibt es keine Durchgangsstraße, mein Geliebter.“

Da war keine Antwort; er hatte offenbar aufgelegt. Also nutzte ich die Gelegenheit, um Freund Rudolff zu beeindrucken und ihm klarzumachen, dass von Erstein mir alles erzählt hatte, legte dann den Hörer auf, hielt einen Moment inne und tat erneut so, als würde ich die Polizei anrufen.

Das war zu viel für den Mann. "Was werden Sie tun?" er hat gefragt.

„Mein Freund sagt mir, dass er nichts damit zu tun hatte, nichts über dich weiß und dass ich dich besser der Polizei übergeben sollte.“

"Mit wem hast du gesprochen?"

„Graf von Erstein .“

„Dann ist er ein Lügner“, schrie er wütend. „Er hat mich heute Morgen hierher geschickt, damit ich Sie vom Sehen kennenlerne, zuerst wegen dieser Angelegenheit im Thiergarten heute Nachmittag und dann wegen dieser Angelegenheit jetzt.“

„Erzähl mir solche Lügen nicht, du mörderischer Unmensch. Vor nicht einmal zehn Minuten hast du mir einen anderen Namen gegeben. Von Erstein , in der Tat, mein Freund!"

„Freund! Er ist kein Freund von dir. Er hat mich wegen einer anderen Sache unter seine Fittiche genommen und mich dazu gebracht, beide Jobs zu erledigen, indem er gedroht hat, sich von mir zu trennen. Ich kann nicht in die Hände der Polizei geraten. Wenn du mich lässt." Geh , ich erzähle dir alles, was ich darüber weiß.

Ich schüttelte den Kopf und spielte den Ungläubigen, bis er vor Schreck fast außer sich war, und forderte ihn dann auf, die Geschichte aufzuschreiben. Das gefiel ihm überhaupt nicht, aber ein wenig sanfte Überredung in Form eines weiteren Vorwands mit dem Telefon brachte ihn zur Arbeit.

Ich ging rauchend auf und ab, während er schrieb, und warf ihm ab und zu einen Blick über die Schulter, um das Ergebnis zu lesen. Er war kein geschickter Schreiber, aber er brachte die wichtigsten Fakten für meine Zwecke klar genug zum Ausdruck.

Erstein in Verbindung zu bringen . Aber in einer Hinsicht blieb es hinter den Erwartungen zurück. Er wusste nicht mehr über Anna Hilden, als sein Arbeitgeber ihm erzählt hatte – dass ich sie wirklich ruiniert hatte und dass sie nach mir suchte.

Ob er log oder nicht, es gab keine Möglichkeit zu entscheiden, und es schien besser, ihn nicht zu direkt zu befragen. Die ganze Angelegenheit hatte ihn ziemlich aufgewühlt, und als er seufzend die Feder niederlegte, bettelte er um einen weiteren Drink.

Ich überließ es ihm und er trank es in einem Zug hinunter. „Was wirst du damit machen?" fragte er und zeigte auf die Aussage.

„Das war nicht die Abmachung, Freund Halsabschneider; aber eines verspreche ich dir, denn du hast Weisheit gesehen. Wenn ich sie nutzen muss, werde ich dafür sorgen, dass dir kein Schaden zugefügt wird, vorausgesetzt, dass du" Ich bin bereit, die Wahrheit darüber zu sagen.

Er schüttelte darüber düster den Kopf, und während er zögerte, klopfte es nervös an meiner Außentür. Mir kam der Gedanke, dass es Anna Hilden sein könnte. Ich wollte nicht, dass sie sich trafen, also schloss ich die Zimmertür hinter mir, als ich hinausging.

Es war in der Tat ein sehr wilder Schuss; Für den Moment, in dem ich den Riegel zurückzog, wurde die Tür weit aufgestoßen und von Erstein kam stolzierend herein.

Kapitel XVI

Eine Giftanklage

„Wo ist der Kerl, den du Rudolff genannt hast ?" forderte er widerspenstig.

Meine erste Idee war, ihn rauszudrängen, aber mir kam der Gedanke, dass ein Interview zwischen den beiden Männern interessante Ergebnisse bringen könnte, also ging ich zurück ins Wohnzimmer. „Dein Freund ist immer noch hier", sagte ich.

Rudolff schlief beim Anblick seines freundlichen Arbeitgebers ein, und da sie nun zwei gegen eins waren, beide Schurken und zu jeder Gewalt fähig, war es das Beste, Vorsichtsmaßnahmen zu treffen. Während von Erstein den anderen Mann aufforderte zu sagen, dass er ihn kannte, ging ich zu einer kleinen Tischschublade, steckte meinen Revolver in die Tasche und behielt ihn für den Fall der Not in der Hand.

Als Rudolff wusste, dass ich ihn um das Geständnis gebracht hatte, war er fast so verrückt wie von Erstein . Er hätte nicht wütender sein können.

„Ein bisschen spät, was, Liebling?" Ich spottete. „Musste auf ein Taxi warten? Die sind im Moment eher selten."

„Was hat dieser Mann geschrieben?"

„Nur ein oder zwei Zeilen über das Wetter und so weiter."

"Lassen Sie mich es sehen."

„Er kann es dir natürlich sagen."

„Ich habe ein Recht, es zu sehen."

„Natürlich. Du wirst es schon sehen – eines Tages . Was er über atmosphärischen und andere Arten von Druck sagt, ist –"

Flüche der beiden unterbrachen den Satz.

„Gib es auf" von Rudolff und „Ich will es jetzt sehen" von Erstein kamen fast in einem Atemzug.

„Es schmerzt mich, ein so charmantes Freundespaar zu enttäuschen, aber –" Ich schüttelte den Kopf. „Das geht nicht, Geliebte; außer Frage."

"Das werden wir sehen;" und sie tauschten Blicke.

„Machen Sie sich nicht zum Arsch. Der eine von Ihnen hat bereits eine gebrochene Schädeldecke, und der andere ist so pummelig, dass ein halber

Schlag ihn außer Gefecht setzen würde; Sie hätten also keine Chance auf das, was ich bei Ihnen sehe nachdenken über."

„Was meinst du, Lassen? Ich frage nur, was dieser Mann über mich geschrieben hat", sagte von Erstein und versuchte mich mit einem Anschein von Ruhe zu täuschen , während er sein Taschentuch aus der Tasche seines Mantels zog – ein verdächtig sperriges Taschentuch, mit dem er sehr behutsam umging.

„Du kannst das Ding genauso gut auf den Tisch legen, Liebling. Ich bin zu alt für dieses Spiel."

Er versuchte zu lachen und packte plötzlich mit der linken Hand das Taschentuch, um den Revolver zu befreien, den es verbarg. Er hat es vermasselt, und bevor es ihm gelang, habe ich ihn abgesichert. „Ich habe dir gesagt, du sollst es auf den Tisch legen. Wenn du es nur einen Zentimeter hochhebst, schieße ich dir eine Kugel in den Kopf", rief ich.

Was für ein Feigling er war! Er wurde bleich wie ein Laken, warf die Waffe auf den Tisch und hob seine Hände als Schutzschild. „Tu das nicht, Lassen. Tu so etwas nicht", stammelte er.

Ich lachte, nahm seinen Revolver und warf ihm meinen hinüber. „Das ist weniger gefährlich für dich, Schatz; es ist entladen."

Immer noch zitternd, jetzt jedoch eher beschämt als ängstlich, ließ er sich auf einen Stuhl fallen und beschimpfte mich mit feinem teutonischen Hass.

Ich wandte mich an seinen Begleiter. „Jetzt geh raus, du. Hast du gehört?" denn er zögerte und blickte auf seinen Herrn, um Befehle zu erhalten. „Es wird schlecht für deinen Kopf sein, wenn ich dich rausschmeißen muss. Ich gebe dir eine Minute, um dich zu klären." Er war kein Steher und schlich in der Hälfte der Zeit davon; und ich folgte ihm und schloss die Tür hinter ihm.

Als ich ins Zimmer zurückkam, war auch von Erstein auf den Beinen und bereit zu gehen. „Oh, beeil dich nicht, Liebste; das ist eine ausgezeichnete Gelegenheit für eine hübsche kleine Liebesszene. Mix dir einen Drink, trink eine Zigarre und sei dein eigenes fröhliches, lebhaftes Ich."

Der finstere Blick, der dies begrüßte, war ein echtes Juwel.

„Was für ein seraphisches Lächeln! Kein Wunder, dass dich jeder so liebt und den Boden verehrt, den du betrittst."

„Hör auf damit", knurrte er fluchtartig.

„Oh, du unartiger Liebling! Did'ums ", und ich warf ihn schüchtern unter sein dickes Doppelkinn. Sein Wutanfall überwältigte beinahe seine Feigheit, und er musste einem Schlaganfall nahe gewesen sein. Das Blut schoss in einer purpurroten Flut in sein schlaffes Gesicht, er ballte die Fäuste und zitterte vor Anstrengung wie eine Espe.

„Ich gehe", murmelte er schließlich mit belegter Stimme.

„ Natürlich bist du das, Liebling; aber jetzt." Ich stand mit dem Rücken zur Tür. „Ich kann dich noch nicht entbehren. Außerdem hast du mir noch nicht gedankt. Ist mein Schatz seinem Popsy -Wopsy nicht dankbar?" Ich schimpfte auf eine Art Mantalini- Manier.

„Oh, Blazes! Lass mich gehen, ja?"

„Aber denk daran, wovor ich dich gerettet habe, Geliebte. Wenn ich nicht zu diesem Zeitpunkt gewesen wäre, wärst du ein Mörder oder ein Dieb oder beides. Stell dir das vor! Die Qualen, die dein zartes Gewissen erleiden würde ! Ein Mörder! Mein Albert!"

Es folgte ein weiterer Anfall ohnmächtiger Wut, und dieses Mal stöhnte er laut auf, statt zu fluchen, ließ sich mit den Händen an den Kopf auf einen Stuhl fallen.

Dann schloss ich die Tür ab, steckte den Schlüssel in meine Tasche, nahm die Patronen aus seinem Revolver, warf ihn in seinen Schoß, mixte mir einen Drink und zündete mir eine Zigarre an. „Jetzt unterhalten wir uns", sagte ich und ließ das Geplänkel fallen.

Er blickte auf, und als er sah, dass der Weg zur Tür frei war, sprang er von seinem Sitz auf, um zu fliehen. und begann erneut zu fluchen, als er es verschlossen vorfand. „Wirst du diesen Verfall stoppen?"

„Ja, wenn du dich benimmst; abgesehen von einer gelegentlichen Zärtlichkeit, damit wir nicht vergessen, wie sehr wir einander lieben."

„Was hast du zu sagen? Beeil dich, ich will gehen."

„Setz dich und trink etwas. Das wird dich zusammenreißen."

„Nicht hier, danke. Ich möchte nicht vergiftet werden."

„Daran habe ich nicht gedacht. Das ist eher eine gute Idee. Ich werde dich vergiften." Er muss für diese Beleidigung bestraft werden. Ich ging in mein Schlafzimmer und kam mit einer Prise Salz in einem Stück Papier zurück, das ich vor ihm öffnete. Dann schenkte ich ihm sein Getränk ein, gab das Salz hinein, rührte es sorgfältig um, bis es sich aufgelöst hatte, schob das Glas über den Tisch und stellte einen Stuhl in die Nähe der Stelle. „Jetzt setz dich und trink das."

„Zuerst bringe ich dich zum Teufel“, schrie er, versuchte zu poltern und wurde bleich wie ein Laken.

Ich packte ihn sofort am Kragen seines Mantels, zwang ihn auf den Stuhl und befahl ihm, das Glas auszutrinken. Seine Panik war erbärmlich. Er war so ein frecher Arsch, dass er nie auf den Gedanken kam, dass ich nur etwas vortäuschte; und war überzeugt, dass ich ihn töten wollte. Der Schweiß bitterster Angst stand ihm in Perlen auf der Stirn, er brachte kein Wort heraus und starrte mich an wie ein gelähmter Idiot.

"Trink es!" Ich donnerte in seinem eigenen tyrannischen Tonfall, der ihn zusammenzucken und krampfhaft zucken ließ. Er machte einen schwachen Versuch, das Glas anzuheben, und ließ sich dann mit einem Stöhnen ohnmächtig in seinen Stuhl zurückfallen.

Zuerst hatte ich Angst, dass er wirklich tot sei; aber sein Puls schlug in Ordnung. Es war wahrscheinlich nur ein Vorwand ; Also stellte ich das Glas aus seiner Reichweite und ließ ihn zu sich kommen, wann immer es ihm gefiel. Es war nur eine Täuschung, und als er dachte, ich sei weit genug entfernt, griff er, um das Glas umzustoßen.

„Ich denke, du bist der größte Narr, den ich je getroffen habe, von Erstein , aber du wurdest schon genug für deinen kleinen Giftvorschlag bestraft. Schau mal hier;“ und ich habe das „Gift“ selbst geschluckt. „Nicht genug Salz, um den Geschmack zu verändern, Mann.“

Im nächsten Moment fluchte er genauso fröhlich wie immer und sah genauso liebenswürdig aus. „Na, kann ich jetzt gehen?“ er hat gefragt.

„Sobald Sie eine Frage beantwortet haben. Wer ist Anna Hilden?“

„Ich weiß nicht mehr, als ich dir vorher gesagt habe.“

„Ich meine nicht die Richtige, sondern die Scheinheldin der heutigen Thiergarten- Szene.“

„Ich weiß nichts über sie.“

Ich nahm mein Kartenetui heraus, in das ich Rudolffs Aussage gesteckt hatte, faltete das Papier auseinander und legte es auf den Tisch. „ Rudolf sagt hier –“

Er versuchte, mir das Papier zu schnappen, aber ich schaffte es noch rechtzeitig und ließ nur das Kartenetui in seiner Hand zurück. „ Rudolf sagt hier, dass Sie ihn zu mir geschickt haben, damit er mich heute Nachmittag auf mich aufmerksam macht. Wer ist sie denn?“

„Ich weiß nichts über sie“, wiederholte er verbissen.

„Ich helfe deinem Gedächtnis. Sie gab mir gegenüber zu, dass es ein Scheinjob war und dass das Kind weder ihr noch meines war. Reicht dir das?"

Aber er blieb bei seiner Ablehnung und nichts, was ich sagen konnte, bewegte ihn. Die Giftfarce hatte ihn offenbar davon überzeugt, dass sein Leben in Sicherheit sei, und er reagierte auf alle meine Drohungen mit der gleichen verbissenen Antwort.

Ich musste es am Ende aufgeben. „Na gut, dann muss ich die ganze Geschichte aus ihr herausbekommen. Die Polizei wird es tun, wenn ich nicht kann, so dass es nur eine Frage von ein oder zwei Tagen ist. Weigern Sie sich immer noch, etwas einzugestehen? "

„Ich sage Ihnen, ich weiß nichts darüber. Waschen Sie Ihre eigene schmutzige Wäsche", antwortete er.

Ich schloss die Tür auf und sagte ihm, er solle gehen. Sein Abgang war sehr charakteristisch. Er ging sehr vorsichtig auf die Stelle zu, an der ich an der Tür stand, aus Angst, ich könnte ihn schlagen, hielt inne, als er nur noch ein paar Meter entfernt war, dann stürmte er schnell hinaus, öffnete die Haustür, drohte mir mit der Faust und stieß eine Drohung aus. „Ich werde dich für das alles einen hohen Preis zahlen lassen, verfluche dich", schrie er und rannte die Treppe hinunter, während ich einen Schritt hinter ihm machte.

Abgesehen davon, dass er so verängstigt und wütend gewesen war, dass er zusammengebrochen war, hatte das Interview wenig Befriedigung gebracht. Es war außerdem nicht unwahrscheinlich, dass es ein Fehler gewesen war, ihn vor Anna Hilden zu warnen. Seine Drohungen waren einfach nur lächerlich; aber vielleicht konnte er das Rückgrat der Frau stärken und sie dazu bringen, an der Geschichte festzuhalten, die sie gespielt hatte.

Dass die ganze Sache gefälscht war, daran bestand überhaupt kein Zweifel; und wenn sie darauf beharrte, wäre es nur notwendig, zu Fuß Nachforschungen über sie anzustellen. Es könnte besser sein, das zu tun, bevor man sie wiedersieht, denn es wäre ein großer Trumpf, sie mit etwas aus ihrer eigenen Lebensgeschichte zu konfrontieren.

Rudolffs Aussage war etwas dran ; aber viel hat es nicht gebracht. Aller Wahrscheinlichkeit nach würde von Erstein dafür sorgen, dass der Mann aus dem Weg geräumt wurde; und das bloße Papier selbst konnte mit einer Seele nicht das geringste Gewicht tragen.

Reflection schlug jedoch eine Ausnahme vor. Von Gratzen würde das vielleicht anders sehen, wenn ich ihm die ganze Angelegenheit offen erzählen würde. Er hatte mich gedrängt, in allen Schwierigkeiten zu ihm zu gehen; und wenn er kein Betrüger wäre, könnte er mir enorm helfen.

Er würde sicherlich von mir alles über die innere Bedeutung der Szene erfahren wollen, die seine Frau und seine Tochter miterlebt hatten, und es wäre am besten, ihn so schnell wie möglich zu sehen. Außerdem hasste er von Erstein und wäre vielleicht froh, etwas gegen ihn zu finden.

Am nächsten Morgen erhielt ich eine Nachricht von ihm, in der er mich aufforderte, ihn um elf Uhr in seinem Büro zu treffen, da er wichtige Neuigkeiten für mich hätte. Diesmal handelte es sich nicht nur um eine offizielle Vorladung; und das war eher ein gutes Zeichen.

Es blieb zu hoffen, dass die „wichtige Neuigkeit" mit meiner Abreise aus Berlin zu tun hatte. Die Verzögerung war ärgerlich. Es passierten Dinge, die es für mich immer schwieriger zu machen drohten, zu verschwinden, ohne mehr Aufhebens zu machen, als es weder für Nessa noch für mich gesund wäre. Es neigte alles dazu, einen zum Handeln zu zwingen; und ich begann ernsthaft darüber nachzudenken, auf das „dritte Rad" zurückzugreifen, über das Nessa und ich gemeinsam gesprochen hatten.

Von Gratzen empfing mich mit der gewohnten Herzlichkeit, schüttelte mir herzlich die Hand und erwähnte sofort die Thiergarten- Affäre, was ich halb erwartet hatte.

„Meine Frau und Nita haben mir alles darüber erzählt, und natürlich hat es einen Punkt zufriedenstellend geklärt. Es lässt keinen Zweifel daran, dass Sie wirklich Johann Lassen sind. Dennoch könnte ich mir wünschen, dass es für Sie weniger dramatisch und peinlich ausgefallen wäre."

„Es war äußerst unangenehm, Sir."

"Erzähl mir alles darüber."

Ich habe es aus meiner Sicht beschrieben; Ich machte mich zutiefst erstaunt und konnte nicht sagen, ob die Geschichte wahr war oder nicht.

„Haben Sie Grund, daran zu zweifeln? Haben Sie sich an irgendetwas erinnert, das Sie dazu befähigt hat, meine ich?"

„Kein Ding. Soweit ich weiß, habe ich die Frau noch nie in meinem ganzen Leben gesehen."

„ Aber sie war positiv?"

„Sie umarmte mich und nannte mich ihren ‚längst verlorenen Liebling' und so weiter."

„Frauen sind hysterische Wesen, das wissen wir, und neigen dazu, in solchen Momenten jede Art von Aussage zu machen. Glauben Sie, dass sie es wirklich ernst meinte? Natürlich ist das wichtig."

„Ihre Leute könnten das genauso gut beurteilen wie ich, Sir."

„Wahr. Was wäre Ihnen lieber – wahr oder falsch?"

„Falsch, ohne Frage."

„Trotz der Tatsache, dass dadurch Ihre Identität festgestellt wird?"

„Sicherlich. Jeder Mann, der so empfindet wie ich, muss es verabscheuen, wenn so etwas Brutales aus seiner Vergangenheit ausgegraben wird."

„Gut. Ich freue mich, das von dir zu hören." Er lächelte, als wäre er wirklich froh, aber hinter seinen Fragen steckte noch etwas anderes, das mich wie immer im Unklaren ließ.

Wenn er akzeptierte, dass die Anerkennung der Frau die Frage meiner Identifizierung als Lassen geklärt hatte, war es dann besser, es dabei zu belassen oder das Risiko einzugehen, ihn erneut zu verunsichern, indem er ihm von dem anschließenden Interview mit ihr erzählte? Eher ein schöner Entscheidungspunkt. Aber seine nächste Frage klärte den Kurs und die Verschleierung brachte den Balken ins Wanken.

„Sie möchten, dass die Angelegenheit untersucht wird?"

„Sicherlich", antwortete ich prompt. Nur sehr wenige offizielle Anfragen würden ihm die Wahrheit sagen, und daher war es viel besser, sie selbst zu sagen. „Ich wollte Sie um Rat fragen. Ich weiß, dass ein Teil ihrer Geschichte falsch ist; sie besaß sie; und den Rest bezweifle ich." und ich habe das Interview beschrieben.

Dies schien ihn sowohl zu interessieren als auch zu amüsieren, insbesondere mein sofortiges Angebot, Anna zu heiraten; und er drückte seine Wertschätzung auf zweideutige Weise aus. „Das war schlau, mein Junge, wirklich die beste Variante. Du musst beträchtliche Erfahrung darin haben, Leute zu bluffen." und da war ein Glitzern in seinen scharfen Augen, das alles hätte bedeuten können. „Du kannst dich auch gut benehmen, sonst hättest du ihr dieses Geständnis nie entlockt. Sie muss geglaubt haben, dass du es ernst meinst."

„Das war ich, Sir. Wenn sie beweisen kann, dass ich der Mann bin, für den sie hält, werde ich sie heiraten."

„Gut. Wirklich sehr gut. *Wenn* sie es beweisen kann, natürlich. Aber dir würde der Job doch nicht gefallen, oder?"

"Das ist selbstverständlich."

„Nun, wir hoffen, dass sie es nicht kann. Wir werden bald alles über sie erfahren. Was wirst du in der Zwischenzeit tun?"

„Ich kann nur abwarten und sehen."

Er lachte und rieb sich die Hände. „Warten Sie ab, nicht wahr? Das ist der Satz des englischen Premierministers, nicht wahr? Sie haben das also offenbar aufgegriffen."

Sein Kommentar ließ mich wünschen, ich hätte ein anderes verwendet. „Es gibt nichts anderes zu tun, Sir."

„Ganz recht. Warten Sie ab. Genau. Und als ehrenhafter Mann möchten Sie die Frage lieber klären, bevor Sie Berlin verlassen?"

Der kluge alte Bettler war ein echter Experte darin, einen in ein Loch zu stecken. Ich wusste nicht, was ich antworten sollte, also zuckte ich nur mit den Schultern und lächelte ausdruckslos.

„Es ist auch ziemlich schade", fuhr er nach einer Pause fort. „Ich habe die Angelegenheit Ihrer Abreise arrangiert; tatsächlich hatte ich vor, dass Sie heute gehen. Ich habe alle notwendigen Papiere, sogar Tickets für Sie und Miss Caldicott;" und er nahm sie aus seinem Schreibtisch, legte sie vor mich und schenkte mir eines seiner schlauen Lächeln.

Ich hätte das Glück verfluchen können. Ihr Anblick und das Wissen, dass Nessa und ich das höllische Land innerhalb weniger Stunden hätten verlassen können, wenn nicht dieses verrottete Ding dazwischengekommen wäre, machten mich so wütend, dass es kaum möglich war, meinen bitteren Kummer zu verbergen. Ich versuchte es vor ihm zu verbergen, indem ich mir die Papiere nahm und sie durchsah.

„Oh je, ich habe etwas vergessen", rief er und stand auf. „Ich bin gleich wieder da", und er verließ den Raum.

Was für eine Versuchung das war! Alles, was ich brauchte, tatsächlich in meinen Händen zu haben; mit ihnen allein gelassen zu werden und sie dennoch nicht nutzen zu können! Ich hätte jeden Schilling der Welt dafür gegeben, sie in meine Tasche zu stecken und davonzugehen. Wollte er, dass ich sie nehme? Oder war es als Test gedacht? Hatte er geahnt, was für eine Versuchung das war? Könnte ich mit ihnen durchkommen? Er blieb lange genug außerhalb des Zimmers stehen, und als die Minuten vergingen, konnte ich mich nur noch dagegen wehren.

Aber ich habe es durchgehalten; legte die Papiere auf seinen Schreibtisch und versuchte, sie nicht anzusehen. Es war ein Hauch von purem Fegefeuer. Als er schließlich zurückkam, war sein erster Blick auf sie gerichtet, und die Art, wie er mich ansah, ließ mich ziemlich sicher sein, dass er etwas von meinen Gefühlen erraten konnte. Es sah ungewöhnlich aus, als wäre er enttäuscht, mich immer noch im Zimmer und die Papiere auf seinem Tisch vorzufinden.

„Es tut mir leid, dass ich dich zurückgehalten habe, mein Junge, aber es war nicht zu ändern", sagte er, während er sich setzte und die Versuchung außer Sichtweite brachte. „Ich habe Ihnen in meinem Brief gesagt, dass ich Ihnen etwas Wichtiges zu sagen habe. Das habe ich, und zwar Unangenehmes obendrein. War Graf von Erstein letzte Nacht bei Ihnen?"

„Ja, gegen zehn Uhr."

„Hast du ihm etwas zu trinken angeboten?"

„Ja, und eine Zigarre, aber er lehnte beides ab."

„Was hat er dort gemacht? Warte, ich sage dir zuerst, dass er dir vorgeworfen hat, dass du versucht hast, ihn zu vergiften."

Ich lachte. „ Natürlich habe ich das nicht getan. Es war ein Witz."

„Vielleicht ist das nicht gerade eine lächerliche Angelegenheit; es ist ein gefährlicher Mann, mit ihm zu scherzen. Möchtest du mir alles erzählen?"

„Natürlich. Das wird einiges erklären." Ich steckte für Rudolffs Aussage die Hand in die Westentasche und vermisste dann zum ersten Mal das Kartenetui, das mir Rosa geschenkt hatte. Der Verlust hatte jedoch keine Konsequenzen, da ich das Geständnis des Kerls hatte. „Bevor ich es Ihnen gebe, sollte ich sagen, dass ich dem Mann, der dies geschrieben hat, versprochen habe, dass ihm kein Schaden entstehen würde, wenn er bereit wäre, die Wahrheit zu schwören."

„Das wird schon gehen", stimmte er mit einem Nicken zu.

Ersteins Veranlassung von diesem Kerl und zwei anderen ein Attentat auf mein Leben verübt ." und ich beschrieb die Angelegenheit und alles, was danach passiert war.

„Ah, klügerer Bluff, nicht wahr? Auf mein Wort, ich erwarte, dass du es als nächstes mit mir versuchst", sagte er. Dann las er das Geständnis sorgfältig durch und verfiel in Gedanken. Lange und offenbar ängstlich dachte er, das sei es auch.

„Ich werde dir beistehen, mein Junge. Ich glaube deiner Geschichte bedingungslos und kenne von Erstein . Aber es war ein schlimmer Fehler. Er hat großen Einfluss in viele Richtungen. Ich hoffe, du wirst nichts mehr davon hören; aber es war ein schlimmer Fehler. Er hielt inne und fügte in einem anderen und helleren Tonfall und mit einem sehr eigenartigen Blick und einem Hauch eines Lächelns hinzu: „Ich wünschte fast, Sie hätten meine Abwesenheit ausgenutzt, um mit diesen Tickets davonzukommen."

Was zum Teufel könnte man mit einer solchen Aussage anfangen? Wenn er mir noch eine Chance gegeben hätte , hätte ich sie genutzt; aber er tat es nicht. Er verschloss die Fahrkarten und schickte mich fort, mit der Aussage, dass er sich sofort um meine Angelegenheiten kümmern und mich holen würde, sobald Bedarf bestehe.

Kapitel XVII

ANNA HILDEN WIEDER

Es ist schwer, meine Gefühle zu beschreiben, als ich von Gratzen verließ , aber ich glaube, mein Hauptgedanke war ein bitteres Bedauern darüber, dass ich die Tickets nicht genommen und Dinge nicht riskiert hatte, vermischt mit dem beunruhigenden Glauben, dass ich die Dinge hoffnungslos durcheinander brachte.

Weder Bedauern noch Selbstverfluchung halfen jedoch im Geringsten; und nach ein paar Minuten ohnmächtiger Ratlosigkeit wurde mir diese äußerst offensichtliche Tatsache klar.

Es musste etwas getan werden; und die Frage war – was?

Es sah so aus, als hätte von Gratzen mir diese Karten überlassen, wenn ich nicht so dumm gewesen wäre, ihm von Anna zu erzählen und mich lächerlich zu machen, weil ich darauf bedacht wäre, die Angelegenheit zuerst aufzuklären. Er schien der Giftanklage keine ausreichende Bedeutung beigemessen zu haben, um sie aus diesem Grund abzulehnen.

Dadurch wurde der Boden ein wenig frei gemacht. Könnte das Hindernis rechtzeitig beseitigt werden, damit ich sie in dieser Nacht verwenden kann? Könnte ich das Geständnis von Anna selbst bekommen? Es war einen Versuch wert.

Sie hatte für den nächsten Tag einen Termin für mich vereinbart; aber das war kein guter Grund dafür, dass ich sie nicht sofort sah. Mein natürliches Bestreben, die Sache unverzüglich zu regeln, würde ohne weiteres dafür verantwortlich sein, dass ich ihren Wunsch missachtete, und ob dem so war oder nicht, spielte keine Rolle. Also machte ich mich sofort an die Besorgung.

Überredung war die erste Karte, die gespielt wurde, und wenn das nicht gelang, drohte die Polizei; Aber auf die eine oder andere Weise muss ich das Geständnis haben, das ich an diesem Nachmittag vor Gratzen ablegen kann . Alles drehte sich nun darum, es früh genug in seine Hände zu bekommen, damit Nessa und ich die niederländische Post abholen konnten, die gegen acht Uhr abends abging.

Sie hatte ihren Hut auf, als ich ankam, und ärgerte sich über den Besuch. „Ich sagte, du würdest erst morgen kommen", sagte sie. „Ich kann dich jetzt nicht sehen, da ich gerade ausgehe."

„Ich konnte nicht bis morgen warten. Ich kann Spannung nicht ertragen."

„Ich habe dir nichts zu sagen, also hat es keinen Sinn, dass du reinkommst.“

„Aber ich bin schon drin, Anna, und ich muss mit dir sprechen.“ Sie versuchte mir auszuweichen und den Ort zu verlassen, aber ich schloss die Tür und stand mit dem Rücken dazu.

„Sehr gut. Gehen Sie ins Wohnzimmer und ich werde zuhören.“

„Ich werde dir folgen“, antwortete ich trocken; und mit einem Lachen und einem Achselzucken ging sie in ihr Zimmer.

„Du scheinst jetzt fast genauso darauf erpicht zu sein, mich zu heiraten wie zuvor, um da rauszukommen“, spottete sie.

Es war ein wenig vielversprechender Anfang, denn sie war in einer ganz anderen Stimmung als am Vortag. „Wenn du einen Moment darüber nachdenkst, was das alles für mich bedeuten muss, an meine verzweifelte Sorge, die Wahrheit über die Vergangenheit zu erfahren und zu sehen, was vor mir liegt, wirst du alles verstehen, Anna.“ und ich machte einige Augenblicke in diesem Stil weiter und versuchte, die früheren Beziehungen wiederherzustellen und an ihren Gefühlen zu arbeiten.

„Ich hatte nicht genug Zeit, darüber nachzudenken“, antwortete sie. „ Natürlich muss man viel darüber nachdenken.“

„Heißt das, dass Sie nicht sicher sind, ob ich der Mann bin, der Ihnen Unrecht getan hat?“

„Warum sollte es, beten?“

„Nun, Sie sagten, Sie hätten sich in Bezug auf das Kind geirrt.“

„Vielleicht habe ich das mit Absicht gesagt. Du hast gestern die weiche Seite von mir kennengelernt und − − Aber ich sage dir, ich habe mich noch nicht entschieden.“

„Sie haben Ihre Meinung darüber, dass ich ein ehrenhafter Mann bin und das Richtige tun möchte, nicht geändert, hoffe ich?“ und ich tat mein Bestes, um ein lebendiges Bild meines Geisteszustandes zu zeichnen und an ihre Gutmütigkeit zu appellieren.

Dies schien eine mildernde Wirkung zu haben; aber nicht genug für den Zweck. „Warum macht eines Tages so einen Unterschied?“

„Jede Minute macht einen Unterschied, Anna. Ich liege auf der Folterbank und es ist eine echte Folter, diese Spannung in die Länge zu ziehen.“

„Es tut mir leid. Wirklich, aber ich kann mich nicht entscheiden. Wenn du all die Jahre ohne mich auskommen könntest, kann ein weiterer Tag nicht so viel ausmachen. Nicht, dass ich es sehen könnte.“

„Wenn du dein Gedächtnis verloren hättest, würdest du es verstehen.“

„Aber das ist erst ein oder zwei Wochen her. Was ist mit all der anderen Zeit, den vielen Jahren, in denen du mich allein gelassen hast?“

„Das kann ich mir nicht erklären“, sagte ich abgelenkt.

„Aber du hattest die ganze Zeit über dein Gedächtnis nicht verloren.“

„Der Schock der Explosion hat mich in jeder Hinsicht völlig verändert.“

„Nach allem, was ich gehört habe und nach der Art und Weise, wie Sie mich behandelt haben, zu urteilen, sollte es an der Zeit sein, sollte ich denken. Ich bestreite jetzt nicht genug, dass Sie ein weißer Mann sind; aber was wäre, wenn Sie Ihr Gedächtnis zurückbekämen? Das könnte sich ändern.“ Du in etwas ganz anderes. Daran muss ich denken, weißt du. Du könntest verrückt genug sein, um – irgendetwas zu tun, mich vielleicht sogar zu ermorden. Du wunderst dich nicht, dass es mich zum Nachdenken bringt, oder? Das wünsche ich mir nicht zu einer ehrlichen Frau gemacht werden, nur um dann ermordet zu werden.

Das unterschied sich insgesamt so sehr von ihrer früheren Einstellung, dass klar war, dass jemand sie trainiert hatte; und natürlich konnte es nur von Erstein sein . „Das brauchst du nicht zu befürchten, Anna.“

„Warum nicht? Woher weißt du, wozu du verrückt genug wärst, wenn du dein Gedächtnis zurückgewinnst und feststellst, dass du dich an mich gebunden hast?“

„Es gibt einen sehr einfachen Ausweg. Selbst wenn du möchtest, dass ich dich heirate, müssen wir nicht zusammenleben. Ich sollte dir ein Taschengeld geben und du könntest deinen Weg gehen und ich meinen, wenn du es vorziehst.“

Aus irgendeinem Grund, der mich überwältigte, schien es ihr sehr zu gefallen. Sie saß da und dachte nach, und in ihrem Blick lag etwas von der Emotion des Vortages, als sie fragte: „Meinst du das?“

„Du kennst mich kaum, wenn du daran zweifelst, Anna.“

Sie stand impulsiv auf, um wie zuvor aus dem Fenster zu starren, und nach einer langen Pause drehte sie sich um. „Schau her, komm morgen.“

Ich sah sie aufmerksam an und las etwas in ihrem Gesicht, das mir neue Hoffnung gab. „Warum nicht heute? Du hast dich entschieden, das sehe ich. Warum sagst du es mir also nicht jetzt?"

Sie schüttelte den Kopf. „Heute nicht. Morgen."

"Warum?"

„Ich kann dir nicht sagen warum. Frag mich nicht."

„Aber ich frage dich. Ich flehe dich so ernsthaft an, wie ich kann."

Noch ein Kopfschütteln; und sie wollte sich nicht rühren, so dass es notwendig wurde, einen Versuch an der Schraube zu versuchen.

jemand anderem zu tun ?"

"Wie meinst du das?" Sie blitzte überrascht und etwas beunruhigt auf.

„Ich hatte gestern Besuch von einem Mann, der sich Rudolff nannte ."

„Na? Was hat das damit zu tun?"

„Mit zwei Begleitern hat er versucht, mich zu ermorden."

Sie hielt den Atem an. "Ist das wahr?"

„Wie Sie sehen, ist der Versuch gescheitert und der Mann selbst hat den für mich bestimmten Schlag abbekommen. Ich habe ihn anschließend in meine Gemächer mitgenommen und – nun, hier ist sein Geständnis."

Ihr Interesse war so groß, dass ihr Atem schneller ging, als ich das Papier herausnahm. und ihr Schrecken wurde größer, als ich es las, und sie begann heftig zu zittern. „Wie Sie hören, war er der Mann, der Sie gestern im Thiergarten auf mich aufmerksam gemacht hat ."

Für einige Momente war sie zu überwältigt, um zu sprechen. „Was – glauben Sie – bedeutet das alles?" sie stammelte gebrochen.

„Kennen Sie Graf von Erstein ?"

Als sie versuchte zu antworten, legte sie die Hand an die Kehle und machte eine schluckende, halb würgende Bewegung. „Sie glauben nicht, dass ich mit all dem etwas zu tun hatte?"

„Oh nein, Anna. Ich bin mir sicher, dass du das nicht getan hast. Ich habe den Behörden gesagt –"

"Die Polizei?" Sie brach ein. Es war fast ein Schrei.

„Nicht die Polizei. Aber natürlich kann ein Mann nicht zulassen, dass jemand sein Leben versucht und sich dann einfach hinsetzt. Ich habe einen sehr einflussreichen Freund –" Ich hielt absichtlich inne.

"Wer ist das?" kam wie ein Pistolenschuss.

„Baron von Gratzen ; und er –"

„Hast du ihm von mir erzählt?"

„Er weiß davon. Er ist sehr an mir interessiert, weil diese unglückliche Angelegenheit, wie ich Sie behandelt habe, alles beeinflussen wird, was er für meine Zukunft tun kann. Seine Frau und seine Tochter waren gestern anwesend, als Sie mich erkannten. Natürlich hat er mich alles darüber befragt und erklärte, dass er sofort eine umfassende Untersuchung veranlassen werde.

Das schien sie völlig auseinanderzubrechen. Von Gratzens Ruf verursachte den Zusammenbruch. Sie war bei der Erwähnung seines Namens erschrocken erstarrt, hatte mit geöffneten Lippen und angespannter Miene jede Silbe über sein Interesse an mir zugehört, und als sie wusste, dass seine Leute die Ermittlungen aufnehmen würden, war sie völlig überwältigt.

Mit einem gedämpften Schrei der Verzweiflung ließ sie sich halb ohnmächtig in ihren Stuhl zurückfallen, die Hände vors Gesicht gedrückt und abgelenkt stöhnend. Sie blieb mehrere Minuten lang in diesem Zustand, da die Anstrengung, ihre Selbstbeherrschung wiederzugewinnen, ihr völlig zu groß war, und schließlich sprang sie auf und sagte, sie müsse sofort hinausgehen.

„Erzähl mir am besten alles, bevor du gehst, Anna", sagte ich. Da ich wusste, dass sie von Erstein in die Täuschung getrieben worden war , hatte ich aufrichtiges Mitleid mit ihr. Sie war wie ein wildes Ding in ihrer Panik, schüttelte den Kopf und wedelte hysterisch mit den Armen.

„Nein, nein. Morgen."

„Dann ist es vielleicht zu spät. Ich habe großen Einfluss auf den Baron und kann ihm die Angelegenheit auf eine Weise vorlegen, die Ihnen hilft. Es wird sinnlos sein, das morgen zu versuchen."

„Nicht jetzt. Noch nicht. Ich kann nicht. Ich kann nicht. Lass mich gehen. Lass mich gehen, sage ich!"

Ich blieb jedoch bestehen; und schließlich stimmte sie zu, dass ich sie an diesem Nachmittag um fünf Uhr wiedersah. Damit musste ich mich begnügen, und sobald wir die Straße erreichten, eilte sie davon.

Sie ging natürlich zu von Erstein , und ich hätte etwas gegeben, um hören zu können, was passiert ist. Sie hatte Todesangst vor ihm. Ihr Verhalten hatte das gezeigt; Und wenn man bedachte, um was für einen Mann es sich handelte, würde ihre Nachricht ihn wahrscheinlich ebenso nervös machen. Er würde von Gratzens Intervention genauso wenig genießen wie sie.

Im Großen und Ganzen war das Interview recht gut verlaufen. Es wäre natürlich besser gewesen, wenn ich die Wahrheit sofort aus ihr herausbekommen hätte; aber ich war zuversichtlich, dass ich am Nachmittag alles schaffen würde. Das würde mir noch Zeit geben, von Gratzen die Nachricht zu überbringen und ihn davon zu überzeugen, dass das Hindernis für meinen Weggang beseitigt ist.

Das „dritte Rad" muss dennoch funktionstüchtig sein. Nessa musste bereit sein zu gehen, und ich ging in die Karlstraße , um sie zu besuchen. Sie war jedoch mit Lottchen unterwegs , und ich sah nur Rosa, die erfreut war, als sie erfuhr, dass von Gratzen unsere Abreise arrangiert hatte.

„Es ist auch ein großes Glück, denn Oscar hat Berlin für ein oder zwei Tage verlassen, ohne dass er etwas gegen den anderen Plan unternehmen konnte. Das wirst du jetzt natürlich nicht brauchen."

„Ich wünschte , ich wäre mir sicher, aber das bin ich nicht. Von Gratzen wird vielleicht immer noch Einwände erheben; die Dinge sind so durcheinander. Aber ich habe auf jeden Fall vor, heute Abend mit oder ohne seine Erlaubnis zu gehen. Plötzliches Glück, dass Feldmann weg ist ."

„Er hatte Angst, dass du so etwas tun könntest, also nannte er mir den Namen eines Mannes, der tun kann, was du willst, aber ich durfte dir nichts davon erzählen, es sei denn, es war absolut notwendig."

„Es ist notwendig, wie Sie selbst sehen können. Wer ist der Mann und was ist er? Ich werde sofort zu ihm gehen."

„David Graun ist der Name; er wohnt am Futtenplatz 250. Er ist Jude; ein sehr zwielichtiger Charakter, und Oscar sagte, man müsse furchtbar vorsichtig sein, wie man mit ihm umgehe."

„Wo ist der Futtenplatz ?"

„Es liegt in einem niedrigen Viertel auf der anderen Seite des Flusses." und sie sagte mir, wie ich es finden kann. „Oscar sagt, dass er die schlechtesten Charaktere an den Tag legt und unter dem Deckmantel eines Second-Hand-Kleiderhändlers alle möglichen zwielichtigen Dinge tut."

„Er ist sicher, dass der Mann mir geben kann, was ich will?"

„Oh ja; positiv, wenn man richtig mit ihm umgeht; aber man muss sehr vorsichtig sein. Er wird zunächst viel mehr verlangen, als er erwartet."

„Er ist natürlich Jude."

„Es ist nicht nur das. Es ist seine Art, jeden auf die Probe zu stellen , der zu ihm geht. Wenn du dich bereit erklärst, den Preis zu zahlen, bekommst du von ihm nichts außer Versprechungen. Oscar sagte, ich sollte dir das besser sagen Seien Sie auf der Hut, und lassen Sie ihn unter keinen Umständen denken, es sei für Sie selbst.

„Weißt du, wie viel ich ihm zahlen sollte?“

„Nur ein paar Mark, außen zehn oder fünfzehn. Wahrscheinlich wird er hundert oder noch mehr verlangen.“

„Ich verstehe. Aber es ist seltsam, dass Feldmann das alles über ihn weiß.“

Sie lächelte. „Das dachte ich mir, und Oscar sagte, ich könnte Ihnen den wahren Grund nennen. Tatsache ist, dass Graun mit der Polizei zusammenarbeitet. Er geriet einmal in Schwierigkeiten, und sie machten es ihm mit seinem Versprechen, als ihr Spion zu fungieren, leicht Viele dieser Geschäfte mit gefälschten Ausweisen sind erledigt, und er meldet ihnen jede Transaktion, und sie können alle Leute beobachten, die zu ihm gehen. Wenn jemand gesucht wird, geben sie ihm eine Beschreibung, und er lässt den Mann einfach warten während er mit ihnen kommuniziert.

„Das ist fröhlich. Dann wird er ihnen von mir erzählen.“

„Oscar sagt, du brauchst dir darüber keine Sorgen zu machen. Solange jemand nicht als Außerirdischer oder Krimineller bekannt ist, passiert nichts; aber du musst darauf achten, die Dinge sofort zu bekommen.“

„Ich verstehe nicht ganz, warum.“

„Ich habe es auch nicht ganz verstanden. Oscar hat es mir erst im letzten Moment erzählt, als er gerade davon eilte. Ich glaube, er hat etwas davon gesagt, dass ein zweiter Besuch riskant sei, damit der Mann nicht einen der Polizisten zur Stelle hätte ein Blick auf dich.

„Ich werde dann gehen. Sag Nessa, dass ich sie so schnell wie möglich sehen und ihr alles erzählen werde.“

„Oh, ich hoffe wirklich, dass du sicher davonkommst. Wenn der Baron dir die Genehmigung und die Tickets überlässt, werde ich, solange ich lebe, kein Wort mehr gegen ihn sagen“, erklärte sie, als wir uns die Hand schüttelten.

„So oder so wird alles gut.“

„Ja; aber wenn Sie wirklich mit der Post reisen könnten, würden ein paar Stunden alles zu Ende bringen. Ich werde mir solche Sorgen machen.“

„ Natürlich darf deine Mutter nichts davon wissen, dass Nessa gegangen ist.“

„Sie liegt im Bett, nach der Aufregung von gestern. Das wird also gut gehen.“

„Nicht wirklich krank?“

„Oh nein, nur starke Kopfschmerzen. Nessa und ich sind für heute Abend für ein Konzert gebucht, und ich werde den Bediensteten sagen, sie sollen nicht für uns aufbleiben, damit sie bis morgen früh nicht vermisst wird Dieses Mal solltet ihr beide in Holland sein;“ Und damit machte ich mich auf den Weg, um den listigen alten Juden am Futtenplatz zu interviewen .

Kapitel XVIII

Eine finstere Entwicklung

Auf dem Weg zum Futtenplatz habe ich mir zu meinem Besuch beim Juden Graun ein kleines Märchen ausgedacht . Der Job gefiel mir nicht, und was Rosa mir über seine Beziehungen zur Polizei erzählt hatte, machte es nicht gerade angenehmer.

Eine sehr geringe Kenntnis der deutschen Polizeipraktiken reichte aus, um es recht glaubwürdig zu machen. Es war genau die Art von Gerissenheit, die zu ihren Methoden passen würde. Es gab außer den Ausländern noch viele Menschen, die in dieser Zeit Berlin unbedingt verlassen wollten, und es wäre für die Behörden vortrefflich, über diese geheime Möglichkeit zu verfügen, herauszufinden, wer sie waren, und entsprechend zu handeln.

Rosas Beschreibung des Futtenplatzes war wohlverdient: ein schäbiger, schmutziger Ort mit schäbigen Geschäften der ärmsten Sorte. Der Second-Hand-Kleiderladen des Juden war einer der gemeinsten und schmutzigsten, und Graun selbst passte vollkommen ins Bild.

Als ich eintrat, verhandelte er gerade mit einem Mann, der ihm einen Mantel verkaufen wollte, und während das Geschäft voranschritt – das heißt, während der alte Jude den Preis bis auf den letzten Pfennig herunterdrückte – hatte ich genügend Zeit, ihn zu beobachten.

Rothaarig, mit rotem, zerzaustem Bart und Schnurrbart, ausgeprägten hebräischen Gesichtszügen, kleinen, misstrauischen Augen und schmutzig von der Spitze seiner schmalen Stirn bis zur Spitze seiner klauenartigen Fingernägel, war er eines der abstoßendsten Exemplare, die man sich wünschen kann vermeiden.

"Was willst du?" fragte er mit hoher, heiserer Stimme und blinzelte mich an, als sein Kunde hinausging, und verfluchte ihn für den geringen Betrag, den er für den Mantel erhalten hatte.

Ich habe es ihm direkt gesagt. Die Erinnerung an Feldmanns Tipps war ein Grund, und mein Wunsch, in einer solch unappetitlichen Umgebung keinen unnötigen Moment innezuhalten, ein anderer.

Er schüttelte den Kopf. „Sie sind im falschen Laden gelandet, mein Mann. So etwas habe ich schon vor langer Zeit aufgegeben. Zu riskant.“

„In Ordnung, es tut mir leid, dass ich Sie belästigt habe. Guten Tag“, antwortete ich beiläufig und drehte mich zum Gehen.

Er ließ mich zur Tür gehen und rief mich dann zurück. „Warte einen Moment. Wer hat dich hierher geschickt?“

„Niemand im Besonderen. Es ist ziemlich bekannt, nicht wahr? Guten Tag.“

„Hier, warte. Komm her; ich kenne jemanden , der das vielleicht für dich tun kann.“

Ich bin nicht zurückgegangen. „Es ist nicht die geringste Konsequenz“, sagte ich mit einer leichten Handbewegung. „Ich habe dem Mann gesagt, er solle besser zur Polizei gehen und ihnen einfach erzählen, wie er seine Karte verloren hat.“

„Kommen Sie einen Moment hierher.“ und er schlurfte zu einer Tür im hinteren Teil des Ladens.

Ich zögerte, ging ein paar Schritte auf ihn zu, blieb stehen und schüttelte den Kopf. „Nein. Ich möchte damit nichts zu tun haben, wenn damit ein Risiko verbunden ist, wie Sie sagen.“

Das hat gut funktioniert. „Als ich das sagte, dachte ich, du wolltest es für dich selbst“, sagte er schlau.

Ich brach in Gelächter aus und drehte mich wieder um, als wollte ich gehen. „Guten Tag, mein Freund. Das ist reichhaltig und kein Fehler.“

„Hier, beeilen Sie sich nicht“, sagte er und kam einen Schritt auf mich zu. „Wenn dein Freund in Schwierigkeiten steckt, könnte ich –“

„Was zum Teufel meinst du damit?“ Ich weinte und verfluchte ihn königlich für diesen Vorschlag.

Er kam und legte seine schmutzige Klaue auf meinen Ärmel. Ich schüttelte es mit einem oder zwei anderen Beinamen ab. „Kommen Sie kurz in mein Zimmer und wir reden darüber. Verlieren Sie nicht die Beherrschung.“

Ich erlaubte mir, mich zu beruhigen: natürlich nicht zu schnell; und erlaubte ihm mit großem Widerwillen, mich in sein Zimmer mitzunehmen, das, wenn möglich, noch schmutziger war als der Laden und eklig stank.

„Erzählen Sie mir jetzt alles darüber. Natürlich stecken die meisten, die zu mir kommen, in irgendeiner Form in Schwierigkeiten, und ich muss vorsichtig sein. Wenn die Polizei etwas wusste, nun ja –“ und er deutete mit einer Geste auf die Schwierigkeiten es würde für ihn bedeuten.

„In Ordnung, aber versuchen Sie es nicht mit mir. Entweder Sie können mir verkaufen, worum ich gebeten habe, oder Sie können es nicht.

Also raus damit. Es ist mir egal, wie es ist; und dieser Ort von dir stinkt so sehr, dass ich nicht darin stehen bleiben und ersticken möchte.

Er grinste, als wäre das eher ein guter Witz oder ein Kompliment. „Vielleicht schaffe ich es, aber –"

Ich unterbrach ihn mit einem ungeduldigen Fluch. „Ich möchte kein ‚könnte sein'. Können Sie oder können Sie nicht? Seien Sie auch schnell. Wenn Sie können, wie viel?" Das war offenbar der richtige Weg für ihn und er grinste anerkennend.

„So redet man ja. Sollen wir 150 Mark sagen?"

"Wie viel?" Ich weinte regelmäßig vor Erstaunen. „Sag es noch einmal, Mann."

„Hundertfünfzig Mark."

Ich lehnte mich zurück und starrte ihn an. „Glaubst du, ich möchte im Großhandel handeln und selbst in das Geschäft einsteigen? Ich will nur eins, du höllischer alter Humbug;" und ich brüllte vor Lachen.

Er war es gewohnt, misshandelt zu werden, lachte mit und kämmte seinen zerzausten roten Bart mit seinen schmutzigen Fingern. „Na, wie viel dann?"

„Oh, ein paar Mark oder so."

Er warf die Hände hoch und gestikulierte heftig, als wäre das Angebot eine Beleidigung, schien in rasende Wut zu geraten und tobte und tobte und stürmte, bis ich aufstand. Erneut stellte er mich auf die Probe; Lassen Sie mich den Raum verlassen und die Tür des Ladens erreichen, gefolgt von einer Mischung aus Wehklagen und Appellen an den Himmel, er möge doch Zeuge meines Wahnsinns sein.

Ich drehte mich nicht einmal um, als mir Feldmanns Vorsicht einfiel, und war schon fast auf der Straße, als er seinen Ton änderte, offensichtlich überzeugt, dass ich es ernst meinte.

„Es hat keinen Sinn, sich so zu trennen. Komm zurück und besprich es noch einmal." Noch einmal wurde eine ähnliche Pantomime gespielt; aber dieses Mal war ich viel langsamer beim Nachgeben. „Bei dem Preis ist das nicht machbar. Unmöglich. Denken Sie an das Risiko, das ich –"

„Dann tun Sie es nicht. Ich sage Ihnen, wenn Sie meinen, dass in dem Ding ein Risiko steckt, werde ich es nicht mit einer zehn Fuß langen Stange anfassen. Ich dachte, ein paar Mark wären alles, was nötig wäre; aber wenn Sie es anbieten würden Wenn du es mir umsonst gibst, besteht das Risiko, dass ich es nicht eingehen würde. Denke dir das mal durch."

„Glaubst du, ich verschenke Dinge?“

„Ich nicht, wenn ich sehe, wie du dich an dem Dreck festklammerst.“

Auch das wurde als Scherz aufgefasst und er schüttelte den Kopf und zwinkerte. „Es braucht zu viel Zeit, Dinge zu reinigen; und Zeit ist Geld“, antwortete er mit einem seiner abstoßenden Blicke. „Aber ich mag dich. Du sagst, was du meinst. Ich nehme hundert Mark von dir.“

„Werden Sie? Wenn Sie das tun, werden Sie schlauer sein, als ich vermute.“

„Aber da ist das …“ Er wollte das Risiko wiederholen, hielt das Wort aber für ein schlechtes Geschäft; Und es begann ein langes Gerede, in dem er versuchte, mich zuerst auf fünfundsiebzig Mark, dann auf fünfzig zu drücken, um dann um Zehner und Fünfer auf fünfundzwanzig zu sinken.

An diesem Punkt blieb er lange hängen; und damit er nicht einmal diese Summe für verdächtig hielt, hielt ich an den fünf Mark fest, auf die ich mein Angebot während des Feilschens erhöht hatte.

Erneut ließ er mich beinahe den Laden verlassen, und als er mich erneut zurückrief, weigerte ich mich hinzugehen und strich eine neue Zeile.

„Ich werde dir sagen, warum ich so lange damit aufgehört habe, Graun “, sagte ich. „Ich habe noch nie jemanden wie dich getroffen, und du bist eine sehr interessante Figur. Ich mache manchmal etwas in der Theateraufführung und es lohnt sich, dich zu studieren; aber jetzt habe ich genug von dir. Es hat sich gelohnt Es gibt nur wenige Mark, um so eine Chance wie diese zu haben, und obwohl es mir egal ist, ob ich das bekomme, was mich hierher gebracht hat oder nicht, gebe ich dir fünf Mark für den Spaß, den ich hatte“, und zu seinem Vollendeten Erstaunt legte ich das Geld in seine schmutzige Handfläche. „Wenn ich du wäre, würde ich es für Seife oder etwas anderes ausgeben, das diesen widerlichen Gestank etwas beseitigt.“

„Du gibst mir das?“ er weinte vor Erstaunen.

„Ja, geben Sie es her. Guten Tag.“

Es war der Wendepunkt der Konferenz. Er packte mich am Arm. „Du kannst jederzeit zum gleichen Preis vorbeikommen und mich studieren“, sagte er grinsend. „Es macht mir nichts aus, wie oft. Und sehen Sie, Sie bekommen die Karte, wenn Sie zehn Mark schaffen.“

„Noch fünf, meinst du?“

„Oh nein. Oh nein. Noch zehn“, rief er gierig.

Ich schüttelte zuerst den Kopf und lächelte dann. „Ich sage dir, was ich tun werde. Ich gebe dir die anderen zehn, wenn du eine weitere Fluch- und Klageszene einbaust, wie die letzte. Fünf dafür und fünf für die Karte. Du machst es so schön, Graun ; und es ist alles aufgesetzt, ich weiß."

Er grinste, schüttelte aber den Kopf. „Es wurde nicht angelegt."

„Du bist ein schmutziger, stinkender, geldgieriger Jude, Graun ", schrie ich mit jedem Anschein wilder Ernsthaftigkeit.

Er schien es als gemeint zu verstehen und wiederholte die Fluchszene zu meiner größten Belustigung mit größter Energie und wilder Gestikulation.

„Es war nicht ganz so gut wie das erste, Graun , aber es ist trotzdem sein Geld wert. Hier sind Sie, besorgen Sie mir die Karte. Ich glaube, Sie sind wirklich ein recht anständiger Typ und haben sich nur geschäftlich so verhalten." ."

Noch mehr anzügliche Blicke, als er davonschlurfte, und ein oder zwei Minuten später ging ich mit einem Ausweis auf den Namen „Johann Liebe, Mechaniker".

Ob er der Polizei von meinem Besuch erzählen würde, wusste ich weder, noch kümmerte es mich. Er war sichtlich zufrieden, dass die Dinge im Großen und Ganzen so waren, wie ich es vorgetäuscht hatte, und der kleine Hinweis, dass ich ihn vielleicht noch einmal „studieren" möchte, würde ihn wahrscheinlich dazu bringen, den Mund zu halten.

Ich hatte alles, was ich brauchte; der Weg zum Aufbruch war nun frei; und in wenigen Stunden hätten Nessa und ich Berlin für viele Tage zum letzten Mal gesehen.

Das Vorstellungsgespräch hatte jedoch länger gedauert, als ich erwartet hatte, und nachdem ich mir im ersten anständigen Lokal, das ich erreichte, schnell eine Mahlzeit gegönnt hatte, eilte ich in die Karlstraße , um die letzten Vorbereitungen für unsere Abreise zu treffen.

Nessa freute sich genauso wie ich über die Nachricht von meinem Erfolg. „Rosa hat mir alles erzählt, was du gesagt hast und wohin du gegangen bist und dass wir heute Abend gehen sollten. Oh, ist es nicht großartig!" rief sie aus.

„Bist du bereit?"

„Oh nein. Ich werde natürlich darauf achten, dass ich den Zug verpasse. Machen Sie es ernst", rief sie, ihre Augen so strahlend wie Diamanten. „Ich nehme ein Taxi, erzähle allen , dass ich nach England fahre und – Wie kannst du so eine dumme Frage stellen, Jack?"

„Steady. Jedenfalls nicht diesen Namen, bis wir in Holland sind.“

„Erwarten Sie von mir, dass ich in einer solchen Zeit standhaft bleibe, Herr Lassen?“ mit gespielter Betonung des Namens.

„Ich werde danach nicht mehr Lassen sein. Das Ding, das ich in meiner Tasche habe, tauft mich Johann Liebe.“

Sie lachte. „Lass es mich anschauen. Ich erkläre, ich könnte es fast küssen“, rief sie, als ich es ihr zeigte. „Und jetzt werden wir vernünftig sein. Wie lautet mein Marschbefehl?“

„Flugbefehle nennen wir sie. Nun, ich hoffe immer noch, dass wir unter der Schirmherrschaft der Regierung im Staat reisen und –“

„Das hoffe ich nicht“, unterbrach sie sie. „Ich würde viel lieber auf das ‚dritte Rad‘ steigen, wissen Sie für nichts."

„Das ist in Ordnung, aber das andere Rad ist sowohl sicherer als auch schneller, danke. Trotzdem solltest du besser die Requisiten mitbringen, falls etwas schiefgehen sollte. Man weiß ja nie. Willst du dich um Gepäck kümmern?“

„Ein Kamm und eine Zahnbürste, ein paar Haarnadeln und eine Schere. Ist das zu viel?“

„Eher nicht; aber warum eine Schere?“

„Sie möchten doch nicht, dass Ihre Assistentin lange Haare hat, oder? Und es könnte unklug sein, einen Friseur zu beunruhigen.“

Wir lachten beide. „Daran habe ich nie gedacht. Bei Gott, es wäre eine schreckliche Schande, deine schöne Perücke abschneiden zu müssen.“ Sie hatte wunderschönes Haar in einem satten dunklen Kastanienbraun.

„Tausendmal besser als ein Internierungslager“, antwortete sie, ernüchtert durch den bloßen Gedanken daran. Aber nur für den Moment; Sie war zu aufgeregt bei der Aussicht, nach Hause zu gehen, als dass irgendetwas ihre Stimmung hätte trüben können. „Ich würde es nur tun, um eine Stunde lang die Rolle des Hans Bulich zu spielen.“

„Wer ist Hans Bülich ?“

„Natürlich Ihr Assistent, der es zu sein hofft. Sie werden sicher nicht gleich am Anfang das Wesentliche vergessen?“

„Das hatte ich für den Moment vergessen.“

„Nun, vergiss es nicht noch einmal. Soll ich es für dich buchstabieren?“

„Sag mir nichts von deinem ‚Hans‘“, erwiderte ich elegant.

„Alles klar, Kumpel , lass deine Hand auf der Bremse", antwortete sie im Tonfall ihrer hervorragenden Assistentin; und arbeitete an einer Reihe von Motorteilen, um zu zeigen, dass sie diese so repariert hatte, wie ich es vorgeschlagen hatte.

„Das schaffst du, Junge", sagte ich lachend. „Und jetzt lasst uns bedenken, dass das hier nicht alles bloße Spreu sein wird", und ich erzählte ihr meinen Plan. Sie sollte eine Viertelstunde vor Abfahrt des Zuges am Bahnhof sein und im Wartezimmer auf mich aufpassen. „Wenn es mit von Gratzen gut läuft , ist das die Damentoilette; wenn nicht, dann die dritte Klasse. Ich werde es schaffen, Sie rechtzeitig für das nötige Make-up anzurufen. Was den Rest betrifft, ist alles erledigt." an uns, das Beste zu schaffen, was wir können.

„Wenn wir uns verkleiden müssen, riskierst du dann den Postzug?"

„Jetzt, wo ich das habe, wird es kein nennenswertes Risiko mehr geben." klopfe mir in die Tasche. „ Natürlich können wir nicht den ganzen Weg gehen, weil ich keinen Paß habe; aber wir kommen so nah wie möglich an die Grenze. Osnabrück wahrscheinlich; aber die Fahrkarten werde ich schon haben. Und jetzt muss ich." aus sein."

„Ich wünschte, mein dummes Herz würde nicht wie ein rasendes 40-PS-Herz schlagen , aber ich werde es in Ordnung haben, wenn wir uns wiedersehen."

„Es ist gut, dass ich es nicht übertreibe, oder?"

„Hände weg, Kumpel ", antwortete „Hans", aber mit einer sehr unjungenhaften Röte .

PS nachdenken , weißt du;" und damit ging ich, ohne an alles zu denken, was passieren würde, bevor wir uns wieder trafen.

Ich eilte in meine Zimmer, um meinen Vorbereitungen den letzten Schliff zu geben; packe die ein oder zwei Kleinigkeiten ein, die ich für die Reise brauchte; Stellen Sie sicher, dass keine neugierigen Augen meinen versteckten Koffer entdeckt haben. und halten Sie alles für die sofortige Abreise bereit.

Dies dauerte nicht länger als ein paar Minuten, und ich war gerade fertig und verstaute den Koffer wieder in seinem Versteck, als das Telefon klingelte.

„Hallo?" Ich fragte mich und fragte mich, wer mich anrufen könnte.

„Herr Lassen?" kam mit einer Frauenstimme, die ich nicht kannte.

"Ja, was ist es?"

„Ich muss Ihnen sagen, dass Anna Hilden Sie sofort sehen möchte."

„Wer spricht da?" Es gab keine Antwort und auch keine, als ich die Frage wiederholte. Wer könnte es sein? Und die Bedeutung davon? Es war sicherlich nicht Annas Stimme, obwohl das Telefon manchmal den Trick hat, die Stimme erheblich zu verändern.

Es dauerte noch fast eine Stunde, bis sie mich zu ihr aufsuchen sollte, und ich konnte nicht verstehen, wie sie an meine Telefonnummer gekommen sein konnte. Aber sie hätte nicht angerufen, wenn es nicht dringend gewesen wäre. Es schien, als hätte sie sich endlich dazu entschlossen, alles zuzugeben, und je früher ich das Geständnis erhielt, desto größer waren die Chancen, von Gratzen in seinem Büro zu erwischen. Also eilte ich los, hatte das Glück, ein Taxi zu bekommen und erreichte sie innerhalb von zehn Minuten nach Erhalt ihrer Nachricht.

Zu meiner Überraschung stand die Tür ihrer Wohnung offen. Vielleicht keine ungewöhnliche Sache, wenn man bedenkt, dass sie eine eher lockere Person war. Ich drückte auf die elektrische Klingel und hörte, wie sie klingelte; aber sie kam nicht zur Tür. Wahrscheinlich bin ich aus irgendeinem Grund rausgerutscht, schlussfolgerte ich; und nach einem zweiten Klingeln stieß ich die Tür auf und ging hinein.

Sie war nicht im Wohnzimmer, und ich ließ mich gerade auf einen Stuhl fallen, um auf sie zu warten, als ein Blick durch die offene Tür des angrenzenden Schlafzimmers mir das Herz in den Mund schlug, als wäre ich auf Sendung gekommen Tasche tausend Fuß tief.

Sie lag in einer höchst unnatürlichen Haltung ausgestreckt auf dem Bett.

In einer Sekunde war ich im Raum und erfuhr die Wahrheit.

Sie war tot und die Male an ihrem Hals konnten nur eines bedeuten.

"Mord!"

KAPITEL XIX

MORD

Es vergingen einige schreckliche Momente, bis mir klar wurde, welche Bedeutung der Tod der unglücklichen Frau für mich hatte. Mir wurde schwindelig und ich war verwirrt wie ein Betrunkener, und ich konnte nichts anderes tun, als einfach nur auf die Leiche zu starren, buchstäblich betäubt von der Plötzlichkeit, mit der sie geschah.

Es war nicht die Tatsache des Todes, die mich erschreckte; Ich hatte an der Front zu viele Leichen gesehen, um mir große Sorgen zu machen.

Aber ich habe mir große Mühe gegeben, mich zusammenzureißen. Ich untersuchte sie, um sicherzugehen, dass sie wirklich tot war, denn der Körper war noch warm. Daran bestand kein Zweifel. Das arme Ding war erstickt und an ihrem Hals waren die Spuren der Finger des Mörders zu sehen.

Im Zimmer hatte es einen Streit gegeben, und einige der schäbigen Möbel waren umgeworfen worden. Zu diesem Zeitpunkt begann mein Verstand klarer zu werden; Ich schaute mich im Raum um und fragte mich, wer brutal genug gewesen war, den Mord zu begehen, und was ich besser tun sollte, als ich eine Entdeckung machte, die mir alles verriet und das Blut in meinen Adern eiskalt werden ließ.

Körper untersuchte, hatte ich die Bettwäsche leicht durcheinander gebracht und neben dem Hals, genau dort, wo er dem Mörder aus dem Finger gefallen wäre, lag ein Ring.

Von Ersteins ! Den Puzzle-Ring hatte er mir einmal gezeigt und erklärt! Es war unmöglich, es zu verwechseln; und in Berlin gab es wahrscheinlich keinen anderen Ring wie diesen.

Ich habe dieses Mal nicht den Kopf verloren; Der Selbsterhaltungstrieb war zu stark, um ein anderes Gefühl zuzulassen. Mein einziger fesselnder Gedanke war, wegzukommen, bevor jemand kommen konnte.

Ich huschte zurück ins Wohnzimmer und schnappte mir meinen Hut, den ich auf dem Tisch liegen gelassen hatte. In meiner Aufregung fummelte ich herum. Es fiel zu Boden und rollte unter den Tisch; Und als ich wieder danach griff, lag das hübsche kleine Kartenetui, das mir Rosa geschenkt hatte, offen daneben.

Da ich zu sehr von dem Wunsch besessen war, diesen Ort zu verlassen, verspürte ich kein anderes Gefühl als eine leichte Befriedigung, ihn wiederzufinden; Da mir die volle Tragweite des Vorfalls keinen Augenblick bewusst war, steckte ich das Ding ein, nahm meinen Hut und verließ die

Wohnung. Ich achtete darauf, die Tür zu schließen; dies würde dazu dienen, die Entdeckung des Mordes hinauszuzögern; Ich ging ohne übermäßige Eile die Treppe hinunter, stellte sicher, dass niemand da war, der mich gehen sah, ging gemächlich davon, bis ich um die erste Ecke bog, und machte mich dann in schnellem Tempo auf den Weg.

Auf ein Gefühl tiefer Erleichterung darüber, dass ich zumindest eine Zeit lang in Sicherheit war, folgten einige Minuten heftiger Reaktion, in denen ich nicht in der Lage war, weiterzudenken. Eine mentale Leere, aus der ich aufwachte, so wie ein Mann beim Schlafwandeln aufwacht. Ich schaute mich unbewusst um, und als ich das Tor eines kleinen öffentlichen Gartens ganz in der Nähe sah, ging ich hinein und setzte mich.

Ich fing bald an, meinen Verstand in Ordnung zu bringen und Stück für Stück die Dinge zusammenzusetzen. Kurioserweise drehte sich fast der erste Gedanke um die vergleichsweise Kleinigkeit des Kartenetuis. Ich erinnere mich, dass ich es herausnahm, es betrachtete und mich dumm fragte, wann ich es in Annas Zimmer hätte fallen lassen können. Dann fiel mir ein, dass ich es morgens bei von Gratzen verpasst hatte . Es konnte also nicht in meiner Tasche gewesen sein, als ich zu Anna ging; und in ein paar Sekunden verstand ich es.

Das letzte Mal, dass ich es berührt hatte, war am Abend zuvor gewesen, als ich Rudolffs Aussage herausgenommen hatte, um es von Erstein zu zeigen , und er versucht hatte, das Papier wegzureißen, und nur das kleine Etui erhalten hatte. Ich erinnerte mich, dass er es dicht neben sich hingeworfen und anschließend nervös daran herumgespielt hatte.

Es war klar, dass er es mitgenommen und absichtlich in Annas Zimmer gelassen hatte, um seine Schurkentat auf mich abzuwälzen. Es war seiner würdig; und es wäre gelungen, wenn ich das Kartenetui nicht mit einem wunderbaren Stück Glück gefunden hätte – in der Tat unbeschreiblich gesegnetes Glück.

Das hat mir geholfen, den Rest zusammenzusetzen. Von dem, was ich ihr über von Gratzen erzählt hatte , war Anna in Panik geraten und hatte zweifellos damit gedroht, alles preiszugeben; Ersteins gesamter Plan würde in dem Moment zunichte gemacht werden, in dem sie die Lippen öffnete: und das hatte den Rohling in ihm geweckt, bis er dazu getrieben wurde, sie zu erwürgen. Der Ring war ihm vom Finger gerutscht, ohne dass er vor Wut bemerkte, dass er ihn verloren hatte. Dann muss er mein Kartenetui unter den Tisch geworfen haben, um mich mit dem Verbrechen in Verbindung zu bringen.

Offensichtlich hatte er aus demselben Grund die Tür offen gelassen; war wahrscheinlich zur ersten öffentlichen Telefonzelle geeilt und hatte mich mit einer Stimme angerufen, die der einer Frau sehr ähnelte , um mich in die Irre zu führen; und hatte vor, jemanden zu schicken , der mich glühend heiß am Tatort erwischt.

Zwei Punkte waren unklar. Warum hatte mich niemand erwischt? Es hatte genügend Zeit gegeben, vorausgesetzt, er versteckte sich und lauerte auf meine Ankunft. Und warum wurde der Mord in Annas Zimmer begangen, wo sie doch von mir weggegangen war, um ihn zu finden?

Einer von zwei Vorschlägen schien die letzte Frage zu beantworten. Entweder hatte sie ihn zunächst nicht gefunden und eine so dringende Nachricht hinterlassen, dass er zu ihr eilte, oder er hatte sie nach einem ersten Gespräch überredet, nach Hause zu gehen, und war ihr sofort gefolgt. Der Plan, sie zu töten, musste schon damals in seinem Kopf gewesen sein, und offensichtlich konnte er das nicht in seinen eigenen Räumen umsetzen.

Die erste Frage – warum man mich nicht erwischt hatte – ließ sich nicht so leicht lösen; aber der Ring könnte durchaus der Grund dafür sein, wenn er den Verlust erst entdeckt hätte, während er auf mich wartete. Mit diesem vernichtenden Beweisstück gegen sich selbst war sein Plan gegen mich auf den Boden gefallen, und er würde es nicht wagen, mich auf frischer Tat erwischen zu lassen.

Und nun hatte ich ihm glücklicherweise die Tür verschlossen. Er konnte den Ring nicht zurückholen, selbst wenn er den nötigen Mut hätte, was ich bezweifelte.

Das war in der Tat ein weiterer Glücksfall; Und es war wirklich nötig, denn das Chaos war so schlimm und schwarz, dass ich einen Haufen davon brauchte, wenn ich nicht wegen Mordes angeklagt werden wollte. Eine solche Anklage würde mich bis ins Mark ruinieren. Selbst wenn ich mich entschuldigen könnte – und das wäre fast unmöglich –, würde die ganze Wahrheit über mich ans Licht kommen, und es wäre tausend zu eins, dass ich wegen eines Spions erschossen werden würde.

Mir fiel zunächst nur ein Ausweg ein: wegzulaufen. Aber das schien unter den neuen Umständen aussichtslos. Es käme einem Schuldbekenntnis gleich; von Erstein würde eine plausible Lüge über den Ring erzählen, der Anna gehörte; und es würde leicht genug geglaubt werden, wenn durch meine Flucht der Verdacht von ihm genommen würde; Der Jubelschrei würde im ganzen Land laut werden; Der alte Graun erzählte seine Geschichte – dass ich auf den Namen Liebe eine Arbeitspapiere hatte; und meine Verhaftung würde möglicherweise eine Frage von Stunden, sicherlich einer von Tagen draußen sein.

Diese Idee musste daher verworfen werden. Bevor überhaupt an eine Flucht gedacht werden konnte, musste der Verdacht auf von Erstein gerichtet sein . Aber wie? Nicht indem ich auf einem öffentlichen Platz sitze und an meinen Nägeln knabbere; Also stand ich auf und machte mich auf den Weg zurück zum Mittelpunkt des Geschehens.

Ich hatte mich vollständig von der beunruhigenden Panik erholt, die mich im ersten Ansturm so verwirrt hatte. Ich glaube nicht, dass ich überhaupt Angst hatte. Mein Hauptgefühl war, dass ich in der Hölle des Teufels steckte und untergehen würde, wenn mein Verstand mich nicht retten könnte. Wenn Feldmann in Berlin gewesen wäre, wäre ich zu ihm gegangen; aber das war er nicht, und es hatte keinen Sinn, sich zu wünschen, er wäre es gewesen.

Es gab nur einen anderen Mann in der ganzen Stadt – von Gratzen ; Und in dem Moment, als das klar und deutlich wurde, rief ich ein Taxi und wurde direkt zu seinem Büro gefahren.

Er war immer noch da, weigerte sich jedoch, mich zu sehen, und schickte von Welten , um sich nach meinem Geschäft zu erkundigen. Ich sagte, es sei eine persönliche Angelegenheit, dass ich seinen Chef sehen wollte.

Dies hat jedoch nicht funktioniert. Von Welten kam zurück und sagte, der Baron sei sehr beschäftigt und würde mich bitten, mein Anliegen schriftlich mitzuteilen. Das sah hässlich aus; aber nachdem ich eine Sekunde nachgedacht hatte, schrieb ich auf meine Karte: „Bitte sehen Sie mich wegen der Untergassen- Affäre." steckte es in einen Umschlag und schickte es ein. Wenn irgendetwas von Gratzen dazu bewegen konnte , mich aufzunehmen, dann das.

Ich lag richtig. Von Welten kam lächelnd zurück. „Der Chef wird Sie in ein oder zwei Minuten sehen, Herr Lassen. Ich freue mich." Er war ein überaus freundlicher Kerl und unterhielt sich so lange mit mir, bis von Gratzens Glocke läutete und ich hereingelassen wurde.

„Du machst mir eine Menge Ärger, junger Mann, wie du sehen kannst", sagte er und zeigte auf eine Mappe, in der offenbar jede Menge Papiere lagen, auf deren Oberseite die begehrten Eintrittskarten für Nessa und mich lagen . „Und was ist nun mit dieser Untergassen- Affäre? Haben Sie etwas Wertvolles herausgefunden? Ich kann Ihnen nicht viele Minuten geben."

„Ich stecke in einer schrecklichen Situation, Sir, aber das hat nichts damit zu tun. Ich habe das geschrieben, weil ich gezwungen war, Sie zu sehen."

„Ich stimme mit dir überein. Du bist in einem gewesen, seit du die Stadt erreicht hast, so scheint es mir tatsächlich. Nichts Frisches, nehme ich an?"

„Das gibt es, und das Schlimmste von allem, Sir. Ich laufe Gefahr, wegen Mordes angeklagt zu werden.“

"Mit was?" er weinte vor Erstaunen. „Puh! Nun, erzähl es mir.“

„Als ich Sie heute Morgen sah , kam ich zu dem Schluss, dass der Grund, warum diese Tickets für Miss Caldicott und mich nicht verwendet werden konnten, der Ärger um die Frau, Anna Hilden, war.“

„Stimmt, aber Sie selbst sagten, Sie wünschten, es würde zuerst geklärt.“

„ Als ich von hier wegging, besuchte ich sie noch einmal.“

„Guter Gott, willst du nicht sagen, dass du den Kopf verloren hast und sie auf diese schreckliche Art und Weise angegriffen hast?“ Der Gedanke daran schien ihn tief zu berühren.

„ Oh je, nein, Sir. Ich hoffe, ich bin zu so etwas nicht fähig. Aus dem, was sie gesagt hat, bin ich mir sicher, dass die ganze Sache ein Betrug war und –“

„So ist es“, warf er nickend ein. „Du hast Recht. Wir wissen bereits alles über die Frau.

„Ich habe zuerst versucht, sie zu überreden, aber das hatte keinen Zweck, also habe ich sie wissen lassen, dass die Angelegenheit in Ihren Händen liegt.“

„Ich hoffe, das hat ihr Angst gemacht.“

„Ja, Sir. Sie war fast verrückt und versprach, mir heute Nachmittag alles zu erzählen. Ich sollte um fünf Uhr anrufen.“

„Wo bist du als nächstes hingegangen?“ er schoss abrupt hinein.

„An die von Reblings .“

„Um Miss Caldicott davon zu erzählen, nehme ich an?“ hält die Tickets hoch.

„Ja. Ich wusste, dass sie sehr besorgt sein würde.“

Er legte den angehefteten Kartensatz usw. unter ein paar Papiere in die Mappe, lehnte sich mit verschränkten Fingern zurück und starrte mich stirnrunzelnd an. „Du bist kein Dummkopf, mein Junge, und du musst dir darüber im Klaren sein, dass dein Eifer für die Sache dieser jungen Dame wahrscheinlich viel Misstrauen erregen wird. Was sagen die von Reblings dazu?“

„Sie sind äußerst besorgt, dass sie nach Hause gehen darf.“

„Ähm!" ein Grunzen und ein Nicken, die beide wiederholt wurden. „Und wohin bist du als nächstes gegangen, nachdem du sie verlassen hast?"

Ich fing an und zögerte.

„Wirst du mir die ganze Wahrheit sagen? Wir erfahren hier viele seltsame Dinge, weißt du?"

Graun besucht –"

„Ich weiß, dass du es getan hast. Du wurdest verfolgt und er wurde befragt. Ich werde dich nicht fragen, warum du von ihm bekommen hast, was du getan hast; aber versuche nicht, es auszunutzen. Jetzt rede weiter mit dieser anderen Angelegenheit. Einfach alles, alles." , und ganz ehrlich."

„Das werde ich, Sir. Lassen Sie mich meine Gedanken wieder ordnen. Sie haben mich erheblich überrascht." Ich hielt ein paar Sekunden inne und erzählte ihm dann genau, was passiert war, von dem Moment, als ich den Anruf erhielt, bis hin zu meiner Entdeckung von Ersteins Ring unter Annas Körper.

Er sprang aufgeregt auf. „Warum hast du mir das nicht zuerst gesagt?" er weinte. „Es gibt keinen Moment zu verlieren. Ich muss mich sofort darum kümmern." und er eilte aus dem Zimmer.

Zum zweiten Mal waren die Tickets in greifbarer Nähe und ich war allein im Raum. Offensichtlich hatte er sie in seiner Aufregung vergessen und ich brauchte nur meine Hand auszustrecken und sie zu sichern. Oder war er absichtlich hinausgegangen, um mir die Chance zu geben? Er wusste, wie begierig ich darauf war, wegzukommen; Das muss die Geschichte des alten Juden gezeigt haben.

Diesmal habe ich nicht gezögert. Ich holte sie aus der Mappe und steckte sie ein. Sollte ich besser fliehen oder bleiben, um ihm gegenüberzutreten? Eine wirklich schwierige Frage. Wenn ich weglaufen würde, könnte er Verdacht schöpfen; Wenn ich bliebe, bestand die Chance, dass er sie nicht vermisste. Würde man sie vermissen, wären sie keinen Pfennig wert. Wir sollten auf jeden Fall am Bahnhof angehalten werden; Es würde eine Szene geben und Nessa wäre hoffnungslos kompromittiert. Das war undenkbar.

Es blieb also nichts anderes übrig, als zu bleiben und sich der Sache zu stellen. Es war nicht einfach; Und nichts auf der Welt außer dem Gedanken an die Konsequenzen für Nessa hätte mich für die Minuten, die ich noch auf von Gratzen warten musste, an meinen Stuhl fesseln können . Es war eine große Erleichterung, als die Belastung vorbei war und er zurückkam.

Er sah sehr ernst und streng aus, und es waren noch Spuren der Aufregung zu erkennen, die er gezeigt hatte, als er mich verlassen hatte.

Wie ich ihn beobachtet habe! Der nächste Moment würde alles für mich entscheiden. Er dachte genau nach, hielt auf halbem Weg zum Schreibtisch inne, hielt die Hand an die Stirn, nickte als Antwort auf einen Gedanken und ging weiter zu seinem Stuhl. Ich musste den Atem anhalten, als er sich setzte und seine Hand auf die Mappe legte. Ich war kurz davor, den Schwamm hochzuwerfen, als er das obere Papier leicht anhob und damit spielte.

Der Gedanke schoss mir durch den Kopf, dass das Einzige, was mir blieb, darin bestand, alles zuzugeben; Wer ich war; warum ich gekommen war; warum ich unbedingt weg wollte; und ihn dann bitten, mir im Gegenzug für das, was ich in der Untergassen -Affäre getan habe, zu helfen .

Aber der Moment dafür war noch lange nicht gekommen. Ob ihm das Fehlen der Eintrittskarten auffiel, ließ sich nicht sagen. Er schien völlig in Gedanken versunken zu sein; er starrte geistesabwesend ins Nichts; nicht ein einziges Mal hatte ich gesehen, wie sein Blick auf den Schreibtisch fiel; nicht einmal ein Seitenblick fiel mir in den Weg; Aber andererseits war er ein so schlauer alter Bettler, dass das alles nur ein Vorwand gewesen sein könnte , um mich in die Irre zu führen.

Nach einer Zeit, die mir Stunden vorkam, nickte er erneut vor sich hin, nahm die Hand von den Papieren, fuhr sich damit über die Stirn und lächelte. Es war auch ein Lächeln von unendlicher Bedeutung. Dann schloss er die Mappe und legte sie in eine Schublade.

„Jetzt erzähl mir den Rest, Junge“, sagte er und drehte sich zum ersten Mal zu mir um. „Hallo, du siehst etwas fertig aus. Zimmer zu heiß? Mach das Fenster etwas auf.“

Ich zuckte zusammen und nutzte den Vorwand, um für einen Moment außerhalb der Reichweite seiner scharfen Augen zu sein. Er könnte durchaus sagen, dass es heiß war, denn die Anstrengung hatte mir den Schweiß in großen Perlen auf die Stirn tropfen lassen.

„Stehen Sie eine Weile da und atmen Sie die frische Luft ein. So etwas wird Sie bestimmt aufrütteln“, fügte er hinzu.

Wusste er es? Sollte mir das eine Gelegenheit geben, mich zusammenzureißen? Hatte er alles bemerkt und sich einen weiteren subtilen Schachzug im Spiel ausgedacht? Wer könnte es sagen?

"Besser?" fragte er, als ich zu meinem Platz zurückkehrte. „Es gibt keine Eile. Ich habe meine anderen Angelegenheiten aufgeschoben und muss Sie etwa eine Stunde lang hier behalten. Ich werde Ihnen gleich sagen, warum. Oh, übrigens, Sie geben mir besser die Karte, die Sie bekommen haben vom alten Graun . Es könnte Ihnen helfen, wenn ich sagen kann, dass Sie es mir gegeben haben; und natürlich nützt es Ihnen jetzt nichts mehr.

Wollte er mir damit sagen, dass er es wusste? war die Frage in meinem Kopf, als ich es ihm gab. Dann fuhr ich mit der Geschichte des Nachmittags fort.

„Du hast das Kartenetui mitgebracht?" Er schoss rein, als ich es erwähnte.

„Ja. Ich habe es hier. Nimmst du es?"

„Vielleicht wäre es besser", erwiderte er nach einer Pause, öffnete dann die Schublade mit der Mappe, warf sie achtlos hinein und ließ mich den Rest der Geschichte ohne Unterbrechung zu Ende erzählen, als er erneut in tiefes Nachdenken verfiel.

Von Welten kam herein, bevor er sprach, und reichte ihm einen Zettel. „Keine Sekunde später als sieben Uhr, wohlgemerkt, von Welten . Keine Sekunde, wohlgemerkt", sagte er, als er den Brief gelesen hatte. "Das wird gehen;" und wir waren wieder allein.

„Jetzt werde ich dir etwas erzählen", sagte er. „Sie haben uns einen sehr großen Dienst erwiesen; einen viel größeren Dienst, als Sie sich vorstellen können. Sie haben nur einen Fehler gemacht, denn Sie hätten so schnell wie möglich aus den Gemächern dieser Frau zu mir eilen sollen; aber Sie haben offensichtlich Glück, denn es ist kein Schaden entstanden."

„Das verstehe ich nicht ganz, Sir", stammelte ich überrascht.

„Ich werde es Ihnen erklären. Zunächst möchte ich Ihnen sagen, dass ich absolut davon überzeugt bin, dass Sie mir die Wahrheit gesagt haben – über diesen Mord meine ich –, vielleicht aber nicht über alles andere."

„Es gibt nur eins, und wenn Sie möchten –"

„Unterbrich mich nicht, Junge. Das gefällt mir nicht", rief er gereizt. „Es macht mich wütend. Nun zu dieser Affäre. Wir wissen alles über diese Frau, Anna Hilden. Das ist überhaupt nicht ihr Name; aber das spielt jetzt keine Rolle. Sie ist oder war eine von Ersteins Geliebten; übrigens nicht die einzige. Die echte Anna Hilden war eine andere – natürlich vor Jahren – und daher wusste er alles über den Verkauf der geheimen Informationen an Frankreich.

Ich hatte nichts davon gesagt und er bemerkte mein Aufschrecken.

„Sie brauchen sich nicht zu wundern. Ich sage Ihnen, wir wissen hier viele Dinge. Es ist unsere Aufgabe, sie zu wissen. Der Mann, der uns in dieser

Angelegenheit verraten hat, war von Erstein selbst, und Sie, wenn Sie wirklich Lassen sind, waren nur der „Vermittler und Sündenbock. Aber er war zu schlau, als dass wir ihm etwas nachweisen könnten. Es gibt viele Dinge, die wir über ihn zu wissen glauben und nicht beweisen können, und andere, die wir nicht beweisen wollen." sagte er mit einem sehr bedeutungsvollen Seitenblick.

"Das kann ich verstehen."

„Wir hoffen, dass du keinem von ihnen auf die Nerven gehst, mein Junge. Nun ja, wir haben auf von Erstein gewartet , und dank dir haben wir ihn jetzt. Diese Frau ist heute Tag danach zu ihm gegangen." Sie haben sie verlassen; sie war eine ganze Weile bei ihm; sie ging in großer Aufregung; und er folgte ihm später in die Wohnung, die für Ihre Affäre eingenommen worden war. Dass er sie ermordet hat, daran besteht nach dem, was Sie gesagt haben, kein Zweifel sagte es mir; aber es muss bewiesen werden. Es wird Ihnen wahrscheinlich nicht leid tun, wenn es so ist.

„Er sollte gehängt werden", rief ich impulsiv.

Er richtete seinen scharfen Blick auf mich und sofort erkannte ich, was ich getan hatte und dass dies eine seiner höllischen Fallen war.

„Entweder vergisst du dich selbst oder du fängst an, dich an Dinge zu erinnern, nicht wahr?" fragte er bewusst mit einem seiner seltsamen, unergründlichen Lächeln. „In England werden Mörder gehängt, wissen Sie."

Ich hätte mich für diesen idiotischen Ausrutscher verfluchen können, als seine Augen sich direkt in mein Gehirn bohrten.

KAPITEL XX

Von Gratzens List

Beschämt und verwirrt über diese unerwartete Falle saß ich da und versuchte, meinen Verstand zu überreden , etwas zu sagen, und stammelte schließlich: „Ich – ich meinte gelyncht, am nächsten Laternenpfahl gehängt, Sir."

Es war der lahmste aller lahmen Hunde; aber er schien zufrieden zu sein. Er lehnte sich in seinem Stuhl zurück. „Oh, ich verstehe. Ja, natürlich. Ihre amerikanischen Erfahrungen, nehme ich an. Nun, darüber können wir ein anderes Mal sprechen. Ich wollte sagen, dass wir es in von Erstein tatsächlich mit einem sehr schlauen Individuum zu tun haben, und zwar mit mir." Wir erwarten von Ihnen, dass Sie uns helfen. Einer der notwendigen Schritte könnte Ihre Verhaftung sein."

"Festnahme!" wiederholte ich bestürzt.

„Ich sagte Verhaftung. Es kann notwendig sein. Es ist wichtig, dass er nicht glaubt, dass auch nur ein Funke Verdacht gegen ihn besteht. Sie werden das zu schätzen wissen?"

„Ich kann es vielleicht zu schätzen wissen, aber –"

„Seien Sie nicht beunruhigt. Ich verspreche Ihnen eine sehr gute Behandlung."

„Aber ich dachte, du wünschst …" Ich war kurz davor, mit der Aussage herauszuplatzen, dass ich nach England gehe.

„Ganz gleich, was ich mir im Moment wünschte, mein Junge." Ich fing an, diesen vertrauten Begriff zu hassen, denn ich wusste jetzt, was er bedeutete. „Alles muss jetzt darauf warten", fuhr er fort. „Die Verhaftung wird jedoch nicht sofort erfolgen, da Sie zunächst eines tun müssen."

Das war besser. Wenn es nicht sofort gemacht würde, würde es nie gemacht werden, war ich fest entschlossen. "Was ist das?" Ich fragte.

„Sie müssen diesen Ring an von Erstein zurückgeben ."

"Was ist zu tun?" Ich weinte entsetzt. Der Ring war der einzige Beweis gegen ihn!

„Versuchen Sie, aufmerksam zuzuhören. Sie müssen es ihm zurückgeben und ihn glauben machen, dass Sie es aus diesem Raum mitgebracht haben. Lassen Sie ihn es Ihnen wegnehmen, während Sie damit drohen, ihn zu denunzieren, oder geben Sie es ihm als Bedingung für einen

Waffenstillstand zwischen Ihnen; wie auch immer Sie wollen. Aber denken Sie daran, es muss so gemacht werden, dass er überzeugt ist, dass keine Augen außer Ihren es gesehen haben. Das ist lebenswichtig."

Da begann das Licht sogar meinen dicken Schädel zu durchdringen.

„Wir haben es hier; unsere Leute haben es genau so gefunden, wie Sie es gesagt haben."

„Dann ist der Mord bekannt?"

„Oh ja, die Polizei hat es inzwischen in der Hand, aber sie weiß nichts über diesen Ring. Wir haben zwei Männer dorthin geschickt, von denen verdächtigt wird, dass sie von ihm bezahlt werden; und sie werden ihm das nichts melden können." „So etwas wurde vor Ort gefunden. Wir haben natürlich alle Vorsichtsmaßnahmen getroffen. Es wurde von einem Dutzend verschiedener Punkte aus fotografiert und es wird eine Replik angefertigt. Ich warte jetzt auf den Abdruck des Schimmels ."

„Es ist Ihnen natürlich schon in den Sinn gekommen, dass er es zerstören könnte?" Ich empfahl.

Er schüttelte den Kopf. „Davor gibt es keine Angst. Zum einen ist er viel zu stolz darauf; es gibt kein anderes, das genau so ist, in ganz Europa, wahrscheinlich nicht auf der ganzen Welt; zum anderen betrachtet er es als eine Art Maskottchen; das gibt es." Es gibt irgendeine Legende darüber; und schließlich wird er das Gefühl haben, dass er es mit absoluter Sicherheit behalten kann, wenn Sie Ihren Teil gut tun.

Der Plan war subtil genug, um selbst von Gratzen würdig zu sein , und er verstärkte meine Angst vor seiner fast teuflischen List. „Wann werden Sie ihn dafür zur Rechenschaft ziehen?"

„Das kommt darauf an. Er ist ein rachsüchtiger Teufel und wird Sie mit Sicherheit wegen des Mordes anzeigen, sobald er glaubt, dass er es sicher tun kann. Der effektivste Moment, um mit ihm fertig zu werden, wäre, wenn wir ihn in den Zeugenstand bringen und gegen ihn aussagen." Sie. Aber wir werden sehen."

„Und wann soll ich verhaftet werden?"

„Sobald er Ihnen die Informationen vorwirft, können wir einen so drastischen Schritt vermeiden, es sei denn, ich finde es bei näherer Betrachtung . Es ist nicht völlig unmöglich; aber das Entscheidende an allem ist, dass Sie ihm den Ring so schnell wie möglich zurückgeben." "

Für mich war es ein angenehmes Unterfangen, wegen Mordes angeklagt zu werden, von dem er wusste, dass ich unschuldig war, um ihn bei der Umsetzung seiner Pläne zu unterstützen. „Sie werden kaum erwarten, dass ich mich über die Aussicht, für mein Leben angeklagt zu werden, wahnsinnig freuen würde", sagte ich mit einem schwachen Lächeln.

Das gefiel ihm überhaupt nicht und er runzelte die Stirn. „Vielleicht könnte Ihnen noch Schlimmeres passieren, und am Ende wäre es für Sie immens vorteilhaft", antwortete er mit unangenehm bedächtiger Bedeutung.

Ich habe diese Zeile wie eine heiße Kohle fallen lassen. „Ich bin in Ihren Händen, Sir."

„Ich freue mich, das von Ihnen zu hören. Natürlich kann es, wie ich gerade sagte, nicht dazu kommen; ich habe tatsächlich einen anderen möglichen Plan. Aber der andere Teil ist wichtig. Sie werden mir Ihr Ehrenwort geben. " meine Anweisungen treu auszuführen?"

„Ja, ich gebe Ihnen mein Ehrenwort . Wäre es ausreichend, wenn ich es ihm mit einem Brief überlassen würde?"

"Warum?" Wie ein Pistolenschuss kam die Frage und seine Augen schnappten.

„Ich könnte das persönliche Geschäft vermasseln. Ich fürchte, ich bin nicht besonders begabt in der Schauspielerei."

„Ich verstehe", antwortete er; Nicken; und etwas ungewöhnliches wie ein Lächeln schwebte um seine Mundwinkel. „Ich dachte, du hättest diesem Juden etwas über Theaterstücke gesagt und darüber, dass du seinen Charakter studierst. Ich habe dich für einen besonders guten Schauspieler gehalten, mein Junge. Aber lass uns nachdenken. Es würde davon abhängen, wie du einen Brief formulierst."

Er überlegte eine Weile, zuckte plötzlich zusammen, nickte vor sich hin, lächelte, schrieb hastig und reichte mir das Papier. „Merken Sie sich das einfach."

„Von Erstein , Sie werden wissen, wo ich das beiliegende gefunden habe, genauso wie ich weiß, warum Sie das, was ich gefunden habe, dort gelassen haben Ich kann keine Ahnung haben. Genug, dass ich Ihnen sage, dass ich mein Gedächtnis ausreichend wiedererlangt habe, um mich vor Ihrer teuflischen Bosheit zu schützen. Das beiliegende Dokument beweist, dass ich bereit bin, einen Waffenstillstand auszurufen. – JOHANN LASSEN .

Blick las, den er die ganze Zeit auf mich gerichtet hatte, kann nicht mit Worten beschrieben werden. „Na, mein Junge?" er hat gefragt.

„Ich – ich werde es mir merken, Sir", stammelte ich, um Zeit zum Nachdenken zu bekommen.

„Lies es einfach vor. Lass mich hören, wie es klingt."

Glücklicherweise oder absichtlich, ich konnte es nicht feststellen, hielt er seine Hand vor sein Gesicht, als ich es las, in keinem allzu festen Ton. „Das reicht. Oh ja. Die Wiederherstellung deines Gedächtnisses scheint das Wort ‚bedeutet' zu erklären, und er wird denken, dass du ihn nur bluffst. Er wird nie im Traum daran denken, dass du mir alles darüber erzählt hast; und „Das ist natürlich meine Absicht. Du verstehst, dass es mir viel lieber ist, wenn du ihn triffst; aber wenn du nicht kannst, kannst du diesen Brief schicken."

Ich begann wieder frei zu atmen. „Wenn möglich, werde ich ihn heute Abend sehen", antwortete ich.

„Da bin ich mir sicher. Mittlerweile ist es erst sieben Uhr. Normalerweise geht er um acht Uhr zum Abendessen, und bis dahin solltest du ihn in seinem Zimmer treffen können. Denke daran, ich verlasse mich auf dich."

„Das dürfen Sie, Sir."

„Sie sollten jetzt für uns bereit sein", sagte er; und als er seine Glocke läutete, kam von Welten herein und brachte den Ring, die Replik und die Fotos; und wir haben sie alle sorgfältig geprüft.

Das Faksimile des Rings war absolut perfekt. Es bestand entweder aus Wachs oder einem härteren Material und war vergoldet, und da es und das Original nebeneinander auf dem Tisch lagen, war es unmöglich, das eine vom anderen zu unterscheiden.

„In der Tat sehr gut. Clevere Arbeit, für die damalige Zeit", sagte von Gratzen . „ Natürlich versteht er, dass das fertige Faksimile aus Gold sein muss und genauso zerfallen wird wie das Original."

„Oh ja. Er hat eine Reihe kleiner Abdrücke der einzelnen Teile. Möchten Sie sie sehen, Sir?" antwortete von Welten .

„Überhaupt nicht nötig. Er kennt sein Handwerk. Das reicht, von Welten . Lass das Echte bei mir." und er hob es auf und untersuchte es mit einem schadenfrohen und fast satanischen Lächeln, als von Welten den Raum verließ. "Zu guter Letzt!" murmelte er leise.

Dann wickelte er es ein und reichte es mir. „Du siehst, wie ich dir vertraue, mein Junge. Ich weiß, dass du mich auch nicht enttäuschen wirst. Und jetzt solltest du besser gehen. Nur ein letztes Wort. Sobald du ihm das zurückgegeben hast, verschwinde für eine Weile. Geh Berlin und geh, wohin auch immer; je weiter, desto besser für die Zeit; und komm auf keinen Fall wieder zu mir, bis ich nach dir schicke.

Völlig verwirrt über all das fragte ich mich: „Aber kann ich ohne Erlaubnis weggehen?"

Ein weiteres seiner seltsamen, unergründlichen Lächeln begrüßte dies. „Vielleicht wäre es besser; aber Sie haben nicht allzu viel Zeit übrig – wenn Sie von Erstein fangen wollen ", fügte er nachträglich hinzu. Er klingelte und schrieb wütend. „Lass das sofort offiziell abstempeln. So schnell du kannst", sagte er zu von Welten , der davon eilte. „Er wird es dir geben, wenn du rausgehst", sagte er zu mir, stand auf und ergriff meine Hand. „Und jetzt lebe wohl, mein Junge – jedenfalls für eine Weile. Du bist ein guter Junge, und was auch immer passiert, wenn du tust, worum ich dich gebeten habe, werde ich dir immer zur Seite stehen."

Von Welten empfing mich mit der Genehmigung, als ich den Raum verließ. „Sie haben Glück, dass Sie auf diese Weise auf die rechte Seite des Häuptlings gekommen sind", sagte er, als wir uns die Hand schüttelten.

Waren sie alle lebende Rätsel? war mein Gedanke, als ich das Gebäude verließ, denn von Weltens Verhalten war ebenso verschleiert und bedeutungsvoll wie das seines Chefs. Wusste von Gratzen , dass ich die Tickets genommen hatte? Hatte er den Brief, den ich an von Erstein schreiben sollte, so formuliert, dass er wusste, dass mein verlorenes Gedächtnis ein Schwindel war? Bezog sich die Bemerkung „Sie haben nicht mehr viel Zeit" darauf, dass ich die Post abholen musste? Er hatte es abgeschwächt, indem er etwas davon gesagt hatte, von Erstein gesehen zu haben ; aber das schien nur ein nachträglicher Einfall zu sein.

Es war mir ein Rätsel; und ich war noch mehr erstaunt, als ich den Aufsatz las, den mir von Welten gegeben hatte. Es war viel mehr als eine bloße Genehmigung. Es kam einer offiziellen Autorität gleich, dass ich in Staatsgeschäften reiste; war zu gehen, wohin ich wollte und wann; dass mir jede Hilfe gewährt werden sollte; und alle Anfragen sollten direkt an von Gratzen telegraphiert werden .

Ich hatte tatsächlich Glück, wie von Welten erklärt hatte. Er ahnte kaum, was für ein Glück das war! Oder doch? War das alles dazu gedacht, mir den Weg zur Grenze freizumachen?

Damals blieb jedoch keine Zeit, darüber nachzudenken. Ich könnte schreiben und um die Antwort auf das Rätsel bitten, wenn Nessa und ich sicher in Holland oder zu Hause in England wären; Was ich jetzt tun musste, war, diese Angelegenheit mit von Erstein so schnell wie möglich abzuschließen.

Ich fuhr zu seiner Wohnung; aber er war nicht da und ich konnte nicht erfahren, wo ich nach ihm suchen sollte. Darüber war ich ziemlich froh. Es wäre viel einfacher, den Brief arrangiert zu schreiben. Ich ging dann zur Karlstraße , um Nessa zu sagen, dass sie in ihrer eigenen Figur reisen könne.

Rosa war bei ihr, und beide waren nervös, weil sie nicht früher gehört hatten, wie es weiterging, denn es war schon mehr als Viertel nach sieben.

„Ich habe mir schreckliche Sorgen gemacht", sagte Nessa. "Ist etwas falsch?"

„Nicht ein bisschen davon. Alles ist wunderbar in Ordnung. Ich habe unsere Fahrkarten und Sie müssen nur noch am Bahnhof sein."

„Aber was ist passiert?" rief Rosa aus.

„Ich habe jetzt keine Zeit, es dir zu sagen. Es tut mir leid, aber ich muss schnell zurück in meine Zimmer und etwas holen . – Bei Gott!" Ich brach in kaltem Schweiß aus, als mir klar wurde, was von Gratzens Blick auf meinen Vorschlag zum Schreiben bedeutete. Ich hatte ihm schon vorher gesagt, dass ich weder schreiben noch lesen könne! Ich hatte ihm sogar ein Exemplar meiner neuen Pothook-Faust geschenkt! Natürlich muss ich so weitermachen, und es könnte weiß Gott wie lange dauern. „Ich muss sofort gehen", sagte ich, schüttelte Rosa die Hand, eilte in meine Zimmer und machte mich sofort an die Arbeit.

Es war ein riesengroßes Geschäft. Jeder Brief musste umständlich gedruckt werden; meine Finger zitterten unter der Anspannung meiner Ungeduld; Ich machte Fehler und musste von vorne beginnen, und jede verlorene Minute war von entscheidender Bedeutung.

von Gratzen nicht mein Ehrenwort gegeben hätte, hätte ich den scheußlichen Ring eingepackt, ein oder zwei Worte hingekritzelt und es dabei belassen. Während ich schrieb, lag es auf dem Tisch neben dem Papier, und ich hatte gerade mit der zweiten Ausgabe begonnen, als ich in die Arbeit versunken war, als eine Hand über meine Schulter ausgestreckt wurde und den Ring ergriff.

Es war von Erstein ; Ich war noch nie in meinem Leben so froh , jemanden zu sehen. Ich hätte ihm für einen solchen Dienst alles verzeihen können.

„Sehr gut, dass Sie die Tür offen gelassen haben, Lassen", sagte er mit einem spöttischen Lachen. „Ich werde es mir einfach zurückgeben, was? Ich dachte, ich hätte es letzte Nacht hier fallen lassen."

Mir blieben immer noch genug Minuten, um einen Kampf zu zeigen und eine Erklärung abzugeben. Also packte ich ihn und achtete darauf, dass er nicht entkommen konnte und dass er auch den Ring behielt.

„Ich *wollte* ihn dir schicken, von Erstein . Du siehst, dass ich den Brief dort begonnen habe.“

Er bückte sich, um es zu lesen, und war verwirrt. „Was zum Teufel soll das heißen?“ er knurrte.

„Ich bin bereit, mich zu einigen. Wir wissen beide, wo ich es gefunden habe.“

„Woher weiß ich, wo du es hingelegt hast?“

„Lüg nicht, Mann. Du weißt ganz genau, dass es an deinem Finger war, als du letzte Nacht hier weggegangen bist, und“ – ich hielt inne, um es zu betonen – „zwei Leute haben es heute Morgen dort gesehen.“

Das traf ihn hart, und er zuckte zusammen und holte tief Luft. "Müll!" er murmelte.

„Ich habe dafür gesorgt. Ich komme gerade aus deiner Wohnung, denk dran“, sagte ich bedeutungsvoll.

„Hast du diese Lüge über mich verbreitet?“

„Halten Sie mich für einen Idioten, wenn jemand fragt, wo ich es gefunden habe?“

Er war zufrieden und seine Erleichterung zeigte sich in seiner sofortigen Verhaltensänderung. „Also gut, wenn Sie möchten, begraben wir das Kriegsbeil“, sagte er mit einem sehr dürftigen Versuch, mich zu täuschen.

„Dann kannst du gehen;“ und ich bewegte mich, um ihn gehen zu lassen. Ich wollte ihn jetzt unbedingt loswerden, da es Zeit für mich war, zum Bahnhof zu gehen. Ich muss meine Ungeduld irgendwie verraten haben, denn er zuckte zusammen, starrte einen Moment lang hin und setzte sich. „Du hast es verdammt eilig.“

„Es ist Zeit fürs Abendessen und ich habe Hunger. Räum ab.“

„Schönes Zimmer, das Sie hier haben, Lassen“, antwortete er, blickte sich um und zuckte erneut zusammen, als sein Blick auf meinen Koffer fiel. „O-ho, das ist doch das Spiel, oder?“ er gluckste. „Abhauen? Nicht gut, mein Freund, überhaupt nicht gut.“

Sein fettes, unverschämtes Lachen erregte den Teufel in mir. „Du solltest diesen Ton mir gegenüber lieber senken, von Erstein , und mich nicht in meine Bewegungen einmischen.“

„Sollen wir zusammen essen gehen?“ er spottete. „Es wird sicherer sein, denn draußen warten ein paar neugierige Freunde von mir.“

Als ich das Gebäude betrat, waren mir ein oder zwei Männer aufgefallen, die sich um das Gebäude herumtrieben, und es wäre nicht angebracht, beschattet zu werden. Also ging ich raus, schloss die Haustür ab und steckte den Schlüssel in meine Tasche.

"Wofür ist das?" er knurrte unbehaglich.

„Damit unser Gespräch nicht gestört wird. Ich habe deine Freunde schon probiert, denk dran", sagte ich trocken.

„Lass mich gehen", schrie er mitten in der Stimme .

„Du wolltest aufhören, und das wirst du auch tun."

Zu meiner großen Freude kam er zu mir und ersparte mir so die unangenehme Aufgabe, ihn kaltblütig KO zu schlagen. Ich schaffte es ganz zufriedenstellend, und als er fiel , schlug er mit dem Kopf gegen die Ecke eines Schreibtisches und ersparte mir so die Mühe, ihn noch einmal zu schlagen.

Dann packte ich meinen Koffer, kletterte über die Feuerleiter aus dem Badezimmerfenster und flüchtete durch einen Gang in eine Seitenstraße. Ein einziger Blick überzeugte mich davon, dass mich keiner seiner „Freunde" sah, und ich eilte zum Bahnhof.

Ich erreichte es innerhalb weniger Minuten und Nessa wartete in der Tür des Wartezimmers auf mich.

„Ich hatte Angst, dass du zu spät kommst und dass etwas passiert ist", sagte sie nervös.

„Schon gut. Wir haben noch viel Zeit. Seien Sie nicht nervös und noch nicht zu freundlich. Vielleicht sind ja auch Blicke in der Nähe. Wir finden sofort eine Kutsche."

Es war in Ordnung, ihr zu sagen, sie solle nicht nervös sein, aber ich war wie am Spieß und fragte mich, ob mein Ticketdiebstahl entdeckt worden war, ob wir im letzten Moment gestoppt werden sollten und noch hundert andere Fragen.

Meine Augen waren überall, als wir zum Zug gingen; und zu meiner unendlichen Bestürzung erblickte ich den alten Juden, der dicht an der Barriere stand, durch die wir gehen mussten. Das war übrigens keineswegs das Schlimmste. Er sprach mit einem Mann, auf dem „Polizist" stand.

Und dann, als ob das nicht schon schlimm genug wäre, schlenderte von Welten auf dem Bahnsteig direkt dahinter auf und ab und rauchte.

KAPITEL XXI

AUS!

Der Anblick des alten Juden, seines Polizeikameraden und von Welten hat mich für einen Moment völlig aus dem Gleichgewicht gebracht. Wir waren fertig. Das war eine Gewissheit. Ich hätte den Juden wahrscheinlich mit der offiziellen Autorität, die mir von Gratzen gegeben hatte, täuschen können; aber von Welten hätte Jimmy Lamb als einen ganz anderen Vorschlag bezeichnet.

„Ich glaube, ich werde eine Zigarette rauchen", sagte ich; und zog an, um es anzuzünden und zu überlegen, was ich tun sollte.

„Was ist los, Jack?" flüsterte Nessa. „Deine Hand zittert wie alles andere und du siehst schrecklich aus."

„Nichts im Vergleich zu dem, was ich fühle. Ich fürchte, es ist alles vorbei. Ich kann Ihnen jetzt nicht alles erzählen. Geben Sie mir einfach die Hand und traben Sie zurück ins Wartezimmer. Wenn Sie sehen, dass ich angehalten habe – warten Sie bis Der Zug ist natürlich tatsächlich losgefahren – bilden Sie eine Schlange zurück zu den von Reblings . Wenn alles in Ordnung ist, winke ich Ihnen zu."

Ärger gibt, warum sollte ich dich dann allein lassen?" sie protestierte wie der Ziegelstein, der sie war.

„Lassen Sie mich jetzt der Boss sein. Wenn Sie bei mir sind, werden Sie vielleicht nie davonkommen; und wenn nicht, bedeutet das möglicherweise nur eine Verschiebung. Seien Sie ein guter Kerl. Auf Wiedersehen, Miss Caldicott;" und ich streckte meine Hand aus.

Sie nahm es widerwillig entgegen. „Ich wäre lieber bei dir", antwortete sie mit einem Blick, für den ich sie hätte küssen können. Dann tat sie, was ich wollte.

Ich gab den Dingen so kühne Miene, wie ich nur konnte, ging schnell zur Schranke und steckte die Hand in die Tasche, als wollte ich nach meinem Ticket greifen.

„Guten Abend, Herr", sagte der Jude, als ich näher kam.

„Hallo, bist du hier, Graun ?" sehr erstaunt.

„Herr Johann Lassen?" fragte sein Begleiter.

„Das ist auf jeden Fall mein Name. Wer bist du und was willst du? Ich habe es eilig, den Zug zu erreichen."

„Ich bin Detektiv und muss Ihnen ein paar Fragen stellen.“

„Feuer sie ab, so schnell du kannst, bitte.“

„Eine solche Eile gibt es nicht. Sie können nicht mit diesem Zug fahren. Sie haben diesem Mann heute einen Besuch abgestattet.“

„Bei diesem Tarif bleiben wir die halbe Nacht hier. Ich wollte einen Ausweis kaufen und er hat mir einen auf den Namen Liebe verkauft.“

„Dein Objekt?“

„Das ist meine Sache. Ich habe es nicht dabei und werde es auch nicht benutzen.“

„Das ist deine Geschichte. Ich glaube es nicht. Gib sie mir.“

„Ich habe dir gesagt, dass ich es nicht habe.“

"Gib es mir."

„Ich würde es tun, wenn ich es hätte. So wie es ist, kann ich es nicht.“

„Gib es sofort auf“, wiederholte er sehr scharf.

Es sah nach einer Sackgasse aus und die Momente vergingen wie im Flug. Es blieb mir nichts anderes übrig, als die Wirkung meiner offiziellen Autorität auszuprobieren, und ich war gerade dabei, sie auszuprobieren, als von Welten mich erblickte und in unsere Richtung eilte. Ich habe den Schwamm ausgekotzt. Die Autorität in seiner Gegenwart zu zeigen, würde das Schlimmste nur noch schlimmer machen, also steckte ich es in meine Westentasche.

Der Detektiv kannte von Welten und grüßte ihn.

„Nun, Großbaum , was ist? Wie geht es Ihnen, Herr Lassen?“

heute einen Deal mit Graun und reist –“

Von Welten mischte sich wütend ein. „Halten Sie den Mund, Sie Idiot. Ich habe immer geglaubt, dass Ihr Kopf der hölzernste der ganzen Truppe ist. Ich nehme an, Sie haben diesen verrufenen alten Schurken hierher gebracht. Gehen Sie beide weg. Seien Sie froh, wenn ich das nicht zuletzt berichte Klugheit von dir. Geh weg, sage ich;“ und das kostbare Paar schlich davon wie ein paar gepeitschte Hunde. „Das tut mir furchtbar leid, Herr Lassen. Aber warum um alles in der Welt haben Sie dem Narren nicht das Papier gezeigt, das Ihnen der Chef gegeben hat?“

„Das wollte ich“, stammelte ich, völlig verwirrt über die Wendung der Dinge und mit offenem Mund vor der Frage, was als nächstes passieren würde. Ich war auf fast alles vorbereitet, außer auf das, was passierte.

„Ich wusste, dass Sie mit diesem Zug reisen würden und dachte, ich möchte sicher sein, dass mit dem Ring alles in Ordnung ist." und er senkte seine Stimme zu einem Flüstern.

„Ja. Er kam in meine Räume und ich gab es ihm."

„Der listige Teufel! Natürlich hat er dort einige Sachen der Frau versteckt. Ich habe dem Häuptling gesagt, dass ich das erwartet habe; und dafür werde ich mich morgen früh kümmern. Aber wo ist Miss Caldicott?"

„Äh?" Ich fragte dumm.

„Willst du damit sagen, dass sie doch nicht geht?"

„N-nein. Ich meine – ja. Sie ist da drüben", stammelte ich.

„Nun, sie sollte besser hier sein, wenn Sie den Zug erreichen möchten. Es bleibt nur noch eine Minute und sie fangen pünktlich an."

Oh, ich habe sicherlich geträumt. In einem Traum winkte ich Nessa zu, die herbeigeeilt kam; in einem Traum wurde von Welten vorgestellt und stürzte uns durch die Schranke zu einem Abteil, das er bereits für uns gesichert hatte; in einem Traum stand er an der Kutschentür, bis wir losfuhren, und sagte, er halte es für besser, wenn wir allein reisten; und im Traum schüttelten wir uns aus dem Waggonfenster die Hände, und er winkte uns zu, als der Zug aus dem Bahnhof dampfte.

Selbst als wir durch die Außenbezirke der Stadt beschleunigten, fiel es mir schwer, aus diesem unglaublich herrlichen Traum aufzuwachen. Aber Nessa war sehr wach und brodelte vor Aufregung, Neugier und Freude. „Was ist los mit dir, Jack? Bist du nicht einfach nur verrückt vor Freude? Ich bin es."

„Das ist alles in Ordnung", ich nickte.

„Aber du siehst so seltsam aus."

„Nur ein bisschen betrunken."

„Sicherlich haben Sie keine Drogen genommen! Sie sind über den Bahnsteig gelaufen, als würden Sie im Traum gehen."

„Sind Sie sicher, dass es keiner ist? Sitzen wir wirklich in einem Eisenbahnwaggon?"

„ Natürlich ist es das, und zwar sehr bequem. Aber was meinst du? Willst du mir Angst machen oder machst du einfach nur etwas vor?"

„Ich weiß es nicht, aber ich kann es einfach noch nicht glauben."

„Warum? Verstehen Sie, dass ich vor Neugier übersprudele? Wachen Sie auf und beeilen Sie sich und befriedigen Sie sie, wenn Sie mich nicht in den Wahnsinn treiben wollen. Mein Gott, Sie brennen!" „„ rief sie erschrocken, als sie ihre Hand in ihren Umhang schlang und sie aufgeregt an meine Seite drückte.

Das hat mich nachhaltig erregt. Meine Weste glimmte und ich steckte meine Hand in die Tasche und entdeckte den Grund. In meiner dummen Geistesabwesenheit hatte ich das brennende Ende meiner Zigarette in die Tasche gesteckt, und es hatte ein paar Papiere in Brand gesteckt und das Tuch versengt.

„Kein Grund zur Sorge", sagte ich. Aber da war. Als ich eines der Papiere auseinanderfaltete, stellte ich fest, dass es sich um die Autorität handelte, die mir von Gratzen gegeben hatte. Durch die Falten war ein ziemlich großes Loch verkohlt, und der Zunder fiel herunter, als ich das Blatt öffnete. Es war hoffnungslos unlesbar und daher nutzlos. „Ich hätte nicht gedacht, dass ich so ein großartiger Idiot sein könnte", rief ich und starrte albern auf die Ruine.

„Dann ist es also ernst?" fragte Nessa, die mich besorgt beobachtet hatte.

„Versuchen Sie, ob Sie etwas daraus machen können."

Sie studierte es und schüttelte den Kopf. „Ein oder zwei Worte hier und da sind lesbar. Das ist alles. Was ist das?"

„Der Beweis, dass ich in einer Irrenanstalt eingesperrt werden sollte. Aber es *war* etwas, das mich überall hin durch dieses abscheuliche Land geführt und jeden dazu gezwungen hätte , mir zu helfen."

„Das ist herrlich verständlich", rief sie lachend. „Wirst du das noch länger durchhalten oder mir Dinge erzählen?"

„Ich werde dir alles erzählen; aber dieser alberne Trick von mir hat mich umgehauen. Ich werde eine Zigarette rauchen. Macht es dir nichts aus?"

„Vorausgesetzt, Sie stecken das Ende nicht in eine andere Tasche", fragte sie. „Ich dachte, es sei vereinbart, dass wir die Dinge nicht zu ernst nehmen sollten", fügte sie hinzu, als ich mir eine Zündung anzündete.

„Ich habe meine Lektion gelernt." Das hatte ich tatsächlich. Es hatte mich das beste sichere Geleit gekostet, das man sich hätte wünschen können, und wenn unerwartete Schwierigkeiten auftraten, gab es jetzt keine Möglichkeit, das Unheil wiedergutzumachen. Als der Wachmann wenig später den Korridor entlangging, beschloss ich, den Verlust sofort zu melden, und winkte ihm zu. „Ich hatte einen unglücklichen Unfall", sagte ich. „Ich reise in einer besonderen Staatsangelegenheit und habe dieses sehr wichtige Papier verbrannt." und ich gab es ihm.

Er sah es an, drehte es um und zuckte mit den Schultern. „Ich fürchte, ich kann Ihnen nicht viel helfen, Sir."

„Es ist meine vom Grafen von Gratzen unterzeichnete Vollmacht; Sie können gerade noch einen Teil des Dienstsiegels erkennen; und Sie werden gesehen haben, dass Herr von Welten auf dem Bahnsteig war, als wir Berlin verließen."

„Ja, Sir. Er hat mir befohlen, dieses Abteil für Sie zu reservieren, aber _"

„Sie können nichts tun, das weiß ich; aber ich möchte, dass Sie sich notieren, dass ich Ihnen von dem Verlust erzählt habe. Das ist alles."

„Würden Sie Seiner Exzellenz telegraphieren, Sir?"

„Wo ist die erste Haltestelle?"

„Nicht bis Hannover, Sir; aber da es sich um eine Staatsangelegenheit handelt und so wichtig ist, könnte ich am nächsten Bahnhof anhalten, damit Sie eine Nachricht senden, und Sie würden eine telegrafische Antwort nach Hannover oder Osnabrück erhalten, wenn Sie so weit gehen ."

„Eine gute Idee, Wache. Ich bin Ihnen sehr dankbar. Ich werde darüber nachdenken; geben Sie mir einfach ein Formular." Er nahm eins aus seiner Tasche und ging los mit der Aussage, dass er zurückkommen würde, um die Nachricht abzuholen.

Nessa hatte mit größtem Erstaunen zugehört. „Mit wem in aller Welt reise ich?" Sie weinte. „Meinen Sie, dass Sie Züge auf Ihr bloßes Nicken hin anhalten lassen können?"

„Ich werde dir gleich sagen, mit wem du reist, aber lass mich überlegen, ob ich es wage, dieses Telegramm zu schicken." Es dauerte nicht lange, bis ich beschloss, es zu riskieren. Von Gratzen selbst hatte mir vorgeschlagen, eine Zeit lang aus dem Weg zu gehen, sogar auf Distanz zu gehen, und würde die Bedeutung der ruinierten Autorität verstehen, da ich ohne sie nicht zurückkehren könnte, wenn er mich brauchte. Er würde mir daher bis zum Erhalt einer neuen Vollmacht alles überweisen, was ich benötigen würde. Das war alles klar genug.

Aber es gab einen Wermutstropfen. Er könnte den Diebstahl der Papiere entdeckt haben. Aber selbst in diesem Fall bestand kein großes Risiko, da die von Erstein- Affäre so viel wichtiger war, dass er zögerte, bevor er irgendwelche Anweisungen schickte, die mich in Schwierigkeiten bringen könnten. Also schrieb ich die Nachricht auf und übergab sie mit einem

Trinkgeld von zehn Mark dem Wachmann, und der Zug wurde daraufhin angehalten, damit sie abgeschickt werden konnte .

Dann war ich bereit, Nessas akute Neugier zu befriedigen. „Jetzt wollen Sie wissen, wer Ihr Mitreisender ist , was? Ich sage es Ihnen. Er ist ein zusammengesetztes Individuum: ein Engländer, ein Deutscher, ein Staatsbeamter , ein Spion, ein Dieb und ein mutmaßlicher Mörder. Ich hoffe, Sie „Ich bin stolz auf ihn.“

„Es ist mir egal, wer er ist, wenn er mich aus Deutschland rausholen will. Ich muss ihn danach wohl nicht mehr kennen.“

„Wenn du respektlos bist und dich nicht benimmst, werde ich – ich –
“

„Meinen Lohn kündigen, Kumpel?“ Sie kam mit ihrer umgangssprachlichen Stimme herein.

„Das erinnert mich daran. Bei Unfällen gibt es eine Kleinigkeit, die man tun kann.“ und ich nahm ihre Tasche vom Sitz.

„Du willst mir nicht sagen, dass du mich noch länger warten lässt!“

„Ich werde nicht zulassen, dass die Kleidung des jungen Hans in deinem Besitz gefunden wird; das wäre viel zu riskant.“ und ich habe sie in meinen Koffer gepackt.

„Aber Ihr Risiko?“

„Für mich gibt es keine. Ich bin in Staatsgeschäften unterwegs und brauche möglicherweise Verkleidungen jeglicher Art. Und jetzt lese ich dir die Rätsel vor; aber wir müssen uns beeilen.“

„Wenn du es wagst, dich zu beeilen und mir nicht jedes noch so kleine Detail zu erzählen, werde ich nie wieder mit dir sprechen, Jack“, erklärte sie mit großer Energie.

„Wir müssen diese Jack-Sache aufgeben und in meiner Sprache sprechen. Und ich muss schnell sein, denn es ist fast Schlafenszeit.“

„Sie können sich sicher nicht vorstellen, dass ich heute Nacht in irgendeine Schlafkoje schlüpfe! Ich konnte kein Auge zudrücken. Ich möchte nichts weiter tun als reden.“

„Also gut, lass es dabei sein;“ und ich begann die lange Geschichte. Es versteht sich von selbst, dass ihr Interesse groß war. Sie war buchstäblich hungrig auf jedes Detail und unterbrach sie mit unzähligen Fragen, so dass es Stunden dauerte, sie zu erzählen, und ich war noch nicht ganz fertig, als wir in Hannover ankamen, wo ich eine Pause einlegte, um uns etwas zu essen zu holen.

Auf dem Bahnsteig dort befanden sich eine Reihe von Offizieren und Soldaten, von denen viele mich ziemlich eindringlich anstarrten; Ich war wahrscheinlich überrascht, einen Mann im wehrfähigen Alter in Zivilkleidung zu sehen. Ich habe sie nicht beachtet; aber bei meiner Rückkehr zum Wagen kam es zu einem ziemlich unangenehmen Vorfall. Ein paar Beamte lieferten sich heftige Auseinandersetzungen mit dem Wachmann, weil er ihnen den Zutritt zu unserem Abteil verweigerte.

Sie murrten und erklärten, es sei nirgendwo anders Platz; aber er blieb standhaft, und am Ende gingen sie in einer solchen Wut los, wie man es von preußischen Offizieren erwarten würde.

Nessa war sehr erleichtert, sie gehen zu sehen, und sobald der Zug abfuhr, begannen wir mit dem Essen.

„Ich bin nur ein nervöser Idiot“, sagte sie; „Denn ich erkläre, ich hatte schreckliche Angst und konnte nicht umhin zu glauben, dass sie von den Tickets wussten. Glaubst du wirklich, dass von Gratzen nicht wusste, dass du sie genommen hast?“

„Ich bin absolut verwirrt darüber . Manchmal dachte ich, er wüsste, dass ich ein Betrüger bin, manchmal, dass er es nicht wusste; er handelte in beide Richtungen und –“

„Aber dieser von Welten war am Bahnhof“, unterbrach sie.

„Offensichtlich wusste er, dass ich sie hatte, aber er muss gedacht haben, der alte Gratz hätte sie mir gegeben. Er sagte, er sei gekommen, um sicherzustellen, dass ich von Erstein den Ring aufgepflanzt hätte . Sonst hätte er uns aufgehalten; aber er Ich habe tatsächlich gefragt, wo du bist. Es hat mich umgehauen.

„Ich wette, er wusste alles darüber, und von Gratzen wusste es auch. Ich gehe davon aus, dass die Wahrheit so ist, dass er, nachdem Sie an diesem Tag seine Frau und Nita gerettet hatten, alles erraten hat und beschlossen hat, Ihnen eine Chance zu geben, dem zu entkommen Land. Als du morgens bei ihm warst, hätte er dir beinahe gesagt, du sollst sie mitnehmen. Und dann hat er dir diese Vollmacht gegeben! Es ist so klar wie ein Hechtstab, dass er das meinte, um allen Schwierigkeiten auf dem Weg zu entgehen; und, wie Als ob das noch nicht genug wäre, war von Welten am Bahnhof und sorgte dafür, dass wir ohne Probleme davonkamen.

„Hoffen wir, dass du recht hast.“

„ Natürlich bin ich das. Angesichts all dessen, was passiert ist, konnte er Ihnen die Dinge natürlich nicht öffentlich geben, sonst wäre er vielleicht in einen Schlamassel geraten, der sich nicht mehr erklären ließe. Aber alles andere könnte es. Sein Plan bezüglich von Erstein „Der Unmensch hat ihm einen hervorragenden Vorwand dafür geliefert, dass er Sie aus Berlin verlassen durfte. Man sieht tatsächlich , dass er klug genug war, seine Spuren auf Schritt und Tritt zu verwischen. Das ist doch klar genug.“

„Vielleicht liegt es an dir, aber ich habe den Versuch, ihn zu verstehen, schon vor langer Zeit aufgegeben, und wenn du so viel von ihm gesehen hättest –“

„Ich will ihn nicht wiedersehen, jedenfalls nicht vor der Zeit nach dem Krieg, obwohl er einfach das liebste alte Ding in Deutschland ist. Wenn ich ihn jemals wieder sehe, werde ich ihn am liebsten umarmen.“

„Umarme ihn auf jeden Fall so oft du willst. Ich wünsche mir nur, dass er mich nicht auf die Art und Weise umarmt, wie er es wahrscheinlich tun würde, wenn er die Chance dazu hätte. Und jetzt solltest du es nicht besser mit vierzig Augenzwinkern versuchen?“ Ich empfahl.

"Wie spät ist es?"

„Fast ein Uhr.“

„Wann sollen wir die Grenze überschreiten?“

„Etwa eine Stunde nachdem wir Osnabrück verlassen haben, sind wir um halb vier dort.“

„Dann gehe ich um vier Uhr schlafen. Keinen Moment vorher. Ich konnte es einfach nicht. Oh, wenn man bedenkt, dass in vier Stunden die ganze Spannung und der Schrecken der letzten Monate ein Ende haben wird! Wann soll es sein? Wir kommen nach Hause? Denken Sie darüber nach, Jack! Nach Hause!“

„Hängt davon ab, dass wir ein Boot bekommen. Wir fahren direkt nach Rotterdam und werden dort morgen früh um neun oder zehn ankommen, jedenfalls vor Mittag; aber wir müssen vielleicht auf ein Boot warten.“

„Das macht mir nichts aus. Wir müssen der Mutter telegraphieren, sobald wir über der Grenze sind. Da werden wir wahrscheinlich keine Probleme haben, oder?“

„Mir fällt keins ein. Wir haben alle notwendigen Papiere.“

„Wie herrlich! Und zu denken, dass ich dir alles verdanke.“

„Das nimmt doch eher die Creme ab, oder?“

„Fischen Sie nicht. Ich könnte etwas sagen, das Sie zum Erröten bringt. Ich bin dazu durchaus in der Lage und kein bisschen verantwortlich für das, was ich sage. Ich möchte den Gedanken daran genießen.“

„Staatsangelegenheiten, nicht wahr? Was kümmern mich Staatsangelegenheiten? Ich möchte einen Sitzplatz und ich werde einen haben", unterbrach eine raue, schlecht gelaunte Stimme vom Korridor.

„Ich werde Reisebegleiter nach Osnabrück haben", sagte ich. „Einige dieser Beamten, die in Hannover eingestiegen sind. Lassen Sie sie besser rein."

Es kam nicht in Frage, sie zuzulassen. Der Mann, dessen Stimme wir gehört hatten, kam herein. „Wir müssen hier sitzen, es gibt keinen anderen Sitzplatz im Zug", sagte er unverblümt.

„Auf jeden Fall", stimmte ich zu. Es gab nichts anderes zu tun.

„Kommt schon, Leute", rief er und blickte auf den Flur. „Viel Platz hier."

Ich versteifte mich, als ich einen seiner Begleiter erblickte. Es war ein Mann namens Freibach , der mit mir in Göttingen gewesen war, und sowohl Nessa als auch ich kannten ihn vor dem Krieg in London. Ich habe versucht, Nessa zu warnen, aber es war nutzlos; und als sie ihn sah, zuckte sie zusammen, um alles zu verraten.

Würde er uns erkennen? Wenn er es tat – was?

Es dauerte nur eine Minute, und das Urteil fiel zu unseren Gunsten aus. Er kannte uns beide.

„Hallo! Das ist eine Überraschung, wenn Sie so wollen. Wie geht es Ihnen, Miss Caldicott, und Ihnen auch, Lancaster?" rief er auf Englisch und streckte mir, nachdem er Nessa die Hand geschüttelt hatte, die Hand entgegen.

KAPITEL XXII

SCHACHMATT

Ich bin kein besonders blutrünstiger Mensch, aber angesichts der Scharen von Freibachs Landsleuten, die im Krieg gefallen sind, habe ich es auf jeden Fall bitter bereut, dass er verschont geblieben ist.

Arme Nessa! Gerade als sie sich auf dem Höhepunkt ihrer ekstatischen Freude über die nahe Aussicht auf eine Flucht befand, war dieses höllische Ding gekommen, um sie zurück in den Abgrund zu stürzen. Es schien sie auseinanderzubrechen.

Und gut, das könnte sein! Wenn es fast ein anderer Mann als Freibach gewesen wäre, wäre es vielleicht möglich gewesen, sich der Sache zu stellen. Tatsächlich glaube ich, dass er, wenn er allein gewesen wäre oder auch nur darüber nachgedacht hätte , was er tat, anständig genug gewesen wäre, den Mund zu halten. Aber seine Überraschung hatte uns verraten.

Und dass wir verraten wurden, bewiesen seine Kameraden deutlich. Der Mann, der zuerst hereingekommen war, blickte finster auf, als ich Freibach die Hand schüttelte.

Vorwand einer Staatsangelegenheit von hier fernzuhalten ? Was hat das zu bedeuten, und was zum Teufel machen Sie hier?"

Mein Freund erkannte dann, was für ein schlechtes Schicksal er uns zugefügt hatte, und sah das Bedauern an, das er nicht auszudrücken wagte.

Ich habe das Beste daraus gemacht, was ich konnte. „Es besteht keine Notwendigkeit, diesen Ton mir gegenüber anzuschlagen, Sir –"

„Ist das nicht so? Oh! Ich bin es gewohnt, mit Ihnen Englisch den Ton zu verwenden, den ich möchte. Ich bin Major Borsch vom 23. Potsdamer Regiment und es ist meine Aufgabe, alles über Sie beide zu wissen." Dass er ein Tyrann vom besten preußischen Typ war, war offensichtlich. „Was war das für ein Humbug mit den Staatsgeschäften?"

Wie sehr ich diese verbrannte Autorität in diesem Moment bedauerte! „Diese Dame, Miss Caldicott, ist auf dem Weg nach England. Sie war schon vor Kriegsausbruch in Berlin und kehrt auf Befehl des Barons von Gratzen zurück ; und ich handele nach seinen Anweisungen und begleite sie zur Grenze." "

Er brach in lautes, raues Gelächter aus, das Freibach zusammenzucken ließ. „Eine hübsche Geschichte, aber nicht gut genug für mich. Und wer bist du, bitte, dass du als Eskorte abkommandiert wirst?" Das höhnische Grinsen im letzten Wort war sogar eines von Erstein würdig .

„Ich reise als Johann Lassen. Ich habe alle meine Papiere hier. Ich bin in einer besonderen Mission für Baron von Gratzen , der mir zu diesem Zweck eine schriftliche Vollmacht erteilt hat."

„Hat er das tatsächlich? Sehr nett von ihm. Ich würde diese besondere Autorität gerne sehen. Ein Schwein von einem Engländer in einer besonderen Staatsangelegenheit! Was kommt als nächstes, würde ich gerne wissen."

Es war nicht leicht, bei dieser Sorte Rohling die Fassung zu bewahren; aber es gab Nessa, an die man denken musste. „ Leider habe ich es teilweise verbrannt."

„Meine Güte! Was für ein Unglück, was?" er spottete. „Lassen Sie mich einen Blick auf die wertvollen Fragmente und Ihre anderen Papiere werfen."

Ich habe das verbrannte Papier übergeben. „Ich habe den Unfall bereits telegrafisch dem Baron von Gratzen gemeldet." Ich zog den Namen des Barons so oft wie möglich in den Raum, denn mir war aufgefallen, dass die Erwähnung selbst auf ihn einen gewissen Eindruck hinterlassen hatte.

Er prüfte die Autorität und schüttelte darüber den Kopf. „Natürlich eine Fälschung." und er wollte es zerreißen, als ich dazwischenkam.

„Ich muss die Zerstörung natürlich dem Baron melden", sagte ich leise.

Der Beamte, der neben ihm saß, flüsterte etwas und das Papier wurde nicht zerstört. „Und Ihre anderen Papiere? Ich muss sie sehen."

Ich antwortete nicht und er wiederholte seine Forderung wütend. Aber zu diesem Zeitpunkt hatte ich bereits Maßstäbe gesetzt. Er hatte es nicht gewagt, den Rest der Autorität zu zerstören; Und obwohl seine Zerstörung keine große Rolle spielte, war es sehr wichtig zu sehen, dass er genug Ehrfurcht vor von Gratzen hatte , um sich der Stimme zu enthalten.

„Soll ich sie dir wegnehmen?" er donnerte.

„Tu es, wenn du es für sicher hältst", sagte ich in einem ganz anderen Ton.

„Wage es nicht, mir zu drohen, du Schweinehund ", brüllte er.

„Geh zu den Flammen!" Ich antwortete im ungefähr gleichen Ton. „Wer zum Teufel sind Sie, dass Sie hier auf diese Weise herumpoltern? Ich bin in Baron von Gratzens Angelegenheiten tätig, nicht in Ihren; ich habe keine Anweisung, seine Papiere jedem ungehobelten Clown zu zeigen, der es wagt, danach zu fragen. Wenn Du willst sie sehen, telegrafiere ihm, und wenn er mich anweist, dir sein Geschäft zu erzählen, werde ich es tun, und nicht vorher."

Ich feuerte mit meiner ganzen Lungenkraft auf ihn und versuchte, noch wütender auszusehen, als ich mich fühlte, und schrie ihn nieder, als er ein- oder zweimal versuchte, mich zu unterbrechen.

Er fluchte lautstark.

„Wenn du dich nicht benimmst, lasse ich dich aus dem Wagen werfen", rief ich. „Glauben Sie, dass Baron von Gratzen seine vertrauliche Sekretärin geschickt hat, um dieses Abteil für mich und diese Dame zu sichern, damit wir von einem so unflätigen Unmenschen wie Ihnen beleidigt werden könnten? Stellen Sie Ihre Fragen höflich, und ich werde sie beantworten; aber Don Ich kann mir nicht vorstellen, dass du mich schikanieren kannst.

Dass seine drei Gefährten das alles genossen, war an ihren Blicken zu erkennen; Aber es war eine wahre Freude, die Wirkung auf den Tyrannen selbst mitzuerleben. Er versuchte zu poltern, hatte aber Angst. Der Knackpunkt meines Angriffs war der Hinweis auf von Weltens Reservierung des Abteils, und ich machte es sofort deutlich, indem ich Freibach bat , den Wachmann rufen zu lassen.

Er zögerte; Der andere Mann war natürlich sein Vorgesetzter und blickte zu ihm. „Er wird bestätigen können, was ich sage", fügte ich hinzu.

Der Major nickte und es passierte nichts mehr, bis der Wachmann eintraf.

„Wer hat diese Leute in Berlin verabschiedet?"

„Herr von Welten , Herr, und er sagte mir, dass das Abteil auf Befehl des Barons von Gratzen ausschließlich für sie reserviert werden sollte . Ich erklärte, dass der Zug sicher voll sein würde; aber er sagte, dass ich unter keinen Umständen welche zulassen dürfe einer , um es zu betreten.

Das Gesicht des Majors senkte sich bei diesen Worten. „Du kannst gehen", befahl er.

„Warten Sie eine Minute, Wache. Erzählen Sie Major Borsch von dem Telegramm."

Der Mann erzählte seine Geschichte kurz und bündig; und es hatte eine hervorragende Wirkung auf den Tyrannen, und es folgte ein geflüstertes Gespräch zwischen ihm und dem Mann neben ihm. Ich begann zu hoffen. Das Schlimmste war offenbar vorerst überstanden; und die nächste Szene würde sich wahrscheinlich abspielen, als wir Osnabrück erreichten. Was dort passieren würde, lag im Schoß der Götter.

Das Einzige, was wirklich zählte, war, irgendwie dafür zu sorgen, dass Nessa die Reise fortsetzen durfte, und es war nicht unmöglich, dass Freibach dafür sorgen konnte. Er würde dazu bereit sein, denn er war von den Caldicotts in London sehr freundlich behandelt worden. Außerdem hatte er uns in diesen Schlamassel gebracht und war darüber offensichtlich beunruhigt.

Die geflüsterte Besprechung auf der anderen Seite des Wagens endete damit, dass der Major aufsprang und den Wagen verließ, wobei er etwas murmelte, dass er bei uns nicht die gleiche Luft atmen könne, und dann drehte sich sein Begleiter zu mir um.

„Sie werden die Ernsthaftigkeit der Lage für uns zu schätzen wissen, Herr Lassen, und dass wir gezwungen sind, sie zu untersuchen", sagte er. Sein Ton war etwas knapp, aber eher offiziell als beleidigend.

"Sicherlich."

„Wir gehen davon aus, dass Baron von Gratzen Sie mit einer besonderen Mission beauftragt hat, wohl wissend, dass Sie ein Engländer sind?"

„Ich habe Ihnen bereits die Fakten dargelegt, aber es steht mir natürlich nicht frei, Ihnen alle Gründe Seiner Exzellenz darzulegen. Sonst hätte er mir diese Vollmacht nicht gegeben."

„Es ist leider zu verstümmelt, um verständlich zu sein."

„Es war im weitesten Sinne formuliert. Es sollte allen Beteiligten mitteilen, dass ich gehen durfte, wohin ich wollte, und dass mir jede Hilfe gewährt werden sollte. Sie können noch einen Teil des offiziellen Stempels sehen."

„Es ist höchst außergewöhnlich. Unverständlich."

„Nicht, wenn ich die Freiheit hätte zu erklären, warum es mir gegeben wurde."

„Wer hat es dir gegeben?"

„Baron von Gratzen hat es selbst in meiner Gegenwart geschrieben. Wenn Sie seine Handschrift kennen, ist noch genug davon unverbrannt übrig, um es identifizieren zu können."

"Ich nicht."

„ Wieder in meiner Anwesenheit übergab er es seinem Sekretär, Herrn von Welten , zum Stempeln, und von Welten gab es mir, als ich das Büro verließ. Sie haben gehört, dass er am Bahnhof war und dieses Abteil selbst für Miss Caldicott reserviert hatte und ich."

„Das ist das Bemerkenswerteste von allem.“

„Im Gegenteil, es war ein völlig natürlicher Schritt. Es gab eine Angelegenheit, die ich vor meiner Abreise regeln musste, und sein Chef wollte unbedingt wissen, dass alles genau nach meinen Anweisungen erledigt worden war.“

"Was war das?"

„Das ist eine Frage, die man dem Baron stellen muss. Meine Lippen sind versiegelt.“

„Und Sie sind ein Engländer! Das klingt unglaublich.“

„Glauben Sie, ich hätte Baron von Gratzen telegrafieren sollen , wenn es unglaublich wäre?“

Das beunruhigte ihn nicht wenig, und er saß da und dachte nach, die Hand an den Kopf gedrückt. Da er den Schlüssel zum Rätsel nicht kennt, könnte es durchaus sein, dass er verwirrt ist. „Und Ihre Begleiterin, Miss Caldicott, reist nach England?“

„Sicherlich. Sie waren sehr höflich und ich habe überhaupt nichts dagegen, Ihnen ihre Papiere zu zeigen.“ und ich nahm sie heraus und übergab sie. „Sie werden sehen, dass sie auch das offizielle Amtssiegel des Freiherrn von Gratzen tragen .“

Er war offensichtlich beeindruckt. „Beide Tickets gehen bis Rotterdam, wie ich sehe. Gehst du auch nach England?“

„Meine Anweisung lautet, Miss Caldicott auf der anderen Seite der Grenze zu begleiten und nach Berlin zurückzukehren, sobald meine Aufgabe erledigt ist, es sei denn, Seine Exzellenz schickt mich früher.“

Es war eine so schöne Mischung aus Wahrheit und anderen Dingen, dass es völlig makellos erschien und er sich nicht ein Bild davon machen konnte. „ Selbstverständlich verstehen Sie, dass Sie während der Ermittlungen in Osnabrück bleiben müssen?“ sagte er ausführlich und gab die Tickets zurück.

„Darüber müssen Sie entscheiden, und was mich betrifft, hat das nicht die geringste Bedeutung. Aber bei Miss Caldicott ist es anders. Es ist wichtig, dass ihre Reise nicht unterbrochen wird.“

Nessa zuckte zusammen und sprach zum ersten Mal. „Ohne dich werde ich nicht weitermachen“, protestierte sie.

„Ich muss Sie bitten, sich daran zu erinnern, Miss Caldicott, wenn es Ihnen gefällt. Ich werde natürlich einer Art Fessel unterworfen, bis dieser Herr —“

„Ich bin Kapitän Brulen ", warf er ein.

„Bis Kapitän Brulen sich zufrieden gegeben hat. Die Anweisung Seiner Exzellenz lautet, dass Sie sofort fortfahren; und wenn Sie dort bleiben würden, wäre das äußerst beleidigend und möglicherweise unangenehm."

„Ich werde nicht weitermachen, wenn du angehalten wirst", beharrte sie. Es sah ihr ähnlich, dass sie mir in den bevorstehenden Schwierigkeiten beistehen wollte, aber das war unmöglich, also schlug ich einen offiziellen Ton an.

„Wenn Sie auf Ihrer Weigerung beharren, Miss Caldicott, wird mich das dazu zwingen, eine Haltung einzunehmen, die ich zutiefst bereuen würde. Meine Anweisungen *müssen* ausgeführt werden; sie waren sehr energisch."

„Es ist mir egal, was du tust. Ohne dich werde ich nicht weitermachen", erklärte sie.

„Jede Verzögerung in Osnabrück wird es mir unmöglich machen, Sie persönlich über die Grenze zu sehen, und ich muss Kapitän Brulen bitten, jemanden zu diesem Zweck zu beauftragen , Miss Caldicott. Ich kann mich natürlich darauf verlassen, dass Sie das tun?" " Ich fragte ihn.

Der arme Mann wusste nicht, was er von diesem kleinen Zwischenspiel halten sollte und antwortete mit einer ratlosen Geste.

„Ich werde nicht gehen", schrie Nessa hartnäckig. „Und wenn du mich als Gefangenen schickst, komme ich sofort zurück. Ich habe mich absolut entschieden."

Diese hartnäckige Haltung wurde immer gefährlicher und es wurde notwendig, sie zu erklären, also bat ich den Kapitän , auf den Korridor zu kommen, und er kam nach kurzem Zögern nach.

„Ich sollte Ihnen besser einen Punkt in Bezug auf diese junge Dame erklären. Bis vor Kurzem habe ich in London gelebt – natürlich auf Anweisung von Baron von Gratzen . Ich habe dort häufig Miss Caldicotts Freunde getroffen; sie sind einflussreiche und äußerst einflussreiche Menschen Es ist nützlich zu wissen, Sie werden es verstehen. Sie haben mich immer für einen Engländer gehalten, und es gab einmal eine Art Verlobung zwischen uns. Damals traf mich Ihr Offizierskollege, Leutnant Freibach . Er hält mich auch für Englisch. Sie werden jetzt ihre Haltung verstehen.

Er schluckte es wie Muttermilch. „Warum zum Teufel hast du uns das alles nicht schon früher erzählt?"

„Teilweise wegen Major Borschs ekelhaftem Verhalten, aber hauptsächlich aus dem Grund, der an der Oberfläche liegt, sicherlich. Es ist nicht unmöglich, dass ich ein Telegramm bekomme, um nach England weiterzureisen. Sie verstehen, was ich meine. Unter keinen Umständen darf es einer von ihnen erfahren." was ich Ihnen gesagt habe. Sie werden jetzt verstehen, warum Miss Caldicott heute Abend weitergehen muss und nicht zurückkehren darf. Meine gesamte Arbeit in London wäre völlig ruiniert, wenn sie und ihre Freunde wüssten, dass ich eine Deutsche bin.

„Natürlich. Es steht mir frei, Major Borsch das zu sagen?"

„Nachdrücklich nicht. Es ist nur für Ihre eigenen Ohren. Ich vertraue dieser Art von Mann nie. Mir persönlich geht es nur darum, Miss Caldicott aus meinen Händen zu bekommen; und je früher, desto besser. Diese Sache mit mir wird in geklärt eine halbe Stunde, wenn wir Osnabrück erreichen; aber wahrscheinlich nicht rechtzeitig, damit ich im Zug weiterfahren kann. Es wird ein Telegramm vom Baron kommen; aber das wird vielleicht nicht als ausreichend angesehen. Ich mache Ihnen nicht die geringste Schuld; aber Ich werde auf jeden Fall über das Verhalten des Majors berichten."

„Ich kann Freibach wahrscheinlich dazu bringen, sich um Miss Caldicott zu kümmern."

„Nichts könnte besser sein. Bitte von Gratzen sehr", antwortete ich lächelnd. „Und wenn Sie uns beide wieder allein lassen, könnte ich Miss Caldicott zweifellos davon überzeugen, zuzustimmen."

Er tat dies; und sobald Nessa und ich allein waren, erzählte ich ihr die Vereinbarung und begann mit der Überredungskampagne.

Ihr Empfang der Nachricht war genau das, was man hätte erwarten können. Sie war wütend empört. „War das meine Meinung über sie", fragte sie. Dachte ich, dass sie eine Deutsche war und jeden im Stich lassen würde , der dieses Risiko auf sich genommen hatte, um ihr zu helfen? Habe ich sie für einen verabscheuungswürdigen Feigling gehalten? War sie in meinen Augen so abscheulich gemein? Und noch viel mehr mit dem gleichen Effekt.

Es ist immer am besten, so etwas den Benzintank leeren zu lassen; Also hörte ich einfach mit sanfter Sanftmut zu, was den Motor anscheinend noch lange weiterlaufen ließ, nachdem der Tank erschöpft war. Dann: „Und wie können Sie mir Ihrer Meinung nach helfen?" Ich fragte glatt.

Ein weiterer heftiger Ausbruch. Das war ihr egal. Niemand sollte in einem solchen Fall sagen können, sie sei weggelaufen; und so weiter.

„Jetzt hör mir mal einen Moment zu. Ich denke nichts dergleichen. Es ist großartig von dir, Nessa. Aber —"

„Ich kann dich nicht im Stich lassen, Jack, und das werde ich auch nicht", unterbrach sie.

„Wenn Ihr Anhalten auch nur den geringsten Nutzen hätte, würde ich Sie nicht zum Gehen auffordern. Das gibt es nicht. Im Gegenteil, es würde die Sache noch viel unangenehmer machen. Es wurde gerade unangenehm, und deshalb habe ich das genommen." Mann raus. Ich habe ihm gesagt, dass Sie mich für einen Engländer halten und dass Freibach uns in London kannte, als wir verlobt waren, und –"

"Das ist richtig."

„Ja; aber er versteht es anders – dass ich als deutscher Spion in London war."

„Das tut er nicht!"

„ In der Tat tut er das, und es hat seine Stimmung völlig verändert. Ich sagte, ich wollte dich so schnell wie möglich loswerden –"

„Ist das auch wahr?" warf sie mit einem solchen Lächeln ein.

„Im gegenwärtigen Moment ja."

„Danke. Fast genug, um mich sagen zu lassen, dass ich gehen werde", rief sie und warf den Kopf zurück.

„Natürlich. Aber aus diesem Grund ist es wahr. Wenn wir in Osnabrück ankommen, wird es wahrscheinlich ein Telegramm vom alten Gratz geben; diese Leute wollen aber wahrscheinlich mehr als das; und ich werde sicher festgehalten, während sie kommunizieren." mit ihm. Aber er kann mich nicht im Stich lassen, auch wenn er vermutet, dass ich mir diese Tickets besorgt habe, weil ich für ihn wegen der von Erstein -Affäre notwendig bin: eine viel wichtigere Angelegenheit für ihn als die Tickets. Die Die ganze Sache wird geklärt und ich kann Ihnen nach Hause folgen. Ich werde Sie höchstwahrscheinlich einholen, bevor Sie Rotterdam verlassen.

„Wenn es dann so einfach wird, warum sollte ich dann nicht aufhören?"

„Aus dem einfachen Grund, dass die Papiere für Sie nur an diesem bestimmten Datum verwendet werden dürfen und es eine Menge Aufhebens machen würde, andere zu besorgen."

„Wünschen Sie wirklich und wahrhaftig, dass ich weitermache?"

„Wenn Ihnen meine Sicherheit am Herzen liegt , werden Sie keinen Moment länger zögern."

Sie sah sehr besorgt aus. „Wenn ich das tue, werde ich keinen Schritt weiter gehen als bis zur ersten Stadt jenseits der Grenze, und wenn du nicht bald zu mir kommst , komme ich zurück", erklärte sie. „Das werde ich. Ich werde jedem sagen , dass Sie nur meinetwegen in die ganze Sache geraten sind und dass ich durchaus bereit bin, sogar in ein Internierungslager zu gehen."

Da ich wusste, dass sie so etwas verabscheute, konnte ich verstehen, was hinter dieser Aussage steckte. Es hat mich zu sehr berührt, als dass ich sofort darauf antworten könnte. Dem Himmel sei Dank durfte sie nicht zurückkommen; aber es war nicht nötig, es ihr zu sagen. „Lass es dabei sein, Nessa. Die erste Stadt, in der du Halt machst, wird Oldenzaal sein , und ich werde zu dir kommen. Du wirst gegen fünf Uhr morgens dort sein, aber bis dahin wirst du noch nicht dort sein Es wird Zeit, wenn wir so weitermachen. Es kann noch nicht Osnabrück sein, es dauert noch eine halbe Stunde, bis wir dort sind. Ich wünschte, sie würden sich beeilen.

Wir hatten an einer Station angehalten, deren Namen ich nicht sehen konnte, und blieben dort einige Minuten.

„Kann doch nichts falsch sein, oder?" fragte Nessa nervös.

„Wahrscheinlich ein Truppenzug. Alles klar, wir fahren wieder."

Aber es war kein Truppenzug, der uns aufgehalten hatte. Es war ein ganz anderer Grund, wie wir bald wussten, als das Ungeheuer von großem Ausmaß in unser Abteil stürmte, ein Telegramm schwenkte und mich lauthals verfluchte.

„ Endlich haben wir die Wahrheit über Sie erfahren, Herr Engländer. Sie höllischer Schurke", schrie er bösartig. „Sie wollten ein Telegramm von Ihrem Freund und Gönner von Gratzen , nicht wahr? Na, lesen Sie das!" mit einer weiteren Reihe von Eiden.

Er hielt die Nachricht hoch und ich las sie mit Gefühlen, die man sich vielleicht vorstellen kann, obwohl ich sie nicht beschreiben kann. Es ging an die Wache.

„Inhaftieren Sie die Passagiere Johann Lassen und seinen Begleiter. Verdacht auf Mord. Informieren Sie die Polizei am nächsten Bahnhof und lassen Sie sie verhaften. – VON GRATZEN ."

KAPITEL XXIII

Auf Haaresbreite

Während ich das Telegramm las, stand Major Borsch voller Schadenfreude über mir. „Nun, was halten Sie jetzt von Ihrem Freund, dem Baron?" er spottete.

Er erwartete, dass ich völlig niedergeschlagen sein würde, also schüttelte ich mein erstes Gefühl der Bestürzung ab und blickte mit einem milden Lächeln auf. „Ich bin Ihnen sehr dankbar, dass Sie es mir gezeigt haben", antwortete ich, als wäre es eine Kleinigkeit. Ich muss es ziemlich gut gemacht haben, denn selbst Nessa, die von der Neuigkeit überwältigt worden war, war überrascht und riss sich zusammen.

„Vielleicht bist du auch für das, was folgt, dankbar", brüllte er, verärgert über meine Kühle.

„Was für ein überaus unangenehmer Mensch das ist", sagte ich zu Nessa. „Es tut mir leid, dass er sich nicht benehmen kann; aber Sie müssen versuchen, sich davon nicht beunruhigen zu lassen. Ich nehme an, er kann nichts dagegen tun."

„Er macht mir überhaupt keine Sorgen, danke", antwortete sie verächtlich.

„Halten Sie den Mund, Sie Gepäck", schrie er und drehte sich zu ihr um.

„Großer Borschtsch!" Ich weinte und stand auf.

„Setz dich, du höllischer Schweinehund ! Und was dich betrifft, du –"

Der Satz war nicht zu Ende. Meine Wut flog aus dem Fenster. Wenn ich wegen Mordes angeklagt werden sollte, würde ein kleines Extra wie ein Schlag auf den Mund selbst eines Majors keinen großen Unterschied machen, also gab ich ihm einen und steckte genug dahinter, um ihn niederzuschlagen.

Ein unwillkürlicher Schrei von Nessa ging in seinen Rufen nach seinen Männern unter; Und zwei von ihnen stürmten herein und ergriffen mich. Er stand erst auf, als ich hilflos war, hielt mich dann weit genug entfernt und stieß einen Schwall fluchender Beschimpfungen aus, während er das Blut auf seinen aufgeschnittenen Lippen stillte.

Kapitän Brulen traf mitten im Geschehen ein, Freibach dicht auf den Fersen; und der Tyrann erklärte, ich hätte versucht, ihn zu ermorden, um zu entkommen. Es war eine so offensichtliche Absurdität, dass Freibach sein Gesicht abwandte und lächelte.

„Dieser Mann hat die Dame unter meiner Obhut beleidigt und ich habe ihn geschlagen, Kapitän Brulen ", erklärte ich. „Sie kennen ihn wahrscheinlich gut genug, um zu verstehen, dass es genau das ist, was er tun würde."

„Es ist eine sehr ernste Lage", antwortete er. „In der Tat sehr ernst."

„Du meinst wegen diesem Telegramm? Unsinn. Es ist eine offensichtliche Fälschung."

Der Major brach in lautes Gelächter aus. „Fälschung! Fälschung, nicht wahr? Nun, Fälschung hin oder her, ihr werdet euch für diesen Angriff auf mich verantworten. Durchsucht ihn, und wenn er sich wehrt, schlägt ihr ihn auf den Kopf", befahl er den beiden Soldaten.

„Ist dieser Mann der ranghöchste Offizier im Zug, Kapitän Brulen ?"

„Halten Sie Ihren unverschämten Mund und bleiben Sie, Kapitän Brulen , wo Sie sind. Tun Sie, was ich Ihnen gesagt habe ", befahl er den Männern.

Es wäre Wahnsinn gewesen, Widerstand zu leisten. Bei mir war nichts von Bedeutung; Und als Nessa auf dem Koffer saß und ihr Kleid ihn vollständig bedeckte, wurde außer den Pässen und unseren Tickets nichts Wichtiges gefunden. Diese steckte der Tyrann sofort ein.

„Kann ich Sie kurz sprechen, Major?" sagte Brulen dann.

„Nein. Kümmere dich um deine eigenen Angelegenheiten. Das ist meine Angelegenheit, nicht deine."

„Sehr gut, Sir", und damit gingen er und Freibach weg. Beide sahen sehr verstört aus, wenn auch aus ganz unterschiedlichen Gründen, wie ich wusste.

„Bringen Sie den Mann ans andere Ende des Wagens. Sorgen Sie dafür, dass die beiden Gefangenen keine Gelegenheit haben, miteinander zu sprechen. Bleiben Sie zwischen ihnen in der Mitte, bis wir Osnabrück erreichen, und verwenden Sie bei einem Fluchtversuch Ihre Bajonette. Du bist für sie verantwortlich.

„Ich gehe schlafen", sagte Nessa, als das Tier die Kutsche verließ; und sie legte ihre Beine mit hervorragend gespielter Unbekümmertheit auf den Sitz.

„Gute Idee, das werde ich auch", und ich warf mich der Länge nach auf den Sitz.

„Ruhe“, brüllte das Tier. „Wenn sie sprechen, schlagen Sie beide nieder“, und mit diesem liebenswürdigen Befehl an unsere Wachen verließ er uns.

Die Männer hätten ihm aller Wahrscheinlichkeit nach buchstabengetreu gehorcht, also gaben wir ihnen klugerweise keine Gelegenheit.

Außer dem Wunsch, Nessa zu beruhigen, gab es nichts zu sagen. Das verheerende Telegramm hatte alles ruiniert. Was sollte das heißen? Es schien nicht möglich, dass von Gratzen eine solche Nachricht hätte senden können. Es war zu unverblümt, zu grob und insgesamt zu brutal, um zu allem zu passen, was ich von ihm gesehen hatte. In Wahrheit war er ziemlich schlau, aber einer solchen Methode mangelte es so an Finesse und Gerissenheit, dass ich nicht glauben konnte, dass sie wirklich von ihm stammte.

Möglicherweise war er wütend gewesen, als er herausfand, dass ich die Pässe gestohlen hatte; aber selbst dann hätte er zu weitaus geschickteren Mitteln gegriffen, um mich zu verhaften. Es gab noch eine andere Überlegung. Es entsprach nicht seinen Plänen, mich auf diese Weise als Mörder zu denunzieren. Sein Ziel war es nicht, mich anzuklagen, sondern von Erstein in dem so subtil gesponnenen Netz zu fangen.

Gleichzeitig muss es von jemandem mit hoher Autorität geschickt worden sein , denn der Zug war angehalten worden, um es dem Wachmann zu übergeben . Die Polizei hätte es tun können. Der Detektiv am Revier hatte wahrscheinlich meine Flucht gemeldet, und wenn von Erstein mich bereits bei ihnen angeklagt hätte, würden sie vielleicht zu einem solchen Mittel greifen, um mich verhaften zu lassen. Aber in diesem Fall wäre die Nachricht nicht in von Gratzens Namen gesendet worden . Das hat diese Theorie also zunichte gemacht.

Es gab nur eine alternative Vermutung – dass das Telegramm eine Fälschung war und dass von Erstein es gewagt hatte, von Gratzens Namen zu verwenden , und sich darauf verlassen hatte, dass sein Einfluss ihn aus Schwierigkeiten herausholen würde. Er hatte geahnt, dass ich abhauen würde, und er würde keine Schwierigkeiten haben, herauszufinden, wohin ich gegangen war; Vielleicht wurde ich sogar zum Bahnhof verfolgt, ohne es zu wissen; und es war genau ein Schritt, der seiner schlauen, rachsüchtigen Natur gefallen würde.

Die Wahrheit würde bald ans Licht kommen, da wir in wenigen Minuten mit dem Tempo, mit dem wir durch die Nacht rasten, Osnabrück erreichen würden; und bis wir dort ankamen, konnte nichts getan werden. Trotz des mysteriösen Telegramms vertraute ich immer noch auf von

Gratzens abschließende Zusicherung: „Was auch immer passiert, ich werde dir zur Seite stehen, mein Junge."

Trotzdem war es eine beklagenswerte Angelegenheit, besonders für Nessa; und das machte mir große Sorgen. Wir waren beide sicher eingesperrt; Und Deutschland ist eines dieser unheilvollen Länder, in denen es sehr schwierig ist, aus dem Gefängnis herauszukommen, wenn einem die Türen erst einmal verschlossen sind. Selbst wenn die Sache in Osnabrück aufgeklärt würde, wäre es für sie unmöglich, ihre Reise in dieser Nacht fortzusetzen; und wann sie dazu in der Lage sein würde, wusste nur der Himmel.

Es war ein so großes Durcheinander, dass kein noch so großes Geplänkel einen Ausweg nahelegte, der nicht eine Menge Verzögerung und Ärger mit sich brachte. Aber der Knoten wurde dennoch auf höchst unerwartete Weise durchtrennt.

Wir näherten uns Osnabrück mit einer Geschwindigkeit von etwa dreißig oder vierzig Meilen pro Stunde, als die Lokomotive wütend pfiff und wir uns weit genug vorne im Zug befanden, um das Knirschen der schnell betätigten Bremsen zu spüren. Doch bevor sie etwas tun konnten, um die Geschwindigkeit zu reduzieren, gab es einen gewaltigen Krach, die schwere Kutsche brach wie ein Kartenhaus zusammen, die Lichter gingen aus, und die Kutsche schaukelte einen Moment lang, schien sich aufzurichten und kippte dann um seine Seite.

Ich wurde auf einmal in ein halbes Dutzend Richtungen geschleudert; gegen die gegenüberliegende Seite des Abteils, dann wieder zurück und dann nach unten, so dass ich ausgestreckt über der Tür lag. Etwas traf mich mit einem Schlag auf den Kopf und etwas anderes stürzte auf mich herab, inmitten eines Regens aus Glasscherben und anderen Splittern.

Es stellte sich heraus, dass das „etwas anderes" Nessa war, wie ich herausfand, als ich sie in Todesangst, sie sei getötet worden, anrief. Dem Himmel sei Dank blieben wir beide unverletzt, bis auf die wenigen Prellungen und leichten Schnittwunden, die wir durch das Zittern des Federballs verursacht hatten.

Unsere Flucht verdankten wir der Tatsache, dass wir mit erhobenen Beinen gelegen hatten. Das zeigte das Ergebnis unserer beiden Guards. Sie waren festgenagelt und lagen ächzend und kläglich in verzweifelter Qual da.

Nessa war von dem Schock so überwältigt, dass sie sich eine Zeit lang nicht bewegen konnte. Aber sie war furchtbar mutig; kein Schrei war über ihre Lippen gekommen; und obwohl sie so zitterte, dass sie kaum sprechen konnte, versicherte sie mir, dass sie nicht im Geringsten verletzt sei. „Mir geht es gleich wieder gut, Jack. Ich bin nicht verletzt. Ich hatte Angst, dass du getötet wurdest", stammelte sie.

Da stellte ich fest, dass das erste, was mich traf, mein Koffer war; und nie war etwas willkommener. Darin befanden sich eine Flasche Brandy und eine Blitzlampe, und ich schaffte es, beides zu bekommen. Der Geist belebte uns bald wieder, und ich ließ das Licht durch das Abteil leuchten und orientierte mich.

Es war ein grauenhafter Anblick. Die beiden unglücklichen Soldaten waren bewusstlos; furchtbar verletzt, fürchterlich blutend und in einem Zustand, der an die Schützengräben denken ließ. Die Kutsche lag auf der Seite und der Korridor über unseren Köpfen. Das war die einzige Fluchtmöglichkeit, und um dorthin zu gelangen, musste ich mich auf die Körper der Männer stellen. Auf diese Weise gelang es mir, die Türöffnung zum Flur seitlich festzuhalten. Ich richtete mich auf und kletterte durch die Öffnung. Alles wurde in Splitter zerschmettert; es roch unheilvoll nach Gas; Ein Teil des Zuges stand bereits in Flammen und die Flammen erhellten die unheimlich schreckliche Szene. und der Wind wehte sie direkt auf unseren Wagen. Es gab keine Sekunde zu verlieren, wenn wir nicht bei lebendigem Leibe geröstet würden.

Ich legte mich ausgestreckt hin, um zwischen den Trümmern Halt für meine Füße zu finden, und beugte mich vor, um Nessa herauszuhelfen.

Sie hielt ihren Kopf prächtig. Sie hatte Geistesgegenwart, sich an den Koffer zu erinnern, reichte ihn mir, ergriff meine Hand und ich schwang sie neben mich. Schon damals war es ein Hin und Her, denn in diesem Moment schlugen die Flammen über den Raum dazwischen und eine Gasfackel setzte bald alles in Flammen.

Wir mussten noch aus dem Wagen aussteigen, und obwohl die Leute herbeigeeilt waren, um Hilfe zu leisten, blieb keine Zeit, auf sie zu warten. Ich kroch über das Wrack bis zu einer Stelle, an der die Seite der Kutsche zerbrochen war, warf den Koffer heraus, sprang hinter ihm her, streckte meine Arme aus und rief Nessa zu, sie solle springen. Sie tat es ohne eine Sekunde zu zögern und fiel mit so viel Plötzlichkeit und Wucht direkt auf mich, dass wir beide zu Boden fielen.

Gleich waren wir wieder oben. Nessa lachte seltsam und hysterisch. „Mir geht es gut, Jack“, rief sie atemlos. „Passen Sie auf den Koffer auf;“ und dann umklammerte er mich krampfhaft und fiel in Ohnmacht.

Das war nicht verwunderlich, wenn man bedenkt, dass wir nur so wenig gequietscht hatten, und ich konnte die Wirkung auf sie an meinem eigenen allgemeinen Zittern abschätzen. Was mich erstaunte, war, dass sie in einer solchen Krise, in der der Tod fast eine Sache von Sekunden gewesen war, mehr an diesen gesegneten Koffer als an ihre eigene Sicherheit gedacht hatte. Aber sie erzählte mir später den Grund; und natürlich ging es auf mein Konto.

Es tat mir nicht leid, dass sie ohnmächtig wurde. Die ganze Szene war so schmerzhaft und schrecklich, dass es eine Gnade war, dass ihr der Anblick, der Geruch und die Geräusche davon erspart blieben. Andererseits hat es mir geholfen, mich zu sammeln, da ich mich um sie kümmern musste. Ich hob sie auf und trug sie sofort in eine Entfernung, in der weder Anblick noch Geräusch der Katastrophe allzu aufdringlich wirken würden, fand einen Schuppen, gab ihr etwas Brandy und trank selbst einen Schluck davon.

Sie kam bald wieder zu sich, war aber von dem Schock viel zu überwältigt, als dass sie sich noch lange bewegen oder auch nur reden konnte. Also ließ ich sie liegen, wo sie war, wickelte sie in ein paar Kleidungsstücke aus dem Koffer, zündete mir eine Zigarette an und machte mich an die Arbeit, um darüber nachzudenken, was wir als nächstes tun sollten.

Es war nicht das einfachste Problem. In dieser Nacht gab es keine Chance, über die Grenze zu gelangen, da wir weder Fahrkarten noch Pässe hatten. Dieser Tyrann von Major hatte sie behalten. Was bei dem Zusammenstoß mit ihm geschehen war, ließ sich natürlich nicht einmal erahnen; aber was auch immer es sein mochte, es gab keine Möglichkeit, unsere Papiere wiederzuerlangen. Das war eine Gewissheit.

Könnten noch andere bekommen werden? Nicht in Osnabrück. Dieses Telegramm war an den Wachmann des zum Scheitern verurteilten Zuges geschickt worden, und wenn er noch am Leben wäre, würde er zweifellos die Polizei informieren; und sobald ich als Lassen auftauchte, sollten wir beide ins Gefängnis geworfen werden .

Gratzen um eine Nachricht zu bitten . Ein sehr ärgerlicher Poser. Es war ärgerlich, sich vorzustellen, dass eine Botschaft auf uns wartete, die uns tatsächlich den Weg ebnete, und dass wir nicht in der Lage waren, sie umzusetzen.

Darüber hinaus bestand die unangenehme Möglichkeit, dass es nicht da sein könnte; In diesem Fall müsste ich meinen Kopf in das Maul des Löwen stecken, wobei die Wahrscheinlichkeit groß ist, dass sich die Kiefer um ihn schließen. Ein sehr unangenehmes Risiko. Es hat mich nicht so sehr berührt wie Nessa. Selbst wenn die Polizei mich als mutmaßlichen Mörder festhalten würde , wäre das nur ein vorübergehender Ärger. Aber Nessa? Es war unmöglich vorherzusehen, was mit ihr geschehen würde; Daher habe ich diesen Kurs ausgeschlossen.

Wenn wir das Land verlassen würden, müsste dies unter streng inoffizieller Schirmherrschaft geschehen. Unser eigenes. Je weniger wir von Gratzen oder sonst jemand belästigt haben , desto besser. Das bedeutete, in unserer Verkleidung weiterzumachen; Und dann wurde mir klar, wie wertvoll Nessas Gedanke an den Koffer gewesen war.

Es war keine besonders heitere Aussicht; Aber es gab eine große Sache zu unseren Gunsten . Unser Wagen war verbrannt; zu diesem Zeitpunkt war kaum jemand vor Ort gewesen; sicherlich niemand, der uns überhaupt erkennen könnte; und die Schlussfolgerung, die jeder ziehen würde, war, dass wir in den Flammen umgekommen waren. Das war eine weitere virtuelle Gewissheit; aber zu unseren Gunsten .

Auf der anderen Seite des Hauptbuchs war jedoch mehr als genug. Ich hatte keinen Ausweis; Nessa ging es ziemlich schlecht, und es sah so aus, als müsste sie zu Bett gehen und eine Zeit lang dort bleiben, während wir, wenn wir entkommen könnten, vor Tagesanbruch einige Meilen von Osnabrück entfernt sein müssten; und zu diesem Zweck in ein Hotel oder einen anderen Ort zu gehen, war so, als würde man um mehr Mühe bitten, wenn man doch schon genug hatte.

Gleichzeitig war ihre Sicherheit der Dreh- und Angelpunkt, um den sich alles andere drehte; es wäre idiotisch, zu versuchen, davonzukommen, wenn das bedeuten würde, sie dauerhaft zu betäuben; und das muss die erste und wichtigste Überlegung sein. Sie lag so still da und wirkte so schwach und erschöpft, dass es eindeutig notwendig war, etwas zu tun, anstatt nur darüber nachzudenken.

„Kannst du dir die Mühe machen, Nessa?" flüsterte ich und beugte mich über sie.

„Bemühe dich? Natürlich kann ich das. Ich dachte, du wärst überwältigt. Deshalb habe ich geschwiegen. Mir geht es gut", und zu meiner überraschten Erleichterung setzte sie sich sofort auf. "Was sollen wir tun?"

„Ich dachte, du wärst fast am Ende", rief ich.

„Weil ich ohnmächtig geworden bin? Das war wohl die Reaktion. So etwas habe ich noch nie getan, soweit ich mich erinnern kann. Aber jetzt geht es mir wieder gut. Ich habe nachgedacht."

„Ich habe selbst ein bisschen davon gemacht. Bist du sicher, dass du fit bist?" Nach dem, was sie durchgemacht hatte, war es kaum zu glauben.

„ Natürlich bin ich das, abgesehen davon, dass ich ein wenig erschüttert bin. Es war eine schreckliche Angelegenheit, solange sie dauerte; aber es ist vorbei und hat uns aus all diesen Schwierigkeiten befreit. Natürlich. " Jeder wird glauben, dass wir lebendig verbrannt wurden." Und sie schauderte. „Ich nehme an, es ist eine schreckliche Katastrophe."

„Denken Sie besser nicht daran. Der letzte Blick, den ich hatte, zeigte, dass unser Waggon und der Wagen dahinter in Flammen standen. Sie können den grellen Glanz dort durch die Tür sehen.“

„Oh, Jack! Und sie waren voller Leute!“

„Wir können nichts tun, um zu helfen, wir sollten besser an uns selbst denken“, und um sie von den Schrecken des Zugunglücks abzulenken, erzählte ich ihr die Gründe, warum ich mich nicht nach Osnabrück wagen sollte.

„Ich habe das Gleiche gedacht. Es gibt doch sicher nur eins zu tun?“

"Also?"

„Das ,dritte Rad‘ natürlich. Es ist seit dem Moment der Kollision in meinem Kopf. Ich weiß nicht, wie es war, aber das schoss mir sofort in den Sinn; und wenn du nicht verletzt warst, konnte ich es.“ denke an nichts anderes als das;“ und sie zeigte auf den Koffer.

„Es war das letzte Wort, das du gesprochen hast, bevor du ohnmächtig wurdest.“

„Und das erste Mal, als ich zu mir kam. Ich war so dankbar, als ich sah, dass du es gut überstanden hast. Danach war es mir egal. Du schienst nicht wirklich verletzt zu sein, nur erschüttert; ich wusste, ich sollte alles sein Schon bald, und ich hatte eine Art Gewissheit, dass das dritte Rad uns in Sicherheit bringen würde. Sollten wir nicht besser gehen?“

„Ja, wenn Sie sich fit fühlen, vor Tagesanbruch ein paar Meilen zurückzulegen?“

„Das wirst du bald sehen, wenn du in dein eigenes Zimmer gehst, dich umziehst und mich das Gleiche tun lässt.“

Mein „Zimmer“ war die Rückseite des Schuppens draußen, und ich verlor keine Zeit damit, mich auszuziehen und das Arbeiterkleid über das zu ziehen, was mein fliegender Freund „Bauchpolster“ genannt hatte. Dann zündete ich mir eine Kerze an und wartete, während ich darüber nachdachte, was für eine mutige Seele Nessa war, bis sie mich rief.

„Wie ist das, Kumpel?“ fragte sie in ihrem neuen Charakter und lachte.

Es war wirklich eine wunderbare Verwandlung! Ich hätte sie nie erkennen dürfen; und die wenigen kleinen Kratzer in ihrem Gesicht, die das zerbrochene Glas bei der Kollision verursacht hatte, kombiniert mit einigen künstlerischen Flecken, die sie hinzugefügt hatte, machten sie zu einem lebensechten jungen Arbeitsjungen .

„Was hast du mit deinen Haaren gemacht?“ rief ich aus.

„Ich habe es nur unter der Kappe vermasselt. Natürlich muss es abgenommen werden, aber wir sollten jetzt besser keine Zeit damit verschwenden, oder? Wir können uns später am Morgen darum kümmern."

„Richtig", stimmte ich zu; und wir machten uns an die Arbeit, um die anderen Vorbereitungen abzuschließen. Unsere Kleidung mussten wir natürlich selbst entsorgen; Also rollten wir sie fest zusammen, steckten den Overall in den Koffer und waren fertig.

„Jetzt zur Grenze", sagte ich. „Hoffen wir, dass wir Glück haben."

„ Cheero , Kumpel . Wenn nicht, wirst du uns irgendwie durchbringen", antwortete sie mit der mutigsten Zuversicht.

Dafür liebte ich sie, denn ich wusste, dass sie die bevorstehenden Schwierigkeiten und Risiken genauso gut verstand wie ich. Dann verlor ich für eine Minute den Kopf; Und gerade als wir auf der Schwelle des schäbigen kleinen Schuppens standen, legte ich meinen Arm um sie, zog sie schnell an mich und küsste sie auf die Lippen.

Sie hielt mich einen Moment lang fest, erwiderte den Kuss und zog sich dann schnell zurück.

„Nicht so viel davon, Kumpel . Hältst du mich für ein Mädchen? Du hast mir die Mütze abgenommen, du Tollpatsch", rief sie lachend und errötend, während ihr herrliches Haar über ihre Schultern und bis zur Taille fiel.

„Eine tolle Frau, die du abgeben würdest, und kein Fehler", antwortete ich, nahm die Mütze und gab sie ihr.

In wenigen Augenblicken hatte sie es wieder an Ort und Stelle, stülpte die Kappe darüber und war wieder bereit.

„Komm schon, Tollpatsch", rief sie und trat hinaus in die Nacht.

Und so begannen wir die Reise zur Grenze.

KAPITEL XXIV

Nessas Untergang

Das Hauptereignis in den Stunden nach dem Eisenbahnunglück war eher theatralisch als ernst, obwohl Nessa es sowohl als demütigend als auch als tragisch empfand. Und es hätte leicht tragisch sein können.

Ihr Mut war wunderbar. Nichts konnte ihre Stimmung trüben oder ihr hohes Selbstvertrauen schwächen. Sie lachte über den Gedanken an Risiken oder Gefahren, spottete über Schwierigkeiten und nahm jedes Hindernis auf die leichte Schulter, als wäre es bei uns nur ein Urlaubsausflug. Eine Optimistin bis in die Spitzen ihrer hübschen Finger.

Hans, der Mechaniker, zu sein, war einfach eine herrlich komische Freude; Sie war stolz auf ihr Können beim Spielen der Rolle und wollte mir so gern zeigen, wie sorgfältig sie es studiert hatte, dass ich es nicht übers Herz brachte, ein aufrichtiger Kritiker zu sein und darauf hinzuweisen, dass es eine Sache sei, eine Rolle für einen zu spielen Eine oder zwei Stunden auf einer Amateurbühne oder wenn wir alleine waren, und eine ganz andere, es tagelang unter Umständen durchzuhalten, in denen selbst ein kleiner Ausflug große Probleme bedeuten könnte.

Und dass unsere Situation voller Schwierigkeiten und sogar Gefahren war, war sicher. Sie litt immer noch unter dem unvermeidlichen Schock des Eisenbahnunglücks; sie war fertig und brauchte dringend Ruhe; an eine Wohnungssuche in Osnabrück war nicht zu denken; Das Beste, was wir suchen konnten, war, in einer Scheune oder einem abgelegenen Schuppen Schutz zu suchen. Fünfzig Meilen oder mehr lagen zwischen uns und der Grenze, und jeder Meter davon konnte zu einem Zwischenfall führen, der eine Entdeckung nach sich zog. und selbst wenn wir sicher durchkämen, wäre der Grenzübertritt der schwierigste und gefährlichste von allen.

Der kleine Vorfall im Schuppen beim Verlassen ließ uns beide eine Weile schweigen. Es war das erste Zeichen seit unserem Treffen in Berlin, das auf die Erneuerung unserer alten Beziehungen hindeutete; und erst als wir eine gute Stelle erreichten, an der wir uns unserer Kleider entledigen konnten, wurde die Stille gebrochen.

Wir machten uns auf den Weg in den Norden der Stadt und bogen auf einen Fußweg ab, der uns um den Stadtrand herumführen würde. Dies führte uns über einen breiten Bach, und Nessa hielt auf der Brücke und schlug vor, dass wir die Kleidung versenken sollten. Wir teilten sie in zwei Parzellen auf, legten in jedes einige schwere Steine, und ich versenkte sie unter einigen Bäumen, die ein Stück am Ufer über den Bach hinausragten.

„Und wann gedenkst du, über unsere Pläne nachzudenken, Jack?" Sie platzte, als ich wieder zu ihr kam.

„Von dieser Minute an werde ich an nichts anderes mehr denken."

„Hört, hört. Das ‚Alles andere' muss warten, oder?" sie weinte mit einem ihrer strahlenden, silbernen Lacher.

„Das ist doch nicht gerade das Lachen eines deutschen Humpels, oder?"

„Richtig, Kumpel, ich habe es vergessen. Das war Nessa; das ist Hans;" und sie lachte in ihrer besten Hans-Manier.

„Nicht so viel von deinem Vergessen, Junge. Das ist vielleicht kein bloßes Picknick."

„Behalte deine Haare an, aber ich werde die Zeit meines Lebens haben. Übrigens, wie heißt du?"

„Wurde in letzter Zeit so oft getauft, dass ich mir darüber nicht ganz im Klaren bin. Du kannst mich Boss nennen."

„Boss, was? Dann erwarten Sie wohl, Meister zu werden?" mit einem schelmischen Lachen. „Soll ich immer so weitermachen?"

„Jack ist der Engländer dafür."

"Irgendetwas anderes?" Sie kicherte erneut.

„Warte, bis es soweit ist, mein Junge." und sie beschloss, die Spreu fallen zu lassen.

„Und was ist mit unseren Plänen, Chef?" fragte sie nach einer Pause.

„Ich sehe nichts anderes, als es niederzutrampeln, wenn man es durchhalten kann."

"Wie weit?"

„Die Straße, die der Grenze am nächsten liegt, ist etwa dreißig Kilometer lang. Da wir das aber nicht schaffen, können wir sie beispielsweise auf fünfzig zurücklegen. Es besteht kein Grund zur Eile, und wenn wir jeden Tag zehn oder fünfzehn schaffen, es sollte den Zweck erfüllen.

„Das ist nichts, was mir schaden könnte, Boss. Ich habe oft zwanzig oder fünfundzwanzig am Tag zurückgelegt, auf der Suche nach einem Job, wissen Sie. Aber was erwartet uns am Ende des Tramps?"

„Ich wünschte, ich könnte es Ihnen sagen. Meine grobe Idee ist, zu einem Ort namens Lingen zu gehen. Es gibt zwei kleine Senken an der niederländischen Grenze, die bis in die Nähe reichen, und es sieht nach einem ziemlich guten Ausgangspunkt aus. Ich bin raus, wenn wir dort nicht gegen einige der Schmuggler antreten, und der beste Plan, der mir einfällt, ist, zu versuchen, uns mit einigen von ihnen zusammenzutun und auf diese Weise rüberzukommen."

„Sieht gut aus. Das heißt, wenn wir dorthin gelangen."

„Darüber brauchst du dir keine Sorgen zu machen, Junge. Wir können im schlimmsten Fall nachts herumtrampeln, aber wir werden wahrscheinlich nicht gestört. Wir können immer zu einem Job gehen, der nur ein paar Meilen weiter entfernt ist. I Ich dachte immer an Osnabrück als den Ort, an dem wir unsere Wanderung beginnen müssen, und ich habe eine Straßenkarte. Was wir im Moment wollen, ist ein Ort, an dem wir uns ein oder zwei Stunden ausruhen können.

Wir trotteten stetig weiter und mieden die Straßen so weit wie möglich, bis wir Osnabrück weit hinter uns gelassen hatten, und dann zeigte Nessa auf ein Häuschen am Rande eines Waldes, das verlassen zu sein schien.

„Sieht aus wie der richtige Ort für uns, Junge. Bleiben Sie hier stehen und ich werde einen Blick darauf werfen."

„Sehen Sie genau hin, Chef, ich werde ein bisschen langbeinig und könnte ein oder zwei Stunden lang einen Schlafplatz gebrauchen."

Ich erkundete den Ort vorsichtig von hinten, wo sich ein unbebautes Gartenstück befand, und machte zunächst genug Lärm, um einen Hund aufzuwecken, falls es einen gab. Alles blieb ruhig; Also schlich ich durch den Garten und leuchtete mit meiner Taschenlampe durch die zerbrochene Scheibe eines Hinterfensters. Das Zimmer war ziemlich kahl, und ich öffnete das Fenster und ging durch die Hütte.

Es war völlig verlassen. Eine Baracke mit vier Zimmern, schmutzig und heruntergekommen, aber gut genug als Unterschlupf; Also holte ich Nessa. „Ein rauer Laden, junger Mann, aber besser als keiner."

wackelige Treppe zu einem oberen Raum hinaufstiegen .

„Nur blanke Bretter. Gut, dass man sie aufrauen kann."

„Nichts im Vergleich zu dem, was unsere tapferen Kameraden an der Front ertragen müssen", antwortete sie; und ohne weitere Umstände legte sie sich mit dem Koffer als Kissen hin und schlief bald fest ein.

Ich kroch aus dem Zimmer, zündete mir eine Pfeife an und schlenderte durch die Hütte, um mir einen konkreten Operationsplan auszudenken. Die praktischste Frage war die der Versorgung. Selbst wenn wir auf den Hauptstraßen blieben, bestünde keine ernsthafte Gefahr von Ärger mit der

Polizei; und das würde sowohl den Weg verkürzen als auch es uns ermöglichen, in abgelegenen Gasthöfen Essen zu bekommen.

Das Einzige, was Schwierigkeiten bereitete, war Nessas Verkleidung. Sie übertrieb ihre Rolle erheblich und, was noch schlimmer war, war hin und wieder unfreiwillig in ihr eigenes liebes Ich zurückgefallen. Das Jungengeschäft war ein Patzer. Sie muss wieder zur Frau werden. Es wäre viel sicherer, wenn sie sich als meine Schwester oder sogar als meine Frau ausgeben würde, oder vielleicht abwechselnd beides, je nach den Umständen.

Sie würde sich wahrscheinlich ein wenig dagegen wehren, angesichts der Mühe, die sie sich gemacht hatte, und des Stolzes und der Freude, die sie bei dieser Rolle empfand. Aber Sicherheit muss an erster Stelle stehen. Es gab noch eine andere Überlegung. Wenn wir angehalten würden, müsste man mich nach meinem Ausweis fragen; und das Fehlen davon könnte Ärger bedeuten. Als meine Frau würde sie keinen brauchen. Ich muss daher umgetauft werden und werde Hans Bulich .

Beim zweiten Pfeifen wurde die Klugheit dieser Änderung deutlicher, und ich bedauerte die Eile, die wir gehabt hatten, ihr Kleid loszuwerden, und erkannte, wie schwierig es war, es zu ersetzen, ohne Verdacht zu erregen. Wir sollten auf viele Orte stoßen, an denen man solche Dinge kaufen könnte; aber für einen Mann und einen Jungen würde der Kauf solcher Dinge mit ziemlicher Sicherheit zu unangenehmen Fragen führen, besonders irgendwo in der Nähe der Grenze.

Es war heller Tag, als ich mit diesen neuen Problemen fertig war, und da es besser war, nicht Gefahr zu laufen, in der Hütte gesehen zu werden, ging ich in einen kleinen Schuppen, der dazu gehörte, lehnte mich in eine Ecke und döste ein. Ich war müde und musste tief und fest geschlafen haben und wurde von einem Tritt und dem wütenden Schrei eines Mannes geweckt, der fragte, was zum Teufel ich meinte, wenn ich auf seinem Gelände schlief. „Steh auf und geh mit dir, du fauler Landstreicher", sagte er, als ich mir die Augen rieb und ihn anblinzelte.

„Ich bin kein Landstreicher, Chef ", protestierte ich und stand auf.

„Dann bin ich kein Bauer, du Schleicher;" und er sah aus, als würde er den Tritt wiederholen.

„Stetig, Mann, ruhig. Behalte die Beherrschung. Ich bin Mechaniker auf dem Weg zu einem Job in Osnabrück. Mein Junge und ich haben uns im Wald dort drüben verirrt und sind hierher gekommen, um nach der Straße zu fragen. Wir fanden den Ort leer vor Ich habe beschlossen, es bis zum Morgengrauen zu erledigen. Mein Kumpel ist noch ein Kind und wurde regelmäßig fertig gemacht.

„Du siehst sowieso schmutzig genug für einen Landstreicher aus“, knurrte er. „Ich werde mit ihnen belästigt. Haben Sie Geld bei sich?“ Ein grober Test seiner Tramp-Theorie.

„Das hoffe ich. Mehr als genug, um diese Art von Bett zu bezahlen. Bei uns Jungs läuft es jetzt ganz gut;“ und ich zog eine Handvoll Geld heraus.

Sein mürrischer Blick klärte sich. „Ich will nichts davon. Wie nennst du dich denn für einen Mechaniker?“

„Motoren und Flugzeuge und so etwas.“

„Der Teufel bist du!“ rief er und nach einer Pause: „Möchten Sie sich ein oder zwei Mark verdienen?“

„Macht es mir nichts aus, wenn ich das tue? Wie?“

„Mein Motor steht dort auf der Spur, und da ist etwas schief gelaufen. Glaubst du, du könntest das reparieren?“

„Ich schaue es mir für dich an. Ich hole lieber die Werkzeuge, die ich bei mir habe. Sie sind bei meinem Jungen.“

Er öffnete die Haustür der Hütte und ich rannte hinauf, um Nessa zu holen, wobei ich ihr die Haare fest zusammensteckte. Ich erzählte ihr von dem Bauern und fand ihn am Fuß der Treppe, der auf uns wartete. Er blinzelte Nessa so neugierig an, dass ich fürchtete, er vermutete ihr Geschlecht.

„Mein Name ist Glocken “, sagte er, als wir zum Auto gingen.

Ich habe auf die offensichtliche Einladung nicht reagiert. „ Bist du Bauer ?“

Er nickte. „Habe ein paar. Eines hier; das Haus liegt gleich hinter dem Hügel da drüben;“ mit dem Daumen in die Richtung rucken; „Und einer raus aus Lingen .“

„Das ist der Punkt, an dem wir es auffüllen, nicht wahr , Chef?“ fragte Nessa.

Ein böser Ausrutscher, aber meine Schuld, denn ich hatte ihr nicht gesagt, dass ich nach Osnabrück fahren würde. Der Bauer hat es natürlich gemerkt. „Dachten Sie, Sie hätten von einem Job in Osnabrück gesprochen?“ sagte er bedeutungsvoll.

„Habe ich? Muss wohl halb geschlafen haben, nehme ich an. Wir sind auf dem Weg nach Lingen .“

„Kein Problem für mich. Hier sind wir. Jetzt wollen wir sehen, was Sie tun können.“

Es war eine merkwürdige Zusammensetzung; eine Kreuzung zwischen einem Tourenwagen und einem Lieferwagen. Die Sitze des Tonneau waren herausgenommen worden, um Platz für Güter zu schaffen, und es gab eine bewegliche Vorrichtung, um die Seiten bei Bedarf anzuheben. Es befanden sich ein paar Steckrüben und ein winziger Heubündel darin, was auf die Verwendung hindeutete, für die es bestimmt war; aber es gab noch etwas anderes, das ganz andere Gedanken hervorrief.

„Sie haben mir alle meine Pferde weggenommen, also muss ich darauf zurückgreifen, um das Futter herumzutragen", sagte er und bemerkte meine Neugier.

Ich nickte und warf die Motorhaube zurück, um das Problem zu finden. Es war ein großartiger Motor, 40 PS , aber sehr schmutzig; und der Schmutz hatte den Stillstand verursacht. Eine halbe Stunde würde alles in Ordnung bringen; aber ich bastelte und machte mir große Mühe, weil ich untersuchen wollte, was mir im Tonneau aufgefallen war.

Der Bauer beobachtete mich eine Zeit lang; sprach dann mit Nessa, die mit der Hans-Imitation großartig spielte; und ich habe meine Chance gefunden. Ich lag richtig. Der Bauer fütterte sein Vieh mit einer sehr originellen Diät; Kaffee, Zucker und Kakao schienen wichtige Zutaten zu sein, wenn man die Spuren unter den Kohlrüben und dem Heu bedenkt. Und sein anderer Hof war in Lingen ! Und Lingen lag nahe der niederländischen Grenze!

Wenn Indizien für irgendetwas sprechen, bedeutet dies, dass das Auto hauptsächlich zum Schmuggel genutzt wurde und dass die landwirtschaftlichen Produkte dazu dienten, neugierige Menschen hinters Licht zu führen.

Ich beendete meine Arbeit schnell und versuchte herauszufinden, wie ich das Wissen optimal nutzen konnte. Für uns schien es eine Chance aller Chancen zu sein, denn er könnte genau der Mann sein, den wir in der Nähe der Grenze finden wollten.

„Das reicht jetzt, Bauer", rief ich und ließ den Motor an, um es zu beweisen.

„Du kennst deinen Beruf, wie ich sehe", sagte er hocherfreut und gab mir fünf Mark, die ich einsteckte.

„Sie will unbedingt putzen, wenn Sie nicht wollen, dass sie beim Laufen zu und von Ihrem Bauernhof in Lingen eine Panne hat ."

„Keine Angst davor, oder?" fragte er besorgt.

„In dem Zustand, in dem sie sich befindet, würde ich zu keinem Zeitpunkt für sie einstehen.“

„Könnten Sie die Arbeit für mich erledigen?“

„Jetzt nicht, aber vielleicht habe ich ein bisschen Freizeit, wenn ich in Lingen ankomme . Ich schätze, dass du ihr manchmal auch etwas zumutst. Die Lebensmittel sind auf dem Vormarsch, weißt du. Welcher Weg ist unser Weg nach Lingen ?“

„Was meinst du mit Lebensmitteln?“

Ich lächelte ihn an und zwinkerte ihm zu. „Das geht mich nichts an, Bauer. Ich rede nie über die Angelegenheiten anderer Männer.“

„Ich komme den Weg entlang und zeige dir eine Abkürzung“, sagte er und ging. „Worum geht es euch beiden?“

„Grub“, rief Nessa prompt. „ Ich habe seit gestern Vormittag nichts mehr gegessen, außer ein paar Beeren, die ich gepflückt habe, um meinem Bauch etwas zu tun zu geben.“ Es war ganz natürlich gesagt, aber natürlich ein Fehler.

„Komisch. Du warst sicher oft von der Strecke abgekommen“, sagte er. „Es gibt überall viele Orte. Aus welchem Weg bist du gekommen?“

„Jetzt kommt es darauf an, in welche Richtung wir gehen müssen, Bauer“, sagte ich.

„Das stimmt, und hier ist der Fußweg. Du scheinst mir der Typ Mann zu sein, mit dem man arbeiten kann. Komm und besuche mich, wenn du in Lingen ankommst ;“ und er erzählte mir, wie ich die Farm finden konnte, und bot mir seine Hand an.

Er ließ uns ein paar Meter weit kommen und rief mich dann zurück. „Es geht mich nichts an, aber das ist ein zarter Junge von dir; jeder würde ihn eher für ein Mädchen als für einen Jungen halten, wenn er unvorbereitet ist. Wie auch immer, komm und besuche mich in Lingen ;“ und ohne auf meine Antwort zu warten, ging er weg.

"Was wollte er?" fragte Nessa.

„Habe dich als Mädchen entdeckt.“

„Jack! Er konnte nicht!“ sie protestierte empört.

"Er hat;" und ich nutzte diese Tatsache als Text, um die Änderung meiner Gedanken anzustoßen. Sie trat tatsächlich dagegen, wie zu erwarten war; aber wenig später hatten wir einen starken praktischen Beweis für seine Notwendigkeit.

Wir bogen in das erste Gasthaus ein, zu dem wir kamen, um etwas zu frühstücken, und ich unterhielt mich mit der Frau des Hauses, einer sehr freundlich aussehenden mütterlichen Person, darüber, als draußen Aufruhr herrschte. Ich rannte hinaus und stellte fest, dass Nessa von einem Mann grob behandelt wurde, der versuchte, ihr die Mütze vom Kopf zu reißen. Ein oder zwei Worte verhinderten jegliches Unheil, lenkten aber auch die Aufmerksamkeit der Frau sehr deutlich auf Nessa.

„Sie können Ihr Frühstück in meinem Zimmer einnehmen, wenn Sie möchten", sagte sie, und als ich ihr dankte, ging sie voran, schloss die Tür und stellte sich mit dem Rücken dazu. „Du hast deine Mütze abgenommen, kann der Junge das nicht auch tun?" sie fragte sehr bedeutungsvoll.

„Ich habe eine wunde Stelle, Mama; ich habe Angst vor einer Erkältung", sagte Nessa.

„Ich bin gut darin, solche Stellen zu heilen, lass es mich mal ansehen."

„Nein, trotzdem danke, ich mag es nicht, zu verhätscheln", antwortete Nessa und errötete .

Die Frau lächelte. „Du machst das sehr gut, mein Mädchen, aber ich bin selbst eine Frau und kenne mein eigenes Geschlecht", antwortete sie trocken. Dann zu mir: „Ich wette, deinem Aussehen nach bist du ein ehrlicher Mann. Solltest du mir nicht besser sagen, was das bedeutet?"

„Sie ist meine Frau", sagte ich. „Sie ist Engländerin und –"

"Ehre sei Gott!" warf sie aufgeregt auf Englisch mit starkem Akzent ein. „Wenn ich es nicht sofort erraten hätte, als ich euch beide ansah!" und die Tränen stiegen ihr in die Augen, als sie zu Nessa eilte, die Mütze abnahm und sie küsste. „Ah, ihr armer Mavourneen, ihr! Und, ihr lebendigen Heiligen, seht euch die schönen Haare an. Und zu glauben, dass ihr aus England kommt, nur wünschte ich, es wäre das liebe alte Oireland , das tue ich! Whisht jetzt, oder Oi' Ich werde mich zum Narren halten . Wir reden am besten einfach auf Deutsch. Dass ich den Tag noch erleben werde! Und draußen in diesem verdammten Loch von einem Ort! Ihr seid natürlich auf dem Weg zur Grenze! Und ich bin froh, dass ich dir helfen kann, also kann ich es. Und es ist das Frühstück, das du willst, oder? Natürlich werde ich dafür sorgen; aber ich muss zuerst meine Augen trocknen und nüchtern werden."

Sie küsste Nessa erneut und hätte vor Freude auch mich beinahe geküsst, wischte sich die Augen, schaute in das Glas, um zu sehen, dass alles in Ordnung war, und eilte hinaus, um sich um das Frühstück zu kümmern.

„Das ist so etwas wie ein Glücksfall", sagte ich; Aber Nessa war zu niedergeschlagen darüber, dass sie in dieser Rolle nicht antworten konnte, also schaute ich aus dem Fenster, um ihr Zeit zu geben, darüber hinwegzukommen.

Sie erhob sich sofort und ich spürte ihre Hand auf meiner Schulter. „Ich bin ein Versager, Jack", sagte sie wehmütig und kämpfte darum, darüber zu lächeln.

„Und dem Himmel sei Dank dafür, Schatz."

„Aber selbst dieser brutale Bauer hat mich herausgefunden. Es wäre mir egal, wenn es nur diese gute Seele gewesen wäre."

„Sie hat mich auch als Engländerin erkannt", erinnerte ich sie.

„Ich weiß. Du versuchst es mir leichter zu machen; aber dieser Mann hat dich nicht entdeckt, das Biest!" Sie lächelte dann über ihre eigene Heftigkeit. „Na, dann heißt es wohl auf Wiedersehen, Hans", sagte sie mit einem Seufzer.

„Und auch gute Besserung."

„Und doch hast du gesagt, dass ich es so gut mache."

„Und das warst du auch, Kind, für die Bühne, aber das hier ist anders."

„Mir hat das Picknick den ganzen Spaß genommen."

„Was? Um meine Frau zu sein?"

Sie lachte und schüttelte den Kopf. „Nun, eines ist nur so: Du wirst nicht länger der Boss sein."

„Das werden wir sehen, Junge."

„Nicht, Jack. Wage es nie wieder, darauf zu verweisen, sonst werde ich – ich werde – ich weiß nicht, was ich tun werde!" sie weinte mit einem Fußstampfen. Dann erblickte sie Hans Mütze. „Es ist dieses schreckliche Ding, das die Ursache für alles ist." und sie hob es auf und warf es von sich.

Das war der offensichtliche Akt des Verzichts auf diesen Teil; und als sie sich zu mir umdrehte , legte ich meinen Arm um sie und küsste sie.

„Ich dachte, es gäbe nichts anderes mehr", lachte sie.

„Muss ein Mann nicht seine eigene Frau küssen?" Ich weinte.

„Das hoffe ich, Jack", flüsterte sie.

Und das war Hans' Beerdigungszeremonie.

KAPITEL XXV

EIN FREUND IN NOT

uns zurückkehrte, hatte sie ihren Gefühlsausbruch bei unserem Treffen bereits ganz hinter sich gelassen, und ihre ersten Worte waren eine Warnung, kein weiteres Wort Englisch zu sprechen.

„Anfangs konnte ich nicht anders, ich war so aufgeregt; aber es würde mich ruinieren, wenn bekannt würde, dass ich Britin bin", erklärte sie und erzählte uns beim Frühstück ihre Geschichte.

Sie stammte aus Cork, wo sie einen deutschen Bäcker namens Fischer geheiratet hatte, einige Jahre später nach Deutschland gekommen war, seit fünf Jahren Witwe war und den Betrieb des Gasthauses weitergeführt hatte. Sie war sehr neugierig, die Wahrheit über den Krieg zu erfahren; und als ich sie zufrieden gestellt hatte, machten wir uns daran, über ihre eigenen Angelegenheiten nachzudenken.

Wir erwiderten Zuversicht um Zuversicht: dass Nessa und ich verlobt waren; wie ich aus England gekommen war, um sie zu finden; die Notlage, in der sie sich aufgrund von Ersteins Verfolgung befand; dass wir bei dem Zugunglück dabei gewesen seien und mit dem Leben davongekommen seien, aber die Pässe verloren hätten.

Sie kannte die von Erstein- Sprache gut genug, um tiefes Mitgefühl für Nessa zu entwickeln, und hörte sich diesen Teil der Geschichte unter Tränen an.

„Ich kann euch beiden helfen, und das werde ich auch; aber ihr müsst so vorsichtig sein wie ein Paar wilder Vögel. Zum einen packen sie die Männer in der Armee nur mit beiden Händen, und sie werden sie nehmen." Dich zu sehen, und was würde sie dann tun, das arme Ding?"

„Aber sind nicht viele Mechaniker davon ausgenommen?"

„Weißt du wirklich etwas über solche Dinge?"

„Das meiste gibt es über Motoren und Flugzeuge zu wissen ."

„Oh, das ist besser", rief sie und rieb sich die Hände. „Sie machen so etwas jetzt in einem Ort namens Ellendorf , außerhalb von Lingen , und sie suchen dringend Männer. Sie können sagen, Sie haben davon gehört und sind auf dem Weg dorthin, und es kann Ihnen helfen . Aber verstehen Sie, dass alle Fremden hier verdächtigt werden und die Polizei sehr neugierig ist; und es wird umso schlimmer, je näher man der Grenze kommt. Haben Sie darüber nachgedacht, wie Sie hinüberkommen sollen?"

„Wenn wir dort so viel Glück haben wie hier, wird es vielleicht nicht so schwierig sein. Meine grobe Idee war, mich einigen Leuten anzuschließen, die Dinge rüberschmuggeln, und nach einer Möglichkeit zu suchen, rüberzukommen."

„Daran habe ich auch gedacht, und ich kann Ihnen helfen", sagte sie und erläuterte dann ihren Plan.

Sie erklärte, dass fast jeder in Grenznähe am Schmuggel beteiligt sei und dass die Behörden, sowohl die Polizei als auch das Militär, dem nicht nur zugestimmt, sondern es insgeheim gefördert hätten. In letzter Zeit kam es jedoch aufgrund der drastischeren Rekrutierung von Männern für die Armee zu erheblichen Abweichungen von dem, was wir wollten, und in der Folge wurden strengere Maßnahmen ergriffen.

„Das macht es schwieriger", fuhr sie fort; „Aber der Bruder meines verstorbenen Mannes, Adolf Fischer, wohnt dort. Ich gebe dir eine Nachricht an ihn und er wird dir helfen."

„Ist er einer von ihnen?" Ich fragte.

Sie lächelte und nickte. „Er wird damit reich und hat mehrere Leute, die mit ihm zusammenarbeiten. Ich muss für dich lügen, aber es macht mir nichts aus. Ich werde ihm sagen, dass ich alles über dich weiß und dass du dich ihm anschließen willst; aber nicht „Sag kein Wort darüber, dass du rüberspringen sollst, sonst schickt er die Polizei gegen dich. Er ist sehr hart mit ihnen, aber das braucht dich nicht zu erschrecken. Sie werden keinen seiner Männer anrühren."

„Wir sind Ihnen zu großem Dank verpflichtet."

„Ich wünschte nur, ich könnte mehr tun. Natürlich werde ich ein paar Klamotten für dich finden", sagte sie zu Nessa. „Das werden nur grobe Arbeiten sein, aber dann würde auch nichts anderes genügen; und wenn Sie sich beide von mir leiten lassen, werden Sie nicht daran denken, den Fußmarsch nach Lingen zu wagen. Am besten halten Sie hier an." und ruhen Sie sich bis morgen früh aus, machen Sie sich früh auf den Weg und gehen Sie zu Fuß nach Massen ; es sind nur vier oder fünf Meilen; und nehmen Sie dort den Zug; und es wäre umso besser, wenn Sie einen Overall tragen würden. Ich kann bekommen Sie einige.

„Ich habe schon welche", warf ich ein.

„Umso besser, aber was auch immer Sie tun, tragen Sie diesen Griff nicht bei sich. Schreiben Sie lieber auf den Rücken, wer Sie sind. Es ist viel besser, ein Werkzeug oder so in der Hand zu tragen, als ob Sie sich auf den Weg zu einer Arbeit machen würden Beeilen Sie sich; vielleicht hat sie einen kleinen Warenkorb. Sie wird Ihre Frau sein, bis Sie Lingen erreichen ; und vergessen Sie nicht, dass die meisten Deutschen ihre Frauen ziemlich schroff behandeln. Es gibt viele Spione mit einem scharfen Blick für Kleinigkeiten dieser Art „Vielleicht sehen sie sogar, dass du nicht so isst wie sie. Daran hätte ich dich erkennen sollen“, erklärte sie.

Wir lachten beide, als wir uns noch einmal bei ihr bedankten; und bald darauf nahm sie Nessa mit, um für den Kleiderwechsel zu sorgen.

In Wahrheit waren wir auf die Füße gefallen. Ihre Hilfe war buchstäblich von unschätzbarem Wert. Jeder ihrer Vorschläge war praktisch und öffnete mir die Augen für die vielen kleinen schwierigen Details und Fallstricke, die uns bei der Planung unserer Flucht nie in den Sinn gekommen waren.

Ein oder zwei Stunden später kam sie zurück und sagte, sie habe Nessa verlassen, um einige notwendige Änderungen am Kleid vorzunehmen, und wolle allein mit mir sprechen. „Genau wie ich habe ich meinen Fuß in sie hineingesteckt. Ich habe ihr gesagt, was nur die Wahrheit ist, dass ihr niemals gemeinsam über die Grenze kommen werdet, und sie schwört, dass nichts sie dazu bringen wird, alleine zu gehen. Du musst überrede sie oder--“ und sie schüttelte zweifelnd den Kopf.

„Das wird schon gehen.“

„Vielleicht. Sie ist einfach der mutigste Schatz der Welt, aber mein Gott, was für ein Wille!“ und sie warf die Hände hoch und lächelte. „Die Grenzmänner zwinkern immer einer Frau beim Überqueren zu, aber wenn sie einen Mann dabei erwischen, wie er es versucht , erschießen sie ihn und sind damit fertig. Was machen Sie nun, wenn sie nicht nachgibt?“

Ich zuckte mit den Schultern.

„Nun, ich sage es dir. Geh in die Fabrik in Ellendorf und such dir einen Job. Dort seid ihr beide in Sicherheit; sie werden euch ein Häuschen besorgen, und ihr müsst warten, bis sich eine Chance ergibt, wegzukommen zusammen. Sage meinem Schwager, dass du dorthin gehst und dass du von dort aus seine Arbeit machen kannst. Aber wenn sie auffällt, probiere nichts von Lingen aus , er wird sicher davon erfahren, und dann kannst du vielleicht nachsehen aus. Vergiss das nicht und denke, dass er weich ist, weil er dich fair spricht. Das ist er nicht. Er wagt es auch nicht, es zu sein.“

Anschließend erzählte sie mir zahlreiche Einzelheiten über den Schmuggel, und ich nutzte die Gelegenheit, um mich nach dem Bauern zu erkundigen, dessen Auto ich repariert hatte.

„Du meinst den alten Farmer Glocken . Er ist genauso tiefgründig und so gefährlich, wie St. Patrick die Schlangen gefunden hat. „Ich würde seine eigene Frau, armer Kerl, für ein paar Mark verkaufen. Geh nicht in seine Nähe."

„Er betreibt ein wenig Schmuggel?"

„Ein bisschen! Er steckt bis zum Hals in der Sache. Er könnte euch beide leicht rüberbringen, wenn ihr ihn bezahlt, vorausgesetzt, er nimmt nicht zuerst euer Geld und verkauft euch dann. Und das ist so wahrscheinlich wie nicht."

jemand an die Tür, sie ging hinaus und kam mit einem Diener zurück, der ihr lautstark hinterhertrottete und begann, das Tischtuch für das Abendessen bereitzulegen.

„Sei vorsichtig, Gretchen", sagte sie scharf, als das Mädchen beinahe einige Gläser fallen ließ. Sie war ein stämmiges, ziemlich schlampiges Mädchen mit besonders schmutzigen Fingernägeln und einem Schal über dem Kopf, der den größten Teil ihres Gesichts verdeckte. Sie war auch sehr ungeschickt und legte alles unbeholfen und lachend ab.

„Was hältst du von Gretchen?"

Ich fing an und beide lachten. Es war natürlich Nessa, und sie nahm den Schal ab, klatschte in die Hände und drehte sich ganz um, damit ich ihre Aufmachung betrachten konnte.

„Besser als der Junge, was?" lachte Frau Fischer.

„Es ist wunderbar. Ich hätte mit diesem Schal über dem Kopf auf der Straße an ihr vorbeigehen sollen."

„So tragen es die Arbeitsmädchen ."

„Schau dir meine Stiefel an, Jack", rief Nessa und hielt einen Fuß hoch. „Sind sie nicht einfach wunderschön?" Das waren große, tollpatschige und dicksohlige Dinger.

„Ihre eigenen waren nur Gefahrensignale. Aber sie wird tun, was sie ist. Nun, ich habe meinen Dienern gesagt, dass Sie alte Freunde von mir sind und dass Sie bis morgen früh hier sein werden. Das sollten Sie lieber nicht tun Geh raus. Ein Tag Ruhe und eine lange Nacht werden keinem von euch schaden;" und damit eilte sie davon.

„Ist sie nicht eine liebe alte Seele? Sie hat mich dort oben bemuttert, als ob sie nicht genug für mich tun könnte, und jeden Winkel und jede Ritze durchsucht, um diese Dinger herauszufischen."

„Sie ist auch eine sehr kluge alte Partei."

„Und bist du stolz auf deine Frau oder Schwester, was auch immer ich sein werde?"

"Was würdest du bevorzugen?"

„Seien Sie nicht albern. Finden Sie das nicht wahnsinnig? Und sie hat mir beigebracht, wie ich mich benehmen soll. Ich finde sie wundervoll."

„Was für eine Bohrung war das?"

„Es gibt kein Ende. Wie man isst; was man tut; wie man geht; meine Strickwaren immer in der Hand zu haben; nicht mit Fremden zu reden, besonders mit Frauen; ein oder zwei Sätze, die ich verwenden sollte; wie man meinen Einkaufskorb trägt." ; eine regelmäßige Probe von allem, und heute Abend soll es noch eine geben. Schauen Sie sich meine Hände an;" und sie hielt sie hin.

„Ich habe deine Nägel gesehen, als du das Tablett auf den Tisch gestellt hast."

„Ja, aber sehen Sie, wie sie es geschafft hat, sie grob zu machen. Wir haben sie überall mit Badesteinen geschrubbt und dann den Dreck eingerieben. Sie schmerzen, als wären sie rissig. Und schauen Sie sich meine Haare an, die direkt an meinen klebten." " und sie lachte, als sie sich im Spiegel betrachtete.

"Das alles?"

„Nicht das Geringste davon. Es gab einen regelmäßigen Vortrag über das richtige Verhalten der Ehefrauen berufstätiger Männer; eine Art Apportier- und Tragehunde mit immer eingezogenem Schwanz und nie Wedeln, außer wenn der Herr sich dazu herablässt, ihnen zu nicken oder so." ."

„Wirst du alles machen?"

Sie fuhr sich durchs Haar und zuckte zusammen, während sie mich im Glas scharf ansah. „Schwestern tun das auf keinen Fall. Aber ich kenne deinen Tonfall. Du meinst etwas. Was ist das?"

„Frau Fischer hat mir erzählt, dass sie Ihnen einige Hinweise gegeben hat."

Sie hielt inne, drehte sich dann um und sah mich an, wobei sie die Hände hinter dem Rücken verschränkte und den Kopf weit nach hinten warf – eine Pose, die ich gut kannte. „Ich glaube, ich weiß, was du meinst, und ich werde es nicht tun, Jack."

"Was ist zu tun?"

„Unschuldig! Aber es nützt nichts, Jack, das werde ich nicht tun.“

"Sehr gut."

„Das meinst du überhaupt nicht so. Ich weiß. Du meinst genau das Gegenteil. Es geht darum, dass ich allein über die Grenze komme. Ist das nicht so?“

„Sie hat etwas zu mir darüber gesagt.“

„Natürlich. Sie hat alles versucht, was sie konnte, um mich zu überzeugen, und jetzt hat sie es natürlich auf dich abgesehen. Ich bin bereit, dir zuzuhören; aber ich warne dich, es wird keinen großen Unterschied machen.“

"Sehr gut."

„Oh, in diesem Ton sind Sie nicht ‚sehr gut‘ für mich. Sie erwarten doch nicht, dass ich Sie im Stich lasse, wenn Sie das alles nur meinetwegen getan haben und in diesen Schlamassel geraten sind, oder?“ sie weinte heftig.

„Wir machen uns jetzt keine Sorgen darüber, aber es gibt nur einen Punkt, den Sie vielleicht im Hinterkopf behalten sollten. Es könnte sich als notwendig für meine Sicherheit erweisen. Was dann?“

Da verfinsterte sich ihr Gesicht. "Wie kann das sein?" Sie fragte.

„Das können wir später besser beantworten“, sagte ich achselzuckend. „Aber wenn es so sein sollte?“

„Hat Frau Fischer Ihnen etwas dazu gesagt?“

Ich nickte. „ Er sagte, dass es für Sie vielleicht leicht wäre, darüber hinwegzukommen, aber für uns beide wäre es sehr riskant, es gemeinsam zu versuchen. Ich schlug vor, dass ich mir besser einen Liegeplatz in Ellendorf besorgen sollte, wenn Sie durchhalten ; aber es stellt sich noch die Frage meines Urlaubs. Der ist fast abgelaufen , und entweder Sie oder ich müssen in den nächsten ein oder zwei Tagen in der Lage sein, Erklärungen aus Holland zu überweisen.

„Daran habe ich nie gedacht. Was würde passieren?“

„Möglicherweise nichts; aber es hilft einem Mann nicht, den Abwesenden zu spielen. In der Armee gibt es dafür einen bösen Ausdruck.“

„Du meinst immer so viel, wenn du in deinem lockeren Ton sprichst“, rief sie aus. „Natürlich wäre es etwas anderes , wenn mein Anhalten für Sie irgendeinen Ärger bedeuten würde. Nichts anderes würde mich zum Gehen bewegen schäme dich, es zu tun.

„Nun, denken Sie darüber nach, und wir werden sehen, wie die Katze springt. Ich verspreche Ihnen, ich werde Sie nicht darum bitten, wenn es nicht nötig ist."

Sie hielt inne, kam dann und legte eine Hand auf meine Schulter. „Du wirst mich nicht bitten zu gehen, es sei denn, es ist für dich notwendig, oder, Jack? Es wäre schrecklich für mich, das Gefühl zu haben, dass du hier in Gefahr gelassen wurdest. Ich weiß, dass du nur an mich und nicht an dich selbst denkst , und – oh, Jack, ich glaube nicht, dass ich es ertragen könnte."

„Wir werden uns darüber keine Sorgen mehr machen, bis die Zeit gekommen ist. Ich finde es großartig von dir, dass du durchhalten willst, aber es ist besser, es dir zu sagen;" und wir ließen die Sache fallen.

Aber Nessa machte sich den Rest des Tages große Sorgen darüber. Sie sprach sehr wenig und schien das Interesse an den Dingen verloren zu haben; und kurz bevor sie zu Bett ging, kam ihr der Vorschlag, dass wir wenigstens einen Versuch unternehmen sollten, gemeinsam die Grenze zu überqueren. Ich gab sehr widerstrebend nach, da dies das Scheitern eines großen Teils unserer Pläne bedeutete. Aber sie war so niedergeschlagen, so beunruhigt und flehte mit so wehmütigem Ernst, dass ich es nicht übers Herz brachte, abzulehnen.

Frau Fischer erklärte, es sei völliger Wahnsinn; dass wir, wenn wir es versuchten, nicht in die Nähe ihres Schwagers kommen dürften; und dass wir besser direkt nach Ellendorf gehen sollten .

Nessa war am nächsten Morgen deutlich besser gelaunt, als wir uns von unserem neuen Freund verabschiedeten.

„Wie sollen wir dir das alles vergelten?" Ich fragte.

„Du meinst doch nicht Geld, oder?" fragte sie fast empört, obwohl sie über den Abschied von uns so berührt war, dass Tränen in ihren freundlichen mütterlichen Augen standen.

„Kein Geld könnte all Ihre Freundlichkeit und Hilfe zurückzahlen."

„Dann bieten Sie es mir nicht an. Klar, es reicht, dass wir alle vom gleichen Blut sind, und ich möchte nur wissen, dass Sie gesund und munter nach Hause kommen. Das würde ich gerne wissen." sagte sie wehmütig. „ Natürlich ist mein Herz immer noch da drüben. So, verschwinde mit dir, sonst mache ich mich lächerlich."

„Ich schreibe Ihnen, Frau Fischer", sagte Nessa und küsste sie.

„Nicht auf dein Leben, Kind. Es ist im Gefängnis , ich wäre in kürzester Zeit, diese Teufel , die sie alle sind!" rief sie und verfiel wieder ins Englische.

„Wir werden es schaffen, es dir mitzuteilen“, versprach ich und schüttelte ihr herzlich die Hand; und wir drehten uns gerade um, um den Raum zu verlassen, als Nessa einen äußerst glücklichen Gedanken hatte.

„Wir schicken dir einen Zweig Kleeblatt, Liebes.“

Der Gedanke daran zerstörte die liebe Seele völlig. „Oh, der gesegnete Liebling!“ schrie sie, ergriff Nessa und küsste sie erneut. „Was würden meine alten Augen dafür geben, es zu sehen!“ und sie brach in leidenschaftliches Schluchzen aus. „Geht jetzt, ihr beide, oder ich werde –“ Schluchzen erstickte ihre Stimme und sie lehnte ihren Kopf auf den Tisch und bedeutete uns zu gehen.

Nessa berührte meinen Arm und wir stahlen uns hinaus, beide tief bewegt von der Emotion, die Nessas Angebot im Herzen des einsamen irischen Exilanten ausgelöst hatte.

KAPITEL XXVI

Der Farbton und das Weinen!

Auf dem Weg nach Massen erfanden wir unsere Geschichte. Ich sollte Hans Bulich und Nessa meine Schwester sein; wir waren allein auf der Welt, bis auf eine Tante in Holland; Nessa hatte kürzlich ihren Geliebten an der russischen Front verloren, und ihre angebliche Trauer darüber sollte der Grund für ihr düsteres Schweigen sein; Ich würde wahrscheinlich einberufen werden, und da sie dadurch weder Freunde noch Geld hätte, wollte sie unbedingt zu ihrer Tante in Holland.

Dank unseres warmherzigen irischen Freundes waren es leicht zu spielende Rollen; Wir sahen die Charaktere ziemlich gut genug aus, um die Prüfung zu bestehen. Das Fehlen jeglichen Gepäcks, meiner Overalls und Werkzeuge und einer großen deutschen Porzellanpfeife sowie Nessas Einkaufskorb und Strickwaren waren kluge kleine Anspielungen auf Realismus, die uns ohne Probleme durch die anfänglichen Schwierigkeiten brachten.

Es waren mehrere Leute mit uns im Wagen, von denen einer, ein alter Mann, der neben mir saß, bis nach Lingen fuhr . Die Männer unterhielten sich bald und das einzige Thema war die Lebensmittelversorgung, die offensichtlich zu einer ernsten Angelegenheit wurde. Ich habe nicht viel aufgepasst, bis eine Frage zum Grenzschmuggel gestellt wurde. Die Angelegenheit interessierte sie alle sehr, und ich warf hin und wieder eine Bemerkung ein, um den Rest hervorzuheben.

Der alte Mann neben mir schien viel darüber zu wissen, und als wir drei allein in der Kutsche zurückblieben, ließ er eine Bemerkung fallen, die zeigte, dass er mein Interesse an dem Thema bemerkt hatte, und fragte dann, ob ich dort gewesen sei noch vorne.

„Sie denken, dass ich in meinem Beruf nützlicher bin", antwortete ich und spielte mit dem Schraubenschlüssel in meiner Hand.

„Vielleicht Ingenieursmechaniker?"

Ich nickte. „Motoren und Flugzeuge und so weiter."

„Du gehst nach Lingen , nicht wahr?"

„Ja. Wie weit? Ellendorf von dort?"

„Eine Angelegenheit von ein oder zwei Meilen. Ich habe gehört, dass sie dort diese neuen Flugzeuge bauen . Haben Sie dort einen Job?"

„Ich werde es erst erfahren, wenn ich in Lingen bin ; ich muss mich sowieso zuerst um eine andere Kleinigkeit kümmern."

„Heutzutage haben viele Leute dort Kleinigkeiten zu erledigen", antwortete er trocken und blickte aus dem Augenwinkel vielsagend. „Ich lebe dort, und Sie können mir glauben, dass, wenn Sie gut in Ihrem Job sind, jede Menge Arbeit auf Sie wartet."

„Regierungsarbeit?"

„Wenn sie nicht alle blind wären, ja;" und er begann mit einer Beschreibung der extremen Schwierigkeiten, Reparaturen durchzuführen. „Ohne eine ihrer höllischen Genehmigungen kann man nicht einmal eine Schraube eindrehen . Ich war deswegen in Osnabrück und habe jetzt versucht, einen Mann zu finden. Ich hätte genauso gut nach dem Mond fragen können!" sagte er angewidert und murrte den Rest der Reise hin und wieder darüber.

Als wir in Lingen ankamen , sagte er, er würde gerne mit mir plaudern und schlug vor, in seinen Laden zu gehen. „Es wird dir auch nicht schaden, wenn du mit mir gesehen wirst; ich bin bekannt; und angesichts der entflohenen Gefangenen und unserer Schleicher, die versuchen, über die Grenze zu fliehen, ist die Polizei ziemlich neugierig auf Fremde in deinem Alter und vor allem deiner Statur." "

Er war bekannt, wie er gesagt hatte. Mehrere Leute nickten ihm auf dem Bahnsteig zu, und ein Mann folgte ihm. „Guten Tag, Pater Fischer, kann ich mit Ihnen sprechen?" und sie blieben stehen, um miteinander zu reden.

„Hörst du das, Nessa?" Ich fragte aufgeregt. „Bei Gott, wir haben Glück, wenn es unser Mann ist!" und als er wieder zu uns kam , fragte ich ihn, ob er Adolf Fischer sei.

„Das bin ich. Jeder in Lingen kennt Adolf Fischer."

„Hast du einen Bruder draußen in Massen ?"

„Das hatte ich, aber er hat sich vor ungefähr fünf Jahren zu Tode getrunken, armer Idiot. Warum fragst du?"

„Ich habe einen Brief für dich;" und ich habe es ihm gegeben.

Er las es und steckte es mit einem erfreuten Lachen ein. „Besser geht es nicht. Freunde von Martha sind Freunde von mir. Komm mit."

Wir hatten den Bahnhof noch nicht verlassen, als uns unser Glück bewies. Wir standen vor ihm, als wir hinausgingen, und der Polizeisergeant an der Tür hielt uns an und begann, mich zu befragen, als er einschritt.

„Schon gut, Braun. Sie sind Freunde von mir. Auch ein Glücksfall“, sagte er mit einem Augenzwinkern, was darauf hindeutete, dass zwischen ihnen ein für beide Seiten zufriedenstellendes Verständnis herrschte.

Wir durften sofort passieren, und er unterhielt sich noch ein paar Minuten mit dem Sergeant. „Ein Glück, dass du mir damals diesen Brief gegeben hast“, sagte er, als er uns einholte. „Man hat ihnen befohlen, besonders nach einem Paar wie dir Ausschau zu halten. Aber sie werden dich nicht beunruhigen, solange du bei mir bist.“

Angesichts dessen, was sich unmittelbar vor dem Zugunglück vor Osnabrück zugetragen hatte, waren dies bedrohliche Nachrichten, und ich war noch gespannter denn je darauf, Nessa sicher über die Grenze zu bringen.

„Du wirst natürlich mit mir abwarten“, sagte er, als wir sein Haus erreichten, ein florierendes Lebensmittelgeschäft in der Hauptstraße der kleinen Stadt. „Ich habe abends niemanden im Haus. Wir essen etwas und besprechen dann alles.“

Während des Essens war er still und nachdenklich, und die Richtung seiner Gedanken zeigte sich in einer Frage, die er stellte.

„Gegen dich ist nichts Schwarzes, oder?“

„Nichts, was mir Angst machen könnte, einem Mann im Imperium gegenüberzutreten“, antwortete ich positiv. Es war die Wahrheit, wenn auch nicht ganz so, wie ich wollte, dass er es verstand.

„Ich habe nur gefragt, weil ich sehr vorsichtig sein muss“, sagte er; und es verging nichts mehr, bis wir rauchten, während Nessa wieder mit dem Stricken fortfuhr, das sie unaufhörlich im Zug fortgeführt hatte.

„Jetzt möchten Sie mir Ihre Geschichte erzählen“, eröffnete er.

Ich erzählte ihm die Geschichte, die wir vorbereitet hatten, und er stellte ein oder zwei Fragen, die leicht zu beantworten waren.

„Es tut mir leid für dich, mein Mädchen“, sagte er zu ihr. „Es tut mir sehr leid, Sie sind nur einer von zu vielen Tausenden, und Sie werden gut davonkommen. Sie legen keinen besonderen Wert auf Frauen und Mädchen, wissen Sie“, fügte er zu mir hinzu. „Aber bei Männern ist es anders. Ihr Befehl lautet, zuerst zu schießen und danach Fragen zu stellen. Drei wurden letzte Woche beim Versuch, über die Grenze zu springen, gefunden und erschossen. Zwei in der Woche zuvor; und einer von ihnen war unser einziger Ingenieur. Wenn das so ist Was dich hierher geführt hat, kann ich dir nicht helfen. Wir hatten bei der letzten Affäre so viel Ärger, wie wir wollten.“

„Ich bin kein Schleicher, das versichere ich Ihnen. Wenn sie sie rufen , bin ich jederzeit bereit."

„Gibst du mir dann dein Wort, hier anzuhalten?"

„Es sei denn, ich muss woanders hingehen. Ich bin ziemlich geschickt in meinem Job, wissen Sie."

Er schien zufrieden zu sein und erzählte mir dann seine Pläne.

Nessa sollte noch in dieser Nacht gehen. Er hatte einen Neffen im Landwehrregiment, der derzeit einen Teil der Grenze bewachte, was für den Plan besonders vielversprechend war, und wir sollten mit seinem Wagen dorthin rennen. Ich sollte bei ihm in Lingen bleiben , teils um bei den Schmuggeloperationen zu helfen, aber vor allem, um die Motoren von ihm und seinen Mitarbeitern in Ordnung zu halten. In dem Ding befanden sich mehrere Lingener , was von den Behörden mit einem Augenzwinkern beachtet wurde und die keine Fragen über mich stellen würden, wenn bekannt wäre, dass ich im Schwimmen wäre.

Er gab mir eine Menge Einzelheiten und nahm mich später mit, um mir den Ort anzusehen, an dem ich arbeiten sollte; Es war auch ein sehr gut ausgestatteter Ort, aber mit nur einem Burschen und einem alten Mann als Personal. Er erklärte, dass sie durch Pannen oft beträchtliche Verluste erlitten hätten; Dann verließ er mich, um zu Nessa zurückzukehren, und sagte, er müsse gehen und das Unterfangen für die Nacht arrangieren.

Ich fand Nessa sehr niedergeschlagen, in Gedanken versunken, mit ihrem Strickzeug auf dem Schoß.

„Sieht ganz gut aus, oder?" Ich sagte, ich solle sie aufmuntern.

Es war kein Erfolg. Sie antwortete eine Weile nicht. "Vertraust du ihm?" fragte sie und blickte lange auf.

„Warum nicht? Er war ganz offenherzig; und ohne ihn wären wir völlig durcheinander gewesen. Es kann nicht schlimmer sein, selbst wenn er uns verrät. Aber er wird es nicht tun. Da bin ich mir sicher."

„Aber über dich?"

"Bedeutung?" Ich wusste jedoch, was kommen würde.

„Sie haben gehört, was er über die Erschießung dieser Männer gesagt hat. Es hat mir das Herz höher schlagen lassen."

„Es ist nicht mehr, als wir bei Massen gehört haben ."

„Wir haben vereinbart, es gemeinsam zu versuchen, denken Sie daran."

„Das habe ich nicht vergessen. Wir werden sehen, was heute Abend passiert.“

„Du willst nicht, dass ich alleine gehe? Du hast es versprochen, Jack.“

„Sicherlich besser als einer von uns beiden. Das erinnert mich daran. Du musst etwas Geld haben, falls ich versage.“ und ich bot ihr einige Notizen an.

Sie schüttelte den Kopf und schob sie weg. „Ich habe mehr als genug für meinen Zweck.“

Ich wusste, was sie meinte. Sie hatte sich vorgenommen, nicht alleine zu gehen, und das machte mir große Sorgen. Es war wunderbar standhaft, liebenswert und mutig, aber nichtsdestotrotz weltfremd und ein schwerer Fehler. „Haben Sie gehört, was dieser Polizeisergeant dem alten Fischer erzählt hat?“

„Natürlich“, sie nickte beiläufig, als würde es nicht den geringsten Unterschied machen.

„Du wirst es selbst regeln, Nessa.“ Der Versuch, sie davon abzubringen, brachte nichts, also wartete ich damit, bis der Moment zum Handeln kam. Nach meinem Versprechen war es für mich unmöglich, daran zu denken, mit ihr zu gehen.

Fischer kam kichernd zurück. „Wir haben Glück“, erklärte er. „Ich habe gerade meinen Neffen Fritz in der Stadt kennengelernt. Er wird alles gut machen Pike Wood. Wir sollen gegen neun dort sein. Ich habe ihm alles erklärt und natürlich habe ich mein Wort gegeben, dass nur deine Schwester vorbeikommt. Stimmt das, oder?“

„ Ganz schön “, versicherte ich ihm.

Nessas Nadeln hörten für einen Moment auf zu klicken und ich hörte, wie sie wieder zu Atem kam. Es verhieß nichts Gutes für das nächtliche Unternehmen; aber wenn ich den Versuch, sie zu überreden, noch einmal wiederholen wollte, hätte ich es nicht tun können, da wir erst wieder ganz allein gelassen wurden, als die Zeit gekommen war, aufzubrechen.

Ich fuhr das Auto mit Fischer an meiner Seite, und auf seine Anweisung hin lag Nessa auf dem Boden des Laderaums, der ähnlich aufgebaut war wie der des Bauern, den ich in Osnabrück repariert hatte. Sie wurde unter einem Teppich und einer Plane versteckt, und er sagte ihr, sie solle sogar ihren Kopf bedecken, wenn uns unterwegs jemand anspreche.

Wir hatten noch einige Dutzend Meilen vor uns, und den größten Teil der Strecke unternahm niemand den Versuch, uns zu behindern. Der alte Kerl schien sehr erfreut darüber zu sein, wie ich mit der klapprigen Maschine umging; und umso mehr, als ich den Grund für einige der seltsamen Geräusche und Sprünge erklärte, die der Motor erzeugte. „Du bist der richtige Mann für uns!" rief er mehr als einmal.

Als wir den Rand eines Dorfes nahe der Grenze erreichten, beugte er sich vor und forderte Nessa auf, sich vollständig zu verstecken. „Wir werden hier befragt, aber das wird keine Rolle spielen. Gehen Sie ein bisschen langsam", fügte er zu mir hinzu; „Und halte sofort an, wenn sie es uns befehlen."

Das Dorf war voller Soldaten, und mir wurde langsam klar, wie schwierig es für uns war, ohne seine Hilfe zu fliehen. Wir wurden zweimal im Dorf angehalten, durften aber weitergehen, sobald er erkannt wurde und die Autorität, die er besaß, vorweisen konnte.

Nachdem wir das Dorf hinter uns gelassen hatten, waren viele Menschen da, sowohl Männer als auch Frauen, alle mit dem Gesicht zur Grenze gerichtet . „Was machen diese alle?" Ich fragte.

„Krümeljäger nennen wir sie ." Auch beschreibend genug; und er erzählte mir, dass sie bei jedem Wetter unterwegs seien, um irgendwelche Kleinigkeiten von niederländischer Seite einzusammeln, und dass ihnen zu diesem Zweck Ausweise gegeben worden seien.

„Und was ist mit den niederländischen Wachen?"

„Werde dick drauf", antwortete Fischer, rieb sich die Handfläche und legte dann einen Finger an die Seite seiner Nase. „Lassen Sie uns auch ausbluten. Ihre Leute versuchen es zu stoppen; wechseln die Männer oft genug; aber es bedeutet nur, dass Peter statt Paul eine fettige Handfläche bekommt. Wir biegen auf die nächste Spur rechts ab: Sie verläuft quer." Die Grenze; der Pike Wood ist gleich da; aber man muss kurz davor anhalten, um das Auto wenden zu können.

Wir liefen etwa eine halbe Meile den Weg entlang bis zu der Stelle, an der ich abbog, und stiegen alle aus. Er ging uns über ein oder zwei Felder voran, und da wir ziemlich früh dran waren – neun Uhr – postierte er uns an einer Stelle im Dickicht, von der aus wir die Wachen am Tor sehen konnten, das die Grenze markierte Deutsche Seite, und verließ uns dann.

Mittlerweile wurde ich schon ein wenig aufgeregt, aber Nessa wirkte völlig ungerührt, außer dass sie ein- oder zweimal zitterte, weil die Nachtluft einen Hauch von Kälte hatte. Ob sie an ihrer Absicht festhielt, nicht ohne mich zu gehen, konnte ich nicht sagen. Sie hatte gehört, wie ich dem alten Fischer sagte, dass ich nicht gehen würde; Aber sie bewahrte während seiner Abwesenheit ein sphinxartiges Schweigen.

Er ging auf die Wachen zu und ich konnte ihre Gestalten gerade noch erkennen, als er dastand und mit ihnen redete; und bald verschwand er durch das Tor in der Dunkelheit. Ein oder zwei Minuten später wurden einige Schüsse von der anderen Seite der Barriere abgefeuert; Bald darauf raste von dieser Seite ein beladener Wagen herbei, die drei Pferde galoppierten in vollem Gange, und ein Mann, den ich für Fischer hielt, sprang davon.

Es folgte eine Organisationsausstellung. Eine Reihe von Männern tauchten aus dem Nichts auf; der Wagen wurde fast augenblicklich entladen; und sie huschten mit Kisten, Fässern und Paketen aller Art und Größe in die Nacht davon. Es geschah wie ein Blitz; und der Wagen galoppierte über die Grenze zurück. Es war gerade verschwunden, als ein Beamter heranritt, vermutlich um den Grund für den Schuss herauszufinden. In diesem Moment kam Fischer außer Atem, aber äußerst erfreut zu uns zurück.

„Das ist fast so“, keuchte er. „Wenn dieser Offizier eine Minute früher da gewesen wäre , hätte er alles in Beschlag genommen. Er ist ein Schweinehund . Du musst lügen, bis er weg ist, aber es ist in Ordnung. Fritz wird dir den Tipp geben. Du sollst weitermachen, sobald du bist.“ Hören Sie ihn „Die Wache am Rhein“ pfeifen. Verlieren Sie keine Sekunde. Geben Sie ihm einen Zwanzigmarkschein, er ist für seine beiden Freunde. Und jetzt kann ich nicht bei Ihnen bleiben, ich muss mich um alles kümmern. Ich werde am Auto auf Sie warten.

„Was war das für ein Schuss?“ Ich fragte, als er sich abwandte.

„Um die niederländischen Offiziere zu täuschen“, sagte er im Gehen über die Schulter.

Nessas Absicht war immer noch ein Rätsel. Sie stand an einen Baum gelehnt, regungslos wie eine Statue und bis zu diesem Zeitpunkt ebenso still. Aber es war die Zeit gekommen, in der ich wissen musste, was sie vorhatte.

„Gehst du, Nessa?“ Ich flüsterte.

Keine Antwort; nicht einmal ein Schulterzucken.

„Nessa, Liebes, gehst du?“

"Bist du?"

„Nein. Ich habe mein Wort gegeben. Außerdem habe ich halb die Vorstellung, dass dies eine Art Test ist. Fischer hat den Männern gesagt, dass ich das nicht bin, und selbst wenn sie uns nicht beide erschießen würden, wäre ich mit ihm ruiniert.“ . Und Sie können selbst sehen, dass es nicht eine von hundert Chancen gibt, durchzukommen.“

Sie hörte zu, gab aber keine Antwort.

„Das Signal erhalten wir gleich. Der Offizier reitet davon.“

Ein langer, zitternder Seufzer von ihr. „Möchtest du, dass ich gehe, Jack?“

„Ja, auf jeden Fall. Es ist die glücklichste Chance der Welt.“

"Ist es?"

„Du kannst es selbst sehen, Liebste.“ Ich versuchte, meinen Arm um sie zu legen, aber sie zog sich zurück.

„Nicht, Jack! Nach dem, was du gerade gesagt hast.“

Es entstand eine Pause, in der wir die gutturalen Töne der Wachen hören und hören konnten, wie sie mit den Füßen stampften. Kostbare Sekunden vergingen und ich geriet in ein regelrechtes Fieber der Ungeduld und Angst.

„Ich denke nur an dich, Nessa. Das weißt du. Entscheide dich, dorthin zu gehen. Du musst sicher sehen, dass es der richtige Weg für dich ist. Da ist der Weg nach England und zu deiner Mutter und –“

„Und du sollst hier in all dieser Gefahr allein anhalten.“

Meine Geduld begann nachzulassen. „Ich weiß, dass du an mich denkst, aber alleine komme ich viel besser aus dieser Situation heraus. Aber wenn du es nicht tust, dann tust du es nicht, und dann ist es vorbei.“

„Du hast versprochen, es gemeinsam zu versuchen. Hast du es geschafft?“

„Um Himmels willen, Nessa, lass uns in einem Moment wie diesem nicht die Haare spalten. Hier ist die Chance der Chancen für dich, und vielleicht hast du nie wieder eine andere. Wenn du England jemals wieder sehen möchtest, oder auf jeden Fall bis danach Der Krieg ist vorbei, du wirst es ertragen.

„Das zeigt, wie gering die Chance zu sein scheint, davonzukommen“, erwiderte sie und ließ mich wünschen, ich hätte etwas anderes gesagt.

„So etwas habe ich nicht gemeint, nur dass es für mich alleine unendlich einfacher sein wird.“

Sie antwortete nicht, und in der Pause wurden in leiser, vorsichtiger Tonlage die ersten Takte der „Wache am Rhein“ gepfiffen.

„Komm, Liebste“, flüsterte ich und legte meinen Arm um sie.

„Oh, ich kann nicht gehen, Jack. Ich – ich kann nicht so ein Feigling sein!“ flüsterte sie und zitterte vor Aufregung.

„Um Himmels willen, Liebste!“

Das Pfeifen hatte aufgehört, aber sie zögerte immer noch.

Nach einer sehr kurzen Pause ertönte der Pfiff erneut, etwas lauter.

Mir fiel nur ein letzter Appell ein. „Es könnte mich mein Leben kosten, wenn du nicht gehst, Nessa.“

Ich spürte, wie sie krampfhaft schauderte, als sie nachgab, und klammerte mich einen Moment lang an mich. „Ich gehe. Oh Gott!“ sie stöhnte mitleiderregend vor sich hin.

Ich trieb sie eilig über das dazwischen liegende Feld, und als wir die andere Seite erreichten, rief uns der Mann am Tor ungeduldig zu, wir sollten uns beeilen.

Aber Nessa blieb stehen. „Das habe ich vergessen, Jack“, flüsterte sie. „Das Geld muss ich doch haben.“

Ich hatte es bereit, drückte es ihr in die Hand und half ihr über das Feldtor. In ihrer Aufregung stürzte sie und ließ die Notizen fallen. An dieser Stelle war es pechdunkel auf dem Boden und ich musste mit den Händen herumtasten, um sie zu finden.

Der Mann rief mir dringend zu, ich solle sofort kommen, und ich hatte sie gerade gefunden, als wir das Geräusch eines Pferdes hörten, das in unsere Richtung galoppierte.

„Zurück in den Wald“, knurrte der Mann fast heftig. „Wenn der Kapitän Sie erwischt, werden Sie erschossen.“

Ich hob Nessa über das Tor und wir huschten zurück in Deckung, während der Beamte heranritt. Wir warteten einige atemlose, ängstliche Minuten darauf, dass er ging, in der Hoffnung, dass das Signal wiederholt werden könnte.

Aber er ging nicht; und bald darauf wurde die Wache gewechselt.

Die Chance war vertan und es blieb nichts anderes übrig, als zum Auto zurückzukehren.

Der Misserfolg war bitter enttäuschend, aber Nessa war froh und lachte. „Hier ist das Geld, Jack“, sagte sie, als wir den Wald verließen.

Ich steckte es schweigend ein.

„Ich nehme an, du bist furchtbar wütend und enttäuscht und so, aber ich bin es nicht. Das Einzige, was ich bereue, ist, dass ich überredet wurde zu gehen.“

„Ich bin nicht böse darüber. Es ist sehr schade, aber das Einzige, was wir tun können, ist, auf eine neue Gelegenheit zu warten. Ich wage zu behaupten, dass Fischer das hinbekommt."

„Sie brauchen nicht danach zu suchen, wenn Sie wollen, dass ich alleine gehe.

„Ich erinnere mich", antwortete ich.

„Ich bin absolut entschlossen", erklärte sie; Aber in dieser Nacht sollte etwas passieren, das diese Entschlossenheit zunichte machte.

Fischer zeigte sich sehr überrascht, sie zu sehen; aber ich erklärte, dass das Geld im letzten Moment verloren gegangen sei und dass der Beamte rechtzeitig zurückgekommen sei, um Nessas Flucht zu verhindern.

Das Auto war nun mit etwas Beute aus dem Wagen beladen und Nessa musste mit uns vorne mitfahren. Wir rannten schnell zurück in die Stadt, wo ich beim Ausladen half, und brachten dann mit Nessa das Auto zu der Stelle, wo ich es am Morgen überholen sollte.

„Ich fühle mich tausendmal unbeschwerter, Jack", sagte sie und ließ ihre Hand in meinen Arm gleiten, als wir zurück zu Fischers Laden gingen.

„So sollte es sein. Ich fürchte, ich war ziemlich pessimistisch, aber es war eine große Chance."

„Du wirst mich nicht noch einmal bitten – – Du lieber Himmel, schau mal, Jack, schau mal!" Sie brach ab, ihre Stimme zitterte vor Aufregung, als sie krampfhaft meinen Arm umklammerte und auf ein kleines Plakat vor der Polizeistation zeigte.

Sie könnte durchaus aufgeregt sein. Die Überschrift des Plakats lautete:

MORD
1.000 MARK BELOHNUNG

Der Mord war der von Anna Hilden und die Belohnung war meine Gefangennahme.

In der Mitte befanden sich zwei Porträts. Eines ist eine hervorragende Reproduktion von Nessa mit den Worten: „Nessa Caldicott, Engländerin" darunter; das andere eine schurkische Splash-Zeichnung: „Johann Lassen, Deutsch"; die „bekanntermaßen in der Nacht des 23. gemeinsam mit dem bei Osnabrück zerstörten Zug Berlin verlassen haben".

KAPITEL XXVII

FARMER GLOCKEN WIEDER

Dieses „Hue and Cry"-Poster beunruhigte Nessa zutiefst. Ihre Ängste waren jedoch ausschließlich auf mich zurückzuführen; und was sie selbst betraf, schien sie es nicht einmal zu bereuen, dass ihre Chance, die Grenze zu überschreiten, verpasst worden war.

Als wir zu Fischer eilten, versuchte ich ihr zu versichern, dass das Problem nicht so ernst sei, wie es auf den ersten Blick aussah; Aus dem Grund, dass das Foto von ihr so gut war, dass niemand sie in ihrem jetzigen Make-up erkennen würde, während meines abscheulich genug war, um einer echten Tarnung gleichzukommen. Aber das linderte ihre Aufregung nicht; und nachdem wir das Haus erreicht hatten, gab es keine Gelegenheit für weitere Diskussionen.

Uns war beiden klar, dass die Folgen sehr ernst sein könnten; und nachdem sie zu Bett gegangen war, saß ich da und zerbrach mir den Kopf über das verwirrende Problem. Es war entweder das Werk von Ersteins oder von Gratzens ; und am Ende habe ich es auf von Erstein zurückgeführt , dessen Einfluss völlig ausreichte, um es ihm zu ermöglichen, die Polizei auf diese Weise aufzurütteln.

Für mich bestand nur das Risiko einer Verhaftung und eines Prozesses wegen Mordes; Natürlich äußerst unangenehm, aber nicht gefährlich, da von Gratzen wusste, wer die Frau getötet hatte, und über die Beweise verfügte. Bei Nessa war es jedoch ganz anders, obwohl sie im Zusammenhang mit der Mordanklage natürlich nichts zu befürchten hatte. Aber sie würde sicherlich im Land bleiben; und der Himmel allein wusste, was die Konsequenzen sein würden und welchen Preis sie möglicherweise für ihr verhängnisvolles Zögern an der Grenze in dieser Nacht zahlen musste.

Ich hatte keine Gelegenheit, mit ihr darüber zu sprechen, bis Fischer sie gegen Mittag des nächsten Tages mit etwas Mittagessen für mich in den Schuppen schickte, wo ich sein Auto wieder auf Vordermann gebracht hatte. Da das „Personal" – der schlaksige Junge und der altersschwache alte Mann – anwesend war, war es schwierig, ihr viel zu sagen, aber ich schaffte es ab und zu, sie wissen zu lassen, was ich dachte.

Zu meiner Besorgnis war sie jedoch entschlossen, im Land zu bleiben. Anstatt ihre Weigerung zu bereuen, schien sie sich darüber zu freuen. Sollte es Schwierigkeiten für mich geben, war sie entschlossen, es zu teilen und erklärte, dass sie mir helfen könne, indem sie ihre Rolle gestand.

Ich tat immer noch, was ich konnte, um diese Entschlossenheit zu erschüttern und ihr den Irrtum zu zeigen, als es eine weitere unangenehme Überraschung gab.

Fischer kam mit dem Bauern Glocken , dessen Motor ich in Osnabrück repariert hatte. Wenn es in ganz Deutschland einen Mann gab, dem ich in diesem Moment aus dem Weg gehen wollte, dann war es sicherlich Glocken .

„Hallo! Du bist es also, oder ?" er rief aus.

Fischer war offensichtlich ebenso erstaunt über die Anerkennung wie ich. „Du kennst also Bulich ?" er hat gefragt.

Glocken hielt inne, schien etwas von der Situation zu spüren und antwortete mir mit einem schlauen Blick: „Ich kenne ihn als erstklassigen Arbeiter."

„Da haben Sie recht", stimmte Fischer zu und erläuterte dann den Zweck des Besuchs. Glocken war im Schmuggelring tätig und kümmerte sich um einen sehr wichtigen und profitablen Zweig: den Schmuggel von Chemikalien für Munition. Diese wurden per Flugzeug gebracht ; Es wird als zu riskant erachtet, auf die gewöhnliche Methode zurückzugreifen. Am Vorabend war eine Lieferung eingetroffen, der Pilot, ein Niederländer namens Vandervelt , hatte bei der Landung einen Unfall gehabt, und ich sollte das Problem in Ordnung bringen.

Es gab keinen Ausweg, und die eventuellen Einwände wurden mehr als entschädigt, als Fischer mich beiseite nahm und mir sagte, er habe mit Glocken vereinbart , dass meine Schwester mitfliegen könne, wenn sie den Flugausflug wagen würde Holländer. Ich stimmte zu, ohne Nessa zu fragen; und da Fischers Auto nun fahrbereit war, fuhren wir damit los.

Glocken saß vor mir und begann prompt mit seinen Fragen. Einige von ihnen waren auch sehr unangenehme Fragen: über unser früheres Treffen; warum ich nicht erwähnt hatte, dass ich Frau Fischer im Gasthaus kannte; warum ich gesagt hatte, dass ich aus Osnabrück komme, obwohl der alte Fischer ihm eine ganz andere Geschichte erzählt hatte; und endlich genug, um zu zeigen, dass er das Mordplakat gesehen hatte und geneigt war, es mit mir in Verbindung zu bringen.

Nachdem er mich auf diese Weise, wie er dachte, zutiefst erschreckt hatte, brachte er das Thema Nessas Flucht zur Sprache und fragte, was sie wert sei, wobei er andeutete, dass Vandervelt so etwas wie ein Blutsauger sei. Ich hatte immer noch einen reichlichen Geldvorrat; etwa ein paar hundert Pfund, etwa viertausend Mark; Und da er bereit war, jeden Pfennig auszugeben, um Nessa wegzuholen, war es für ihn eine große Erleichterung, festzustellen, dass es sich um Bestechung handelte.

„Ein paar hundert Mark, genug?" Ich empfahl.

Vandervelt nicht , sonst würdest du so eine Kleinigkeit nicht anbieten", sagte er kopfschüttelnd.

„Wie viel dann? Ich bin noch kein Teilhaber von Krupp, erinnern Sie sich."

„Was ist es dir wert?"

„Fischer wollte es letzte Nacht umsonst tun. Meine Schwester tut ihm fast genauso leid wie mir."

„ Vandervelt ist nicht Fischer", antwortete er trocken. „Kommen Ihnen tausend Mark nicht billig vor?" sagte er mit einem listigen, bedeutungsvollen Blick. Das war die Höhe der Belohnung!

„Das kommt nicht in Frage, Glocken . Sie muss etwas in der Tasche haben, wenn sie landet; und Fischer wird es auf jeden Fall in etwa einem Tag regeln."

„Müsste sie nicht besser sofort gehen? Wissen Sie, Verzögerungen können manchmal gefährlich sein."

"Warum?" fragte ich und drehte mich zu ihm um.

Unsere Blicke trafen sich in einem wechselseitigen Blick, und seiner fiel zuerst. „Du kennst dein eigenes Geschäft", murmelte er achselzuckend. „Aber du gibst besser die Tausend, wenn du willst, dass sie geht."

Feilschen war offensichtlich das Beste, also stieg ich auf fünfhundert, dann auf siebenhundertfünfzig und schließlich auf tausend und protestierte, es sei eine Zumutung. Er tat so, als würde er bei dem Wort in Flammen aufgehen; aber es war nur die Einleitung zur Bitte um sofortige Zahlung des Geldes.

Natürlich floss alles in seine eigene Tasche; und nach weiteren Worten stimmte ich zu, ihm die Hälfte des Betrags zu geben, wenn wir seine Farm erreichten, falls ich feststellte, dass meine Schwester das Wagnis wagen würde, und den Rest, sobald sie sicher weg war.

Sobald wir ankamen, brachte ich Nessa die Angelegenheit zur Sprache, und sie reagierte zunächst mit einer kategorischen Ablehnung. „Ich werde nicht gehen, Jack. Ich dachte, so etwas wäre gemeint, als du mich gebeten hast, hierher zu kommen. Es ist mir egal, was mit mir passiert. Ich kann nicht gehen."

„Aber ich möchte, dass es dir wichtig ist, Nessa. Es ist--“

„Nun, das tue ich nicht – und das werde ich auch nicht tun.“

„Du hast keine Angst vor der Reise?“

„So ein Feigling bin ich nicht, danke“, erwiderte sie scharf.

„Ich werde mit dem Piloten, Vandervelt ist sein Name, vereinbaren, dass er sich bei der Landung um Sie kümmert und Sie zu einer Station bringt.“

„Das alles interessiert mich überhaupt nicht.“

„Buchen Sie besser direkt bis Rotterdam und gehen Sie zu unserem Konsulat, und ich werde dort nach Ihnen suchen.“

„Ich gehe nicht, Jack.“

„Möchten Sie lieber in ein Internierungslager gesteckt werden?“

„Fünfzig Internierungslager gefallen mir nicht. Sie können mit mir machen, was sie wollen, aber ich werde nicht feige genug sein, dich im Stich zu lassen.“

„Sie können alles im Konsulat erzählen und –“

„Ist das ein Heim für streunende Feiglinge?“ rief sie, sprang auf und stampfte mit dem Fuß auf, ihre Augen blitzten empört.

„Nein, es ist der beste Treffpunkt für uns und ein sicherer Zufluchtsort für weltfremde Mädchen.“

„Dann sind sie herzlich willkommen. Ich werde sie nicht stören. Wenn du willst, dass ich dich hasse, beharrst du auf all dem.“

„Es wäre mir lieber, wenn du mich hasst, als dass du hier aufhörst.“

„Wie kann man so etwas sagen?“

„Weil ich es ernst meine; jede Silbe davon, Nessa, auf meine Ehre .“

Das schien Eindruck zu machen. Sie zuckte zusammen und wurde leicht blass. „Man hat mich noch nie für einen Feigling gehalten“, sagte sie nach einer Pause, aber ohne so viel von dem vorherigen Schnappschuss.

„Was ich denke ist, dass, wenn das, wovon Sie reden, Feigheit ist, man mich lieber für einen Feigling hält als für alles andere.“

„Das heißt also, dass Sie damit einverstanden sind?“

„Im Gegenteil. Lassen Sie uns nicht aneinander geraten. Ich muss mich auf den Weg zu diesem Job machen Hör auf. Es ist großartig von dir, dass du es bei mir behalten willst; aber es wird für mich verhängnisvoll sein, tatsächlich verhängnisvoll für uns beide."

„Ich kümmere mich nicht um mich selbst."

„Dann kümmere dich um mich. Tu es für mich."

„Wie würde es dir schaden, wenn ich aufhöre?"

Da verlor ich die Geduld. „Es ist keine Zeit, alles noch einmal durchzugehen, Nessa. Aber wenn du darauf beharrst, hat es keinen Sinn, den nutzlosen Kampf fortzusetzen, um wegzukommen. Ich habe die Vereinbarung getroffen, und wenn du nicht gehst, dann ich." Ich werde von hier aus direkt zur Polizei gehen, ihnen sagen, dass ich Lassen bin, und sie tun lassen, was sie wollen.

„Du wärst nicht so wütend! Du sagst es nur, um mich zum Nachgeben zu zwingen", rief sie und feuerte erneut.

„Nennen Sie es, wie Sie wollen; aber ich werde es tun. Denken Sie daran, wenn die Zeit für Sie gekommen ist, sich zu entscheiden." und ohne darauf zu warten, dass sie Zeit für eine Antwort hatte, verließ ich sie. Es widerstrebte ihr, eine solche Drohung aussprechen zu müssen, da sie wusste, dass ihr Beweggrund nichts anderes als eine ritterliche Wertschätzung mir gegenüber war; Aber es gelang ihr nicht, sie zu überzeugen, und die Sache war zu ernst, um bei der Wahl der Mittel, sie zu überzeugen, allzu nett zu sein.

Mit dem Bus war nicht viel los. Vandervelt , ein sehr anständiger Kerl, war anscheinend ein guter Pilot, aber als Mechaniker nicht besonders nützlich. Ein paar Stunden oder so reichten für die Arbeit; aber da ich hoffte, dass Nessa seine Passagierin sein würde, ging ich jeden Teil sorgfältig durch und machte Tests, bis ich zufrieden war. Dies nahm eine beträchtliche Zeit in Anspruch, so dass ich erst am späten Nachmittag fertig war.

Die Vereinbarung sah vor, dass Vandervelt gegen Sonnenuntergang starten sollte, da er so Zeit hatte, seinen Landeplatz vor Einbruch der Dunkelheit zu erreichen. Er stimmte bereitwillig zu, Nessa zum nächsten Bahnhof zu bringen und sie sicher nach Rotterdam zu bringen. Wenn alles gut ging, sollte sie am nächsten Tag gegen Mittag dort ankommen.

Er sagte nichts über das Reisegeld für Nessa, und ich wich dem Thema aus. Solange Nessa entkam, war es mir egal, ob der alte Glocken seinen Begleiter betrog oder nicht. Sie könnten ihre Differenzen selbst regeln; und es wäre töricht gewesen, sie in einem solchen Moment an den Ohren zu packen.

Alles, was ich von dem Bauern sah, bestätigte eher die Einschätzung der Irin über ihn. Er hatte mich wegen der Zahlung für Nessa erpresst, und ich hatte kaum Zweifel daran, dass er, nachdem er tausend Mark für sie erbeutet hatte, einen weiteren Versuch mit mir in der gleichen Richtung starten würde.

Er beobachtete mich die meiste Zeit bei der Arbeit; schloss sich Vandervelt an und lobte mein Können; Er wiederholte unnötig oft etwas darüber, was für ein außergewöhnliches Glück es für sie sei, dass ich nach Lingen gekommen sei , und seine Hoffnung, dass ich noch lange bei ihnen bleiben würde.

Er meinte es natürlich nicht im Geringsten und ließ mich lange Zeit im Unklaren über sein Motiv für diese ganze Atemverschwendung. Schließlich wurde mir jedoch klar, dass dieser ganze Mist dazu gedacht war, mich davon abzuhalten, mich abzumühen, denn er hatte Angst um den Bus und wollte ihn in gutem Zustand haben, bevor etwas passieren würde, was er im Hinterkopf hatte.

Er hatte meine fünfhundert Mark in der Tasche, und wenn er den Vertrag brach und sich im letzten Moment weigerte, Nessa gehen zu lassen, bekam er vielleicht die tausend Mark als Belohnung statt nur den Restbetrag von fünfhundert von mir. Deshalb habe ich diesen kleinen Trick auf den Kopf gestellt.

ochsenhaftes Lob für mein Können wiederholte , lachte ich und sagte: „Du hast recht, Bauer; du musst wissen, wie man mit ihnen umgeht. Sie sind manchmal schwer genug zu reparieren, aber leicht zu beschädigen." Ein oder zwei Schläge mit dem Hammer an der richtigen Stelle, und ich könnte diesen alten Bus nur noch auf den Schrottplatz bringen ;" und ich warf ihm einen bedeutungsvollen Blick zu und hob den Hammer, als wollte ich Dinge zerschlagen.

Er verstand genau, was ich meinte, und packte mich am Arm. „Pass auf, was du tust, Mann. Weißt du, was das Ding gekostet hat?" er weinte.

„Oh ja. Viel mehr als tausend Mark. Ich habe Ihnen nur gezeigt, wie einfach es wäre, es ungefähr so viel Pfennig wert zu machen."

Er lachte unbehaglich und ging weg, wobei er etwas grunzte, was ich nicht verstand. Aber er wusste jetzt, was es ihn kosten würde, die Polizeibelohnung zu erhalten.

Eine halbe Stunde später kam die Bestätigung meines Verdachts. Der Polizeiwachtmeister aus Lingen , Braun, kam und Glocken nahm ihn mit ins Haus und brachte ihn dann über die Felder zu uns. Ich spielte gerade großartig mit dem Hammer, als sie uns erreichten.

Ob der alte Bettler ihn dorthin gebracht hatte, um mich zu verhaften, konnte ich natürlich nicht sagen, aber es gab keinen Hinweis darauf; und nach ein paar Fragen zum Bus fuhren die beiden los und ich sah Braun auf seiner Rückkehr nach Lingen starten . Ohne mich, Gott sei Dank.

Nun war es für Vandervelt an der Zeit , anzufangen, und ich musste noch Nessa sehen und ihre endgültige Entscheidung treffen. Da ich Verrat vermutete, testete ich den Motor, um Vandervelt zu zeigen , dass alles in Ordnung war, und dann manipulierte ich ohne sein Wissen die Sache, steckte einen kleinen Teil des Motors ein, damit sie sich nicht bewegte, und ging ins Haus zu Nessa.

Ihre Stimmung hatte sich inzwischen verändert; Sie fühlte sich schrecklich elend und traurig.

„Ich frage mich, ob es sich für Sie lohnt, noch einmal zu mir zu kommen“, sagte sie.

„Die Zeit ist fast abgelaufen, Liebes, und Vandervelt macht sich bereit.“

Keine Reaktion außer einer desolaten Geste.

„Ich hoffe, du hast über alles nachgedacht, was ich gesagt habe.“

„Ich habe über einen Teil davon nachgedacht – den letzten Teil; den grausamen Teil.“

„Es tut mir leid, dass du es so siehst. Es sollte nicht grausam sein, Nessa; aber das weißt du. Hast du dich entschieden?“

„Ist es dir gelungen, mich zu zwingen, meinst du?“

„Ich habe dir nicht mehr als die reine Wahrheit gesagt. Die Situation ist schon schlimm genug, ohne dass es noch mehr gibt. Für mich meine ich.“

„Als ob ich das nicht wüsste! Und als ob es nicht das wäre, was mich ablenkt!“

„Wir haben keine Zeit, noch einmal auf die Sache einzugehen, Liebes. Ich sagte, die Entscheidung liegt bei dir.“

„Ja, und dann hat er mich mit Drohungen gezwungen!“

„Ich habe dir nicht gedroht, Nessa.“

„Es spielt keine Rolle, wie Sie es nennen. Die Änderung eines Wortes ändert nichts an der Handlung. Es ist das, was Sie tun, nicht das, was Sie sagen, was mir wichtig ist.“

„Gehst du? Das ist es, was mir wichtig ist.“

„Sollten Sie zur Polizei gehen, wenn ich es nicht tue?"

"Sicherlich."

„Verstehen Sie, dass es mir nur das Herz bricht, zu gehen – es sei denn, Sie möchten es brechen?"

„Gibst du mir die Chance, es zu reparieren, wenn wir uns in Rotterdam treffen?"

Sie lehnte sich in ihrem Stuhl zurück, stützte den Ellbogen auf ihr Knie und stützte ihr Kinn auf ihre Hand. „Wir werden uns dort nicht treffen."

„Nessa!"

„Da wirst du nie hinkommen. Es würde mich nicht so sehr interessieren, wenn –" Sie senkte den Blick auf den Boden und ließ den Satz unvollendet.

Ich kniete neben ihr nieder und nahm ihre Hand. „Du musst gehen, Liebste", drängte ich.

Sie schlang ihre Arme um meinen Hals und klammerte sich an mich. „Zwing mich nicht zu gehen, Jack! Tu es nicht, wenn du mich liebst", flehte sie. „Ich – ich kann den Gedanken nicht ertragen, dich zu verlassen."

„Weil ich dich von ganzem Herzen liebe, wünsche ich dir, dass du gehst. Nur so kann unsere Liebe jemals so enden, wie wir es uns wünschen." Ich drückte meine Lippen auf ihre. Sie zitterte wie eine Espe.

„ Bulich ! Bulich ! Bist du bereit?" Es war die Stimme des Bauern und Nessa schauderte bei dem Klang krampfhaft.

„Du wirst das für mich tun, Liebste?"

„Oh Gott, wenn es nur einen anderen Weg gäbe !" sie stöhnte.

„Das gibt es nicht, Schatz. Es ist das Einzige, bei dem du mir wirklich helfen kannst. Wir werden uns in ein oder zwei Tagen wiedersehen. Das ist alles."

„Ich werde dich nie wieder sehen."

„Vielleicht nicht, es sei denn, du gehst. Bist du bereit?"

Ihr Griff um mich wurde fester und sie antwortete nicht.

„ Bulich ! Bulich !" erklang erneut Glockens Stimme, eindringlicher.

„In einer Minute", rief ich als Antwort.

„Wie soll ich jemals wissen, was mit dir passiert?"

„Ich werde es euch in Rotterdam selbst erzählen; wir werden einfach gemeinsam darüber lachen."

"Lachen!" sie wiederholte. „Ich werde nie wieder lachen. Ich werde die Spannung nicht ertragen können, Jack. Ich weiß, dass ich das nicht werde. Ich werde zurückkommen."

„Nun, gib mir eine Woche Gnade, bevor du es tust."

„Vielleicht komme ich dann wieder?" fragte sie und blickte schnell auf.

Ich wusste, dass man ihr nicht erlauben würde, die Grenze noch einmal zu überqueren; aber es schien ein Fall zu sein, in dem die Wahrheit nichts nützen würde. „Ja", sagte ich.

"Versprechen?"

„Wenn du nicht früher kommst."

„Oh, was wird das für eine spannende Woche!" sie stöhnte.

„Komm mit, Bulich . Vandervelt wird unruhig", rief Glocken .

„Ich gehe, Jack." Es war nur ein Flüstern, aber es bedeutete so viel. Aus eigenem Willen küsste sie mich immer wieder mit mehr Leidenschaft, als sie jemals zuvor gezeigt hatte, und bemühte sich dann verzweifelt um Fassung. „Was für ein Ende unseres Picknicks, Jack!" sagte sie und versuchte zu lächeln. Ein mutiger Versuch, aber ein Misserfolg; und sie fing wieder an zu zittern, schloss die Augen und ballte die Hände fest unter der forschenden Anstrengung und wandte sich ab.

Eine ganze Minute lang stand sie in dieser angespannten Stille, bis Glocken erneut rief. Der Klang seiner Stimme weckte sie, und als sie mich wieder ansah, hatte sie ihre Selbstbeherrschung wiedererlangt.

„Ich bin bereit, Jack", sagte sie ruhig.

Ich steckte ihr ein paar Geldscheine in die Tasche.

"Was ist das?"

„Geld. Du musst es haben, Liebste", sagte ich, als sie offenbar protestieren wollte. „Und nun, auf Wiedersehen, für ein oder zwei Tage."

„Auf Wiedersehen. Küss mich nicht, sonst breche ich wieder zusammen." und damit gingen wir hinunter zu den beiden Männern, die ungeduldig auf uns warteten.

„Das ist schon lange her", sagte Glocken mürrisch. „Mit der Maschine ist etwas schief gelaufen."

"Woher weißt du das?"

„Ich habe versucht anzufangen“, sagte Vandervelt . „ Glocken hat mir erzählt, dass deine Schwester beschlossen hat, nicht mit mir zu gehen.“

„Das war ein Missverständnis. Ich habe vergessen, dass ich das in meiner Tasche hatte.“ und ich zeigte ihnen den kleinen Teil, den ich mitgebracht hatte. „Eher Glück gehabt, nicht wahr, Glocken ?“

Er sah aus, als hätte er mich gern geschlagen, und murmelte etwas, dass er sich für den Fehler entschuldige.

Nessa sagte kein Wort, als wir die Felder überquerten, blieb ein oder zwei Schritte hinter uns zurück und hielt den Blick auf den Boden gerichtet. Sie hätte kaum niedergeschlagener sein können, wenn sie auf dem Weg zum Schafott gewesen wäre.

Vandervelts Anweisungen bezüglich Nessa, und erneut versprach er, sie gewissenhaft auszuführen. Als wir den Bus erreichten, brachten wir ihn ein oder zwei Minuten lang wieder in Ordnung, und ich machte einen letzten Test des Motors. Dann stieg ich ab, half Nessa auf ihren Platz, befestigte den Gurt um sie und hielt ihre Hand, während der Holländer zu seinem Sitz kletterte.

Sie erwiderte den Druck mit einem erstickten Seufzer, traute sich aber nicht, etwas zu sagen.

Dann schüttelte ich dem Piloten die Hand, dankte ihm und bestrafte gleichzeitig den Bauern für seinen beabsichtigten Verrat. „Ich weiß, dass du gut auf meine Schwester Vandervelt aufpassen wirst . Und vergiss nicht, dass ich Glocken tausend Mark Überfahrtsgeld zahle. Viel Glück.“

"Was ist das?" fragte er scharf.

„Sie können sich bei Ihrer nächsten Reise mit ihm abfinden. Sie kommen nicht vor Einbruch der Dunkelheit an, wenn Sie jetzt anhalten, um darüber zu sprechen.“

„Das werde ich“, sagte er mit einem gemurmelten Fluch und einem Blick auf den verunsicherten Bauern.

Dann startete er den Motor, wir traten zurück, Nessa winkte mir zu und sie fuhren los.

Ich beobachtete den Bus über das Feld, wie er sich erhob, beim Aufstieg seine Runden drehte, seine Nase nach vorne richtete , und ich strengte meine Augen an, um ihr nachzuschauen, bis sie in eine Wolke eindrang und außer Sichtweite verschwand.

KAPITEL XXVIII

ANERKANNT

Glocken war wütend über den Streich, den ich ihm gespielt hatte. „Du hältst dich für mächtig schlau, nicht wahr?" sagte er mit einem Eid, als wir zurückgingen.

„Eins zu viel für dich, was?" Ich kicherte. Die Erleichterung über Nessas Sicherheit ließ mich gegenüber allem anderen vergleichsweise gleichgültig werden. Der Job, der mich nach Deutschland geführt hatte, war erledigt, und im Moment schien nichts anderes von Bedeutung zu sein.

„Ich werde dich in einem anderen Sinne schlau machen, das verspreche ich dir", knurrte er.

„Das kannst du nicht, Glocken , und du solltest dich besser nicht lächerlich machen. Dahinter steckt eine Menge, die du nicht verstehst. Hier ist dein Geld;" und ich gab ihm den Restbetrag.

„Wo hast du es her? In Berlin – Johann Lassen?"

„Du siehst nicht hübsch aus, wenn du so knurrst, Glocken ; und wenn du glaubst, dass ich Johann Lassen bin, bist du ein mutigerer Mann, als ich denke. Wir sind hier allein; und wenn ich dieser Mann wäre, dann wärst du das auch." Glaubst du, ich würde dich am Leben lassen, um es der Polizei zu sagen, wenn ein Schlag mit meinem Schraubenschlüssel dich für immer zum Schweigen bringen würde ?"

Das war ihm nicht aufgefallen und er sprang von mir weg, als fürchtete er einen sofortigen Angriff.

„Ich werde dich nicht anfassen, Mann, im Gegenteil, ich werde es dir leicht machen. Ich nehme dich mit Fischers Auto nach Lingen mit und wir halten bei der Polizei, wenn du willst." So. Ich habe dein Spiel heute Morgen in einer Sekunde gesehen und es passte zu mir, es zu spielen. Mir wurde gesagt, dass du ein tückisches Stinktier wärst, aber ich hätte nicht gedacht, dass du ein so toller Idiot bist. Komm mit und wir werden es haben dieses Gespräch mit der Polizei.

Er hielt sich zurück, entweder weil er Angst hatte, sich mit mir ins Auto zu setzen, oder weil mein Bluff ihn verwirrte. Es stellte sich heraus, dass es Letzteres war.

„Ich möchte dir nichts tun, Bulich ", murmelte er.

„Du Holzköpfiger Arsch, glaubst du, ich würde dich zulassen, wenn du könntest? ein ruinierter Mann, Schloss, Schaft und Fass. Hinter mir steht in dieser Angelegenheit einer der mächtigsten Männer im ganzen Imperium, dessen Arm lang genug ist, um selbst den listigen Bauern Glocken zu erreichen , ihn zu einer Gallerte zu pressen und die Überreste zurückzulassen im Gefängnis verrotten . Und er wird es tun, Glocken , so sicher mein richtiger Name nicht Hans Bulich ist , sobald ich ihm die Skorbuttricks erzähle, die du heute mit mir versucht hast. Ich sagte dies mit der ganzen konzentrierten Strenge, die mir zur Verfügung stand, und es ging ihm direkt ins Gesicht und erschreckte ihn zutiefst.

„Was – wie heißt du dann?" er stammelte.

Ich schob mein Gesicht nah an seines. „Schau mich an, du Clown, sieh mich gut an, und dann frage es – wenn du dich traust."

Es war ein wunderschöner Bluff. Ob er glaubte, einen der unzähligen Fürsten des Imperiums zu erkennen oder nicht, kann ich nicht sagen; aber er zog sich zurück und nahm seinen Hut ab und murmelte: „Ich bitte um Verzeihung, Sir."

„Das ist besser. Jetzt bin ich wieder Hans Bulich ; und vergiss es nicht", sagte ich mit veränderter Art und Tonlage, als ich ins Auto stieg und ihm bedeutete, neben mir aufzustehen. Wir rannten schweigend zurück nach Lingen , und ich hielt kurz vor der Polizeistation an. „Hier bist du", schlug ich vor.

„Ich fahre bitte mit dem Zug zurück, Sir", antwortete er mit entzückender Ehrerbietung; und ich brachte ihn zum Bahnhof und entließ ihn mit der letzten scharfen Ermahnung, den Mund zu halten.

Ich war weit über diesem Zaun, und wenn der Rest ebenso leicht zu überwinden wäre, wäre ich bald hinter Nessa her. Glocken war der einzige Mann, den ich fürchtete, weil er uns so nah an Osnabrück gesehen hatte. Der Schrecken, den er gehabt hatte, würde ihn wahrscheinlich ein oder zwei Tage lang ruhig halten, bis er Zeit hatte, die Sache zu verarbeiten; und das Intervall muss auf das beste Konto gedreht werden.

Der alte Fischer freute sich, mich zu sehen, erkundigte sich nach den Ereignissen des Tages und war erleichtert, als er erfuhr, dass Vandervelt die Rückreise antreten konnte. Am Abend besprachen wir unsere Pläne; und nach einer wirklich erholsamen Nacht ging ich zum Schuppen, um dort die Arbeit fortzusetzen.

Fischer war von seiner Entdeckung eines Mechanikers so begeistert, dass er im Laufe des Vormittags mehrere Leute hereinholte; Mitglieder des Schmugglerrings, vermute ich, denn sie schienen genauso erfreut darüber zu sein wie er: Sie unterhielten sich miteinander und mit mir, während sie mir bei der Arbeit zusahen, stellten alle möglichen dummen Fragen über Autos,

Motoren und Teile; Jeder von ihnen beschäftigte sich mit mir wie eine Henne mit einem Küken.

Gegen Mittag machte ich Schluss, um mit Fischer zu Abend zu essen, und wir rauchten anschließend eine Pfeife, als der Polizist Braun in einigermaßen aufgeregter Stimmung eintraf und den Alten aus dem Zimmer rief.

„Ich gehe besser zurück", sagte ich; aber Braun hielt mich zurück und sagte, er sei wegen mir gekommen.

Das verursachte mir einen Stich, und ich verbrachte ausgesprochen unangenehme zehn Minuten, während sie mit zusammengesteckten Köpfen im Laden schwatzten. Es stellte sich jedoch heraus, dass es keinen Grund zur Besorgnis gab.

Fischer hat alles erklärt. Mein Ruhm als Flugmechaniker war dem Besitzer des Halbermond Hotels zu Ohren gekommen, wo ein Heeresflieger eingetroffen war, und als er sich nach einem solchen Mann erkundigte, hatte der Besitzer mich erwähnt, und mir wurde befohlen, dorthin zu gehen ihn.

Fischer gefiel das Geschäft überhaupt nicht, da er befürchtete, es könnte seine Pläne durchkreuzen; und das war es, worüber er und Braun so ernsthaft gesprochen hatten.

„Du musst sehr vorsichtig sein, Bulich . Wenn er denkt, dass du nur halb so gut bist wie du, wird er dich wahrscheinlich für die Armee haben wollen."

„Ich werde vorsichtig sein. Wissen Sie, was der Job ist?" Ich habe Braun gefragt.

„ Pulitz wusste es auch nicht", sagte er kopfschüttelnd.

„Wer ist Pulitz ?"

„Der Schwätzer, der die Halbermond behält ", antwortete Fischer gereizt. „Er muss den Kopf verloren haben, um ein Wort über dich zu sagen. Es würde keine Rolle spielen, wenn du zwanzig Jahre älter wärst; aber er war immer ein Narr und wird es auch immer sein, nehme ich an."

„Wer ist der fliegende Mann?"

„Ich weiß es nicht. Hier ist ein Fremder, der gerade mit seinem Auto vorgefahren ist. Wenn er jemand von uns gewesen wäre, den wir gekannt hätten, hätten wir vielleicht etwas getan."

Halbermond- Mann Pulitz nicht ?"

„Ich habe ihn noch nie zuvor gesehen, und es war nicht im Geringsten nötig, ihm ein Wort über dich zu sagen. Aber das ist doch der ganze Idiot, der versucht, Gunst zu erregen , und keinen Gedanken daran verschwendet, was für ein Unheil er anrichten könnte", grummelte Fischer.

„Nun, soll ich es riskieren und nicht gehen?"

„Das geht nicht", rief Braun. „Er würde mich anzeigen und die ganze Stadt auf die Jagd nach dir schicken. Du musst gehen, ganz klar."

„Geben Sie Ihr Bestes, um da rauszukommen", stimmte Fischer zu. „Lass ihn denken, dass du nicht besser bist als ein tollpatschiger Narr."

„In Ordnung, ich werde mein Bestes geben", antwortete ich lachend und machte mich auf den Weg zum Hotel.

Ich war mir der Sache nicht sicher. Es würde niemals genügen, als gewöhnlicher Rekrut einberufen zu werden; Aber es könnte eine andere Sache sein, Luftmechaniker zu werden. Auf den Namen Hans Bulich eingeschrieben , sollte ich vor den Schwierigkeiten geschützt sein, die auf Johann Lassen warteten. Darüber hinaus gab es noch andere Möglichkeiten. Wenn ich einige wertvolle Informationen über den deutschen Luftfahrtdienst und seine neuen Flugzeugtypen beschaffen könnte, wäre es für die Menschen zu Hause von großem Nutzen, eine etwaige Unterbrechung meines Urlaubs zu dulden. Ich hatte nicht den Wunsch, zum Spion zu werden, aber dazu getrieben zu werden, war etwas ganz anderes.

Darüber hinaus war es gar nicht so unwahrscheinlich, dass man mir, wenn sie herausfanden, dass ich wirklich etwas Wissenswertes über einen Bus wusste, sagen würde, dass ich einen nehmen solle; und in diesem Fall würden sie es nicht wiedersehen, wenn ich mich in Flugweite der Grenze befände.

Es war jedoch das Beste, vorsichtig zu sein, wie Fischer es mir geraten hatte, und nicht zu viel zu sagen, bis ich herausgefunden hatte, was der fliegende Mann wirklich wollte. Also ging ich in den Schuppen, bevor ich zu ihm ging, schmierte mich ein wenig mit schwarzem Fett ein, wobei ich besonders auf mein Gesicht achtete, um die entfernte, aber mögliche Chance zu vermeiden, erkannt zu werden, steckte meine Hände in die Taschen und schlenderte zum Interview.

Das Glück war am Anfang bei mir. Der Portier ging gerade hinaus, sagte mir eilig, wo ich das Privatzimmer des Beamten finden könne, rannte dann los und sagte, er müsse einen Zug nehmen. Er war somit der Einzige, der sah, wie ich das Hotel betrat. Wie wichtig diese Tatsache war, wurde mir später klar. Der Beamte war allein und hatte zu Mittag gegessen, und die Auswahl an Getränken bezeugte, dass er sich bemerkenswert gut geschlagen hatte. Als nächstes erkannte ich ihn; aber er hatte zu viel getrunken, um sich an mich zu erinnern. Er war ein grobzüngiger Tyrann namens Vibach , der zu meiner Zeit in Göttingen gewesen war und den wohlverdienten Ruf eines polternden Feiglings hatte.

„Was zum Teufel meinst du damit, mich so zu halten?" sagte er wütend. „Glaubst du, ich habe nichts anderes zu tun, als auf Abschaum wie dich zu warten?"

„Es tut mir sehr leid, Sir, aber ich habe gerade erst gehört, dass Sie mich sehen wollten", antwortete ich mit angemessener unterwürfiger Nervosität.

„Ich habe gute Laune, dich zu verhaften. Und bist du der Mann, den diese Lingener Narren für einen guten Mechaniker halten? Du siehst eher aus wie ein schmutziger Straßenkehrer, der in diesem schmutzigen Zustand in meine Gegenwart kommt."

„Ich dachte, es wäre das Beste –"

„Wer zum Teufel will schon wissen, was du denkst?" Er platzte herein, schenkte sich einen weiteren Schub Wein ein und trank ihn in einem Zug aus. „Beantworten Sie meine Frage, nicht wahr? Stehen Sie nicht herum und plappern Sie wie ein Verrückter." Es gab kaum einen Satz ohne einen Eid, der ihn unterstrich.

„Ich bin sofort gekommen, ohne anzuhalten, um mich zu reinigen, Sir."

„Dann muss irgendein anderer Idiot meine Nachricht verpfuscht haben. Ich habe gesagt, dass du sofort kommen sollst, und wenn ich etwas sage, meine ich es ernst." Ein weiterer Pfändungseid. „Wie ist dein Clownname, verwirrst du?"

„Hans Bülich , Herr."

„Erkennen Sie einen Pflug von einem Flugzeug ?"

„Ja, Sir", antwortete ich mit germanischer Gleichgültigkeit.

„Waren Sie schon einmal in einem?"

„Nicht im Pflug, Sir."

Er brüllte mir einen Schimpfwort zu. „Bist du ein Idiot oder willst du mit mir Witze machen? Das wird dich nicht bezahlen, du Idiot."

„Ich scherze nie mit Vorgesetzten, Sir. Ich war in einem Flugzeug , Sir."

"Wo?"

„ Schipphasen , Sir."

„Oh, du warst schon dort, oder? Wie lange warst du dort?“ Es war eine bekannte Ausbildungsstätte und er begann seine Meinung über mich zu ändern.

„Etwa ein Jahr. Ich habe meine Zertifikate und –“ Ich suchte in meinen Taschen, als wollte ich sie finden, und sagte: „Ich habe sie in meiner Unterkunft gelassen, Sir.“

„Warum zum Teufel hast du mir das nicht gleich gesagt?“

„Sie haben mich nicht gefragt, Sir.“

„Was machst du dann in diesem Loch?“

„Ich wollte nach Ellendorf, aber sie baten mich, etwa eine Woche hier zu bleiben, um ein paar Reparaturen und andere Dinge zu erledigen.“

„Haben sie? Wie ihre höllische Unverschämtheit in einer Zeit wie dieser. Ich bin jetzt auf dem Weg nach Ellendorf, um eine neue Maschine zu holen, und mein dummer Mechaniker hat sich betrunken oder hat sich verirrt oder so etwas. Können Sie seine nehmen?“ Ort?"

Könnte ich nicht? Was konnte ich nicht tun, wenn ich mit ihm im Bus war? Aber ich schüttelte zweifelnd den Kopf. „Ich weiß nicht, ob ich steuern könnte –“

„Du Idiot mit dem Holzkopf, meinst du, ich möchte, dass du es steuerst?“ Er brüllte und lachte. „Ich will dich als Mechaniker, du Narr.“

„Ich wusste es nicht, Sir. Natürlich könnte ich das Flugzeug testen und sehen, ob es für Sie in Ordnung ist. Das war Teil meines Jobs bei Schipphasen, Sir; das und Probeflüge.“

„Wenn das der Fall ist, sollten Sie in der Armee sein. Haben Sie gedient?“

"Nein Sir."

„Warum nicht? Du warst in den Reihen, das kann ich sehen.“

Bis zu diesem Zeitpunkt hatte ich tatsächlich sehr gute Arbeit geleistet; aber dann bin ich gestolpert. „Ich war ein Ein-Jahres-Mann, Sir.“ Bei den einjährigen Männern handelte es sich um eine vergleichsweise begrenzte Zahl, die aus der besseren Klasse stammte; Er diente nur ein Jahr statt drei, hatte entweder eine Prüfung bestanden oder war an einer der Universitäten und verkehrte frei unter den Offizieren.

„Welches Regiment?“ war die nächste Frage.

Ich habe zufällig einen benannt; Ich glaube, es waren die 54. Hannoveraner. Mein Glück war vollkommen, denn es war zufällig das Gleiche, in dem er selbst gedient hatte.

„Das ist teuflisch lustig. Lass uns mal einen Blick auf dich werfen." und er richtete sich ein wenig auf und starrte mich eindringlich an. „Ich erinnere mich an niemanden mit Ihrem Namen . Bulich . Bulich . Es gab nie einen Mann mit diesem Namen. Ich möchte mehr über Sie wissen, mein Mann. Jetzt, wo ich Sie genau anschaue, glaube ich, dass ich es getan habe Ich habe dich schon einmal gesehen. Du erinnerst mich an jemanden . Geh einfach durch den Raum.

Ich unterdrückte einen Fluch über den Glücksfall, gehorchte und schlenderte hinüber, wobei ich es wahrscheinlich in meinem Eifer und meiner Aufregung übertrieb.

„Halten Sie dort an", befahl er. „Jetzt drehen Sie sich um und kommen Sie in Ihrem richtigen Gang zurück. Versuchen Sie dieses Spiel nicht noch einmal mit mir. Das ist ein bisschen besser, aber weit von rechts entfernt, wie Sie gut wissen. Nun, wer sind Sie? Raus damit und Versuchen Sie nicht, irgendwelche Narren mit mir zu spielen.

„Ich bin in der Welt ein wenig heruntergekommen, und niemand kennt mich jetzt unter einem anderen Namen als Hans Bulich ."

„Ich will es wissen. Raus damit", rief er.

Ich war am Ende meiner Weisheit und antwortete nicht.

„Wenn du es mir nicht sagst, musst du es unbedingt der Polizei sagen. Ich werde der Sache auf den Grund gehen. Du hast mich einmal angelogen, denk dran."

Plötzlich kam mir ein Gedanke. Ich nahm ein Glas und machte eine eigenartige Bewegung damit – das geheime Zeichen eines Göttinger Studentenvereins, halb Freimaurer-, halb Trinkvereins, dem wir beide angehört hatten.

Er lachte, fluchte und streckte seine Hand aus. Es war Teil des Rituals, zu dessen Einhaltung wir durch die Verpflichtung der Gesellschaft verpflichtet waren. Ich ergriff seine Hand auf die bewährte Art und Weise.

„Das ist es also, was?" sagte er, füllte sein Glas erneut und bedeutete mir, selbst eines zu füllen. Das Eis war immer noch am dünnsten, denn zu meiner Zeit hatte es nicht mehr als ein Dutzend Mitglieder gegeben, und ich konnte sehen, dass er in seinem Gedächtnis nach meinem Namen suchte. Wenn er sich erinnerte, was sollte ich tun? Ich wusste, was er tun würde –

mich als Spion verhaften zu lassen und dann – In Kriegszeiten gab es nur ein mögliches „Damals".

Die lange Pause, in der er zurückdachte, gab mir Zeit, nach vorne zu denken. Mein Leben stand auf dem Spiel, und es bedurfte keiner großen Überlegung, um zu dem Schluss zu kommen, dass es genauso gut war, bei einem Fluchtversuch in diesem Raum durch seine Hände zu sterben, als an eine Wand gestellt zu werden, vor der ein Feuertrupp stand Mich.

In einem solchen Moment der Krise denkt man schnell, und unter diesem Ansporn kam mir eine wilde Idee in den Sinn, und fast augenblicklich entwickelte sich die Art und Weise, sie umzusetzen. Er war ein Mann von meiner Größe, Statur und Hautfarbe ; er war ein Fremder; niemand hatte gesehen, wie ich das Hotel betrat; seine Uniform würde mir gut genug passen, um die Probe zu bestehen; und ich war schon ziemlich überzeugt, dass ich, wenn ich das Haus nicht in seinen Kleidern verlasse, es niemals in meinen eigenen tun würde, außer unter Verhaftung.

Nach einer sehr langen Pause, die vielleicht fünf Minuten dauerte, obwohl es mir wie eine Stunde vorkam, zuckte er zusammen, starrte mich an und stand auf. „Ich kann mich nicht an dich erinnern", sagte er mit einem nervösen Lächeln, das mir verriet, dass es eine Lüge war. „Klingle für mich."

Zum Glück stand ich zwischen ihm und ihm. "Wozu?" Ich fragte.

Er war immer noch ein Feigling, das merkte ich mit Freude an seiner zuckenden Bewegung, seiner verblassenden Farbe und seinem nervösen Lippenlecken. „Ich möchte noch etwas Wein", sagte er lahm.

„Warum sagst du nicht, dass du mich erkannt hast, Vibach ? Du weißt, dass du mich erkannt hast, und du willst jemanden hierher bringen. Das können wir nicht haben."

Er tat genau das, was man von einem Feigling erwarten würde. Er log, dass er sich überhaupt nicht an mich erinnerte, versuchte, mich dazu zu bringen, über unsere Tage in Göttingen zu reden, und als er meinte, ich sei ein wenig unvorbereitet, schoss er zur Tür, um um Hilfe zu rufen.

Der Schrei starb totgeboren. Meine Hand war an seiner Kehle, bevor ein Laut herauskommen konnte, und ich hielt mich mit einem Bulldoggengriff fest, der ihm den Atem raubte, während er sich in verzweifelten, aber vergeblichen Versuchen, sich zu befreien, an meinen Handgelenken festklammerte. Ich war doppelt so stark wie er und hart wie Nägel, während er schlaff und weich vor Alkohol und Maßlosigkeit war.

Er versuchte eine Art Kampf daraus zu machen und begann mit den Fersen auf den Boden zu trommeln; Also hob ich ihn hoch, schloss die Tür ab, ließ ihn auf ein Sofa fallen und würgte ihn, bis seine Kämpfe aufhörten und er halbtot vor Angst und Atemnot dalag und vortäuschte, bewusstlos zu sein.

Dann setzte ich mich auf ihn, schob ihm das Sofakissen übers Gesicht, damit er nicht noch einmal schreien wollte, öffnete mein „Bauchpolster", holte meine Seidenschnur und das „Schick-dich-nach-by-by"-Pulver heraus und drückte das Kissen zurück und schüttelte ihn.

„Es nützt nichts, mit mir zu betrügen, Vibach ; ich habe keine Zeit dafür. Hör auf, wenn du nicht willst, dass ich dir auf den Kopf haue und Schluss damit", sagte ich.

Er hatte zu große Angst, um nicht zu gehorchen, und er öffnete die Augen und begann zu wimmern und um Gnade zu betteln.

„Du kannst auch damit aufhören und mir zuhören. Ich will dein Blut nicht an meinen Händen haben; aber ich werde dir den Schädel einschlagen wie einer Ratte, wenn du auch nur einen einzigen Schrei ausstößt und nicht tust, was ich sage." Du."

„Um Gottes willen, tun Sie das nicht", jammerte er.

„Zieh deine Uniform aus und sei auch schnell dabei."

Er zitterte vor Angst und konnte die Knöpfe kaum öffnen, also spielte ich Kammerdiener und half ihm. Dann zog ich meine eigenen Sachen aus und ließ ihn sie anziehen, während ich in seine schlüpfte. Als nächstes befeuchtete ich sein Gesicht mit Fett und Schmutz von meinem eigenen Gesicht und meinen Händen und zerzauste sein Haar, mit dem Ergebnis, dass er wie ein arbeitender Mann aussah. Ich fesselte seine Arme und Beine mit einem Stück meiner Schnur fest und knebelte ihn, während ich das „By-by"-Pulver in ein Glas Wein schüttete.

Er machte ein wenig Aufhebens darum, es zu trinken, weil er glaubte, es sei Gift; aber nur sehr wenig Überzeugungskraft der nötigen Art konnte seine Skrupel überwinden; und in ein paar Minuten war er weg, und ich wusste, dass er einige Stunden lang nicht aufwachen würde.

Da ich kein Dieb war, durchsuchte ich die Taschen und rollte gerade sein Geld, seine Wertsachen usw. in eine Serviette, als ich ein Papier fand, das mich auf eine Idee brachte.

Die Wehrmacht hatte die Firma in Ellendorf beauftragt , ihm den Bus zu liefern.

Ein wahres Geschenk der Götter! Das war die Abkürzung zur Freiheit, und ich entschloss mich sofort, sie zu nutzen.

Es blieb nur noch, den Mann zu verstecken. Es gab keinen Platz im Zimmer außer unter dem Sofa, wo man ihn wahrscheinlich sehen würde, wenn die Diener kamen, um den Tisch abzuräumen. Die Tür, die zum Nebenzimmer führte, war angelehnt, und ein Blick hinein deutete auf Möglichkeiten hin. Es war ein Schlafzimmer, und ich nahm ihn auf, packte ihn in einen geräumigen Kleiderschrank, legte die Serviette mit den Wertsachen neben ihn, schloss ihn ein und warf den Schlüssel unter das Bett.

Dann wusch ich meine Hände und mein Gesicht und bereitete mich auf den nächsten Akt der Komödie oder Tragödie vor, was auch immer es sein mochte.

KAPITEL XXIX

Leutnant VIBACH

Die erste Szene war eine Komödie. Vibachs Auto wartete vor dem Hotel, und der Chauffeur des Soldaten wusste mit ziemlicher Sicherheit, dass ich nicht der Leutnant war, und es war kein leichtes Problem , ihn zu täuschen, bis wir Lingen verlassen hatten.

Dennoch war es nicht an der Zeit, die Risiken einzuschätzen; Also zog ich meine Mütze tief ins Gesicht, knöpfte meinen Mantel so hoch wie möglich über mein Gesicht und tat so, als wäre ich betrunken.

Es war alles lächerlich einfach. Pulitz , der Hotelbesitzer, empfing mich in der Halle mit unterwürfiger Unterwürfigkeit und hoffte, dass ich mein Mittagessen genossen hätte. Ich beschimpfte ihn in echter Vibach- Manier, verfluchte das Mittagessen, sagte ihm, er solle mir die Rechnung geben, beschimpfte erneut, dass die Anschuldigung eine Zumutung sei, und taumelte heraus, schleuderte Schimpfwörter und forderte mein Auto.

Wahrlich, die Götter waren auf meiner Seite, denn es stellte sich heraus, dass der Chauffeur gegangen war, um etwas zu essen zu holen. Das Auto gehörte mir; und es war ein ganz hervorragendes Auto. Mit der Hilfe von Pulitz , der mit nacktem Kopf und offensichtlicher Ehrfurcht vor der Uniform auf mich wartete, taumelte ich ans Steuer, startete den Motor, knurrte einen Befehl, dass der Mann auf mich warten solle, und fummelte immer noch an Schimpfwörtern herum die Hebel und fuhr davon.

Ich lachte in meinem Ärmel, als ich an Fischers Laden vorbei ratterte und ihn und Braun an der Tür stehen sah, die sich ernsthaft unterhielten und wahrscheinlich den Grund für meine lange Abwesenheit erkundeten. Braun grüßte mich und ich hob als Antwort die Hand. Was hätte er getan, wenn er es gewusst hätte!

Ellendorf düsen . Je früher ich die Fabrik erreichte, desto eher würde ich wegkommen – wenn ich überhaupt entkommen sollte. Soweit ich es beurteilen konnte, drohte mir nur eine wirklich ernste Gefahr – dass Vibach den Leuten in der Fabrik bekannt war – und selbst das ließe sich abwenden, indem man einen anderen Namen nannte und einen Grund für seine Abwesenheit anführte.

Jeder , der die Haltung des durchschnittlichen deutschen Zivilisten gegenüber der Armee kennt, wird die Stärke meiner Karten verstehen. Die Offiziersuniform, ein Armeemotorrad, die Tatsache, dass Vibach erwartet wurde, der Besitz einer ordnungsgemäß unterzeichneten und gestempelten offiziellen Autorität, all dies waren so viele selbstverständliche Beweise meines guten Willens, die durchaus dazu geeignet waren, selbst einem Scharfsinnigen aufzudrängen Geschäftsmann. Wenn ich als Vibach akzeptiert würde , könnte schon ein dummer Fehler dazu führen, dass der Plan scheitert. Es gab tatsächlich kaum Raum für einen Fehler, denn der Plan schien nahezu narrensicher zu sein.

Dennoch war es nur ratsam, darüber nachzudenken, was zu tun war, falls etwas Unerwartetes passieren sollte. Es war eindeutig das Beste, meinen Namen nicht zu nennen, bis ich sicher war, dass Vibach unbekannt war, und eine Geschichte parat zu haben, um seine Abwesenheit zu erklären. Sein Name stand in der Bestellung, und zweifellos würde es Schwierigkeiten geben, den Bus an jemand anderen zu übergeben. Das ließe sich ausräumen, indem man sagte, er hätte mir gesagt, ich solle dafür sorgen, dass es für ihn bereit sei, und ein wenig Manövrieren würde es mir wahrscheinlich ermöglichen, eine Probefahrt zu machen. Sie könnten einen Mechaniker oder einen Vertreter der Firma mit mir schicken; aber das wäre keine große Sache. Sobald wir vom Boden abgehoben waren, konnte er problemlos erledigt werden.

Ich hatte jetzt meine Boote verbrannt und befand mich in einer zu engen Situation, als dass ich mich an irgendetwas festhalten konnte, nicht einmal an Gewalt, um mir einen Weg zur Flucht zu erkämpfen.

Vorwand , den Motor zu testen, davonzukommen . Lassen Sie mich mit laufendem Motor an Bord sein, es bräuchte eine Menge Mechanik, um mich am Starten zu hindern.

Es bestand jedoch die Möglichkeit, dass auch dies nicht möglich sein könnte, und in diesem Fall blieb uns nur, den Ort unter einer Wolke schimpfender Empörung und Drohungen zu verlassen. Für diese Möglichkeit war es notwendig, den Motor so zu lassen, dass ich ihn leicht und problemlos erreichen konnte.

Die Eröffnungsszene ließ keine Wünsche offen. Die Tatsache, dass ich erwartet wurde, führte dazu, dass ich sofort zum geschäftsführenden Inhaber geführt wurde, dessen Name Harden war; er empfing mich mit dem Respekt, der meiner Uniform gebührte; beruhigte mich, indem er sein Bedauern darüber zum Ausdruck brachte, dass er noch nie zuvor das Vergnügen gehabt hatte, mich zu sehen, obwohl er von meinen Fähigkeiten in der Luft gehört hatte; und erklärte, dass es ihm eine Ehre sei , meine persönliche Bekanntschaft zu machen.

Ich war herablassend herablassend, dankte ihm ein wenig überheblich für sein Kompliment und kam zur Sache.

„Du hast natürlich alles bereit?“ Ich fragte.

„ Ganz recht . Ich werde das Flugzeug auslaufen lassen", war die Antwort, als er an seiner Tischklingel klingelte und den Befehl gab, dass Nr. 14 sofort für mich bereit gemacht werden sollte. „Haben Sie schon eines von uns probiert?" fragte er, als der Angestellte hinausging.

„Das erwarte ich, bin mir aber nicht sicher. Ich war schon bei so vielen dabei."

„Sie haben natürlich die Spezifikationen für die neue Marke gesehen."

„Ich möchte sie mir noch einmal ansehen."

„Es wird mir eine Ehre sein , die neuen Verbesserungen zu erläutern." und er legte die Pläne und Zeichnungen vor und erzählte mir alles darüber, wobei er auf verschiedene Unterschiede und Verbesserungen hinwies, insbesondere auf diejenigen, die seine eigenen Erfindungen waren und die er mit großer Selbstzufriedenheit vertiefte.

Ich hatte meine eigenen Gründe, die Zeichnungen sorgfältig zu studieren, und ließ mich herab, ihm wegen seines erfinderischen Einfallsreichtums zu schmeicheln. Das alles nahm einige Zeit in Anspruch und ich begann, es kaum erwarten zu können. Ich schlug vor, dass ich mir lieber Nr. 14 ansehe; und wir gingen zusammen aus.

Sie war eine Schönheit und kein Zweifel; Aber zu meinem Leidwesen hatten die Männer eines der Flugzeuge leicht beschädigt, als sie es aus dem Hangar holten. Nur eine einfache Angelegenheit, bei der ein paar Drahthalterungen erneuert werden mussten; aber es bedeutete einen Zeitverlust, und ich hatte eine unbehagliche Vermutung darüber, was in diesem Hotelzimmer in Lingen vor sich ging .

Ich befahl den Männern, die Reparatur schnell durchzuführen, und beobachtete sie, als jemand herauskam, um Harden zu sagen, dass er am Telefon gesucht werde.

Dies stand nicht auf der Tagesordnung und ich spürte Unannehmlichkeiten. Es befanden sich zwei weitere Flugzeuge auf dem Feld in der Nähe von Nr. 14, und ich schlenderte unter dem Vorwand der Neugier hinüber, um zu sehen, ob ihre Benzintanks voll waren . Es handelte sich um einen Hafen in einem Sturm.

Es war keine Gallone in den beiden, also starb meine Neugier sofort. Ich kehrte zurück, um die Arbeit mit Nr. 14 zu beeilen. Die Männer wussten, was sie zu tun hatten, und hatten sie fast erledigt, als Harden mit einem Ausdruck besorgter Ratlosigkeit herauskam.

„Darf ich Sie um einen Moment bitten, Lieutenant?" er hat gefragt.

„Sicherlich. Was ist? Es ist nichts schief gelaufen, hoffe ich."

„Dieser Anruf kam aus Lingen , von Hauptmann Schiller; und ich kann mir keinen Reim darauf machen. Ich vertraue darauf, dass Sie nicht beleidigt sein werden, wenn ich Ihnen sage, was er sagt – was ich von ihm verstanden habe, mindestens."

„Mein lieber Mr. Harden, ich hoffe, ich bin nicht so dumm."

„Nun, er scheint den Eindruck zu haben, dass Sie nicht hier sind."

Ich brach in Gelächter aus. „Armer Schiller! Er hat immer eine Biene im Hut und hält immer einen richtigen Bienenstock bereit. Ich frage mich, was zum Teufel ihm diese Fäulnis in den Kopf gesetzt hat."

„Soweit ich das beurteilen konnte – ich hoffe, Sie verzeihen mir, wenn ich es überhaupt erwähne –, scheint er zu denken, dass Sie es auch waren – nun, dass Sie mehr Wein im Halbermond getrunken hatten, damit Sie ganz sicher gehen konnten."

Ich verfluchte Schiller, wer auch immer er sein mochte, wortreich und aufrichtig, weil er ein störender Idiot war. „Ich denke, das kannst du selbst regeln, Harden."

Lingen in Ihr Auto hätte helfen müssen , dass es unmöglich gewesen wäre, dass Sie die Auswirkungen im Auto hätten abwerfen können kurze Zeit, und in der Tat, wenn es so aussah, als hätten Sie es getan, könnten Sie nicht Leutnant Vibach sein .

Noch mehr Schiller-Verfluchungen von mir. „Dafür wird er sich verantworten müssen, das kann ich Ihnen versichern", rief ich grimmig. „Was hast du geantwortet?"

„Ich erklärte ihm die überaus peinliche Lage, in die ich dadurch gebracht wurde, und er wies mich sehr energisch an, Ihnen Nr. 14 auf keinen Fall auszuliefern, auch nicht angesichts des Armeebefehls. Natürlich war ich ratlos, also fragte ich ihn um mit Ihnen am Telefon zu sprechen.

„Das mache ich besser", antwortete ich bereitwillig. „Wenn ich nicht damit auftauche und der Colonel sagt, ich sei zu betrunken, um hinaufzugehen, wird der Teufel zahlen müssen. Schiller muss verrückt sein; starr und wütend dreinschauend. Er wird dafür sorgen, dass ich ausgezahlt werde."

„Er hält die Leitung, wenn Sie in mein Büro kommen."

Es war eine schwere Krise, und es machte mir Sorgen, wie ich sie überwinden sollte. Doch als wir uns dem Büro näherten, kam mir ein Gedanke. „Sehen Sie, Harden, das muss irgendwie bewältigt werden. Ich werde Schiller sofort hierher rennen lassen und wir müssen mit Beweisen bereit sein, dass ich so nüchtern wie ein Richter bin und perfekt geeignet, Nr.

14 zu übernehmen. I Ich verstehe Ihre Position vollkommen und möchte Sie in keiner Weise kompromittieren. Ich werde Sie nicht bitten, Nr. 14 zu liefern; aber ich wäre Ihnen persönlich dankbar, wenn Sie den Benzintank eines dieser Flugzeuge da draußen haben würden gefüllt, oder natürlich ein beliebiges anderes, und ich werde ihm zeigen, ob ich fit bin, Nr. 14 zu übernehmen. Auch Ihre Beweise können mich vor dem völligen Schiffbruch bewahren.

„Ich werde es gerne tun;" und er drehte sich um, um den Mechanikern die Befehle zu erteilen, während ich in seinem Büro zum Telefon ging.

„Hallo!" Ich rief.

„Das bist du, Harden?" kam die Antwort in aufgeregtem Ton.

"Ja." Als Harden hätte ich vermutlich mehr Informationen bekommen und habe versucht, seine Stimme nachzuahmen.

„Ich habe deine Stimme im Moment nicht erkannt. Du hast dich noch nicht von Nr. 14 getrennt, hoffe ich?"

„Nein. Leutnant Vibach kommt, um mit Ihnen zu sprechen."

„Das ist in Ordnung. Das ist tausendmal ernster, als ich gerade wusste. Vibach ist hier."

„ WAS! " schrie ich.

„Es ist wahr. Ich habe ihn gesehen. Er wurde halb getötet, unter Drogen gesetzt und seiner Uniform beraubt. Er wurde eingesperrt in einem Kleiderschrank in einem der Schlafzimmer der Halbermond gefunden ."

"Du lieber Himmel!" Rief ich entsprechend verblüfft aus. „Wer ist dann der Mann hier?"

„Natürlich der Schurke, der es getan hat. Offensichtlich eine Verschwörung, um eines unserer neuesten Flugzeuge zu ergattern. Der Schuft hat Vibachs Uniform gestohlen, um ihn auszugeben."

„So etwas habe ich noch nie in meinem Leben gehört. Was soll ich tun?"

„Behalte ihn, bis wir drüber hinwegkommen."

„Aber er ist bewaffnet, nehme ich an."

„Er wird natürlich Vibachs Revolver haben. Sie müssen vorsichtig sein. Vielleicht ist es das Beste, ihn im Spiel zu halten. Lassen Sie ihn denken, Sie geben ihm den Bus, und lassen Sie Ihre Männer daran herumbasteln." Etwa eine Viertelstunde lang, bis dahin werde ich bei dir sein, und wenn er mit mir spricht, werde ich ihn aus der Fassung bringen, indem ich sage, dass ich eine Stunde lang nicht rüberkommen kann.

„Das schaffe ich problemlos. Er kommt jetzt", sagte ich, als ich Hardens Stimme im Vorraum hörte. Ich hielt einen oder zwei Moment inne, scharrte mit den Füßen und sprach dann mit meiner eigenen Stimme. „Bist du da, Schiller?" Ich fragte scharf.

„Ja. Das bist du, Vibach ?"

„Das glaube ich. Hören Sie mal, was zum Teufel ist das für eine Geschichte, die Sie über mich erzählt haben?"

Er wiederholte den Kern dessen, was er Harden zuerst gesagt hatte, und erklärte, dass er um meine Sicherheit genauso besorgt sei wie um die des Flugzeugs. Während er redete, kam Harden herein und sagte mir, der Bus sei fast fertig und er wolle noch ein Wort zu Schiller sagen, wenn ich fertig sei. Ich nickte; und da er natürlich nur meinen Teil des Gesprächs hören konnte, habe ich es der Situation entsprechend angepasst. Das Ergebnis war gut genug, um mich dazu zu bewegen, dem Mann, der das Telefon erfunden hat, einen Heiligenschein um den Kopf zu setzen.

„ Natürlich sieht das anders aus, aber du solltest wirklich vorsichtiger sein, Schiller. Ich bin nüchtern wie ein Richter, Mann; Harden steht jetzt an meiner Seite und wird dir gleich dasselbe sagen." "

„ Er hat es mir gesagt; aber ich musste unbedingt zur Kenntnis nehmen, was ich hörte. Wir können nicht das Leben eines unserer besten Flieger und den Verlust unseres neuesten Bustyps riskieren –"

„Reden Sie nicht schlecht, Mann. Ich war noch nie in meinem Leben fitter als in diesem Moment. Ich habe mich gerade mit Harden verabredet, um das zu beweisen, indem er eines der alten hier übernimmt."

Das hat ihn aufgeweckt. „Äh? Was ist das?"

„Machen Sie sich nicht so zum Narren. Natürlich bin ich das nicht. Ich drehe mich nur kurz um, um ihm zu zeigen, dass ich Nr. 14 in Ordnung übernehmen kann."

„Das solltest du besser nicht tun, Vibach ."

„ Natürlich weiß er das, Mann. Glaubst du, er weiß nicht genug, um zu sagen, ob ein Mann betrunken oder nüchtern ist? Ich kann dich nicht erkennen."

„Warte, bis ich vorbeikomme, Vibach . Ich kann nicht direkt weg, aber ich bin in etwa einer Stunde bei dir."

Ich lachte. „Das zeigt, woran Sie am meisten denken, an den Bus oder an den Piloten. Aber trotzdem bin ich froh, dass Sie dem Plan zustimmen. Ich möchte nicht –“

„Lassen Sie mich einen Moment mit Harden sprechen“, platzte er sehr scharf herein. „Ich habe etwas vergessen, was ich ihm sagen möchte.“

„ Natürlich werde ich vorsichtig sein, du dummer Arsch.“

„Hast du gehört, was ich gesagt habe, Vibach ?“ forderte er im Ton ungeduldiger Autorität. „Sagen Sie Harden, er soll sofort mit mir sprechen.“

„Ist mein Mechaniker aufgetaucht?“

Wer auch immer Schiller sein mochte, er war ein aufbrausender Kerl, und über die Leitung wurden Flüche geschwungen. Verständlich genug, da ich ihm gesagt hatte, wie ich fliehen wollte.

„Nein, nicht wahr? Na ja, verhaften Sie ihn, wenn er es tut. Und sehen Sie, dieser Holzkopf Fritz, der mich überfahren hat, hat beschlossen, das Auto gerade dann zu verlassen, als ich wollte, dass er mich hierher bringt. Das muss auch geregelt werden. Das könnte sein Es war äußerst ernst. Jeder hätte mit dem Auto davonlaufen können, wissen Sie.“

Selbst diese unnötige weitere Information beruhigte ihn nicht und es kamen weitere Flüche hinzu.

Ich lachte. „Ich dachte, das würde dich interessieren, Schiller.“

Das Lachen provozierte ihn wunderbar und regte seine Blasphemie an, als er mir erneut befahl, Harden mit ihm sprechen zu lassen.

„Das kann ich wohl nicht, oder? Du wirst verstehen, warum.“

„Was zum Teufel meinst du damit?“

„Denken Sie nach, Mann, denken Sie nach. Es würde mich daran hindern, rechtzeitig mit Nr. 14 auszusteigen und Schipphasen vor Einbruch der Dunkelheit zu erreichen, wenn ich eine Stunde warten müsste, bevor ich diese Probefahrt mache.“

„Aber du darfst nichts tun, bis ich komme, Vibach “, knurrte er.

„Gut. Ich dachte, du würdest das sehen.“ Ich machte eine Pause und fügte hinzu: „Natürlich werde ich das tun. Ich habe ihm gesagt, dass wir ihm gegenüber sehr dankbar sind. Also gut, auf Wiedersehen. Machen Sie es nicht länger als eine Stunde. Die Tage sind nicht zu lang.“

Ich wollte gerade den Hörer auflegen, als Harden seine Hand ausstreckte, um ihn entgegenzunehmen. Das war gemäß Spezifikation; und ich zuckte zusammen, als würde mir einfallen, dass er mit Schiller sprechen wollte, stolperte gegen einen Stuhl hinter mir, stürzte fast hin, hielt mich am Hörer fest, zog ihn, als ich mich wieder erholte, aus dem Kabel und machte das Telefon außer Betrieb.

Einem Mund voller Entschuldigungen für meine Ungeschicklichkeit folgte ein Lächeln des guten, einfachen Mannes, dessen Überzeugung von meinem guten Willen durch die Hälfte des Gesprächs, das er belauscht hatte, bestätigt worden war.

„Es hat keinerlei Konsequenzen. Meine Leute werden es in ein paar Minuten in Ordnung bringen", erklärte er, ohne zu ahnen, was diese wenigen Minuten für mich bedeuteten. „Was ich Hauptmann Schiller zu sagen hatte, kann durchaus warten, bis er eintrifft", fügte er hinzu.

„Er ist vielleicht etwas verärgert, aber ich erkläre ihm, dass es allein meine Schuld war. Er geht davon aus, dass er in etwa einer Stunde vorbei sein wird", sagte ich, als wir zum Feld zurückkehrten. „Und das wird uns schöne Zeit für den kleinen Versuchsflug verschaffen – unser kleiner überzeugender Beweis, nicht wahr? Ihm gefällt die Idee und er ist Ihnen genauso dankbar wie ich."

„Ich helfe Ihnen gerne weiter, das versichere ich Ihnen. Ich selbst sollte durchaus bereit sein, Ihnen Nr. 14 zu überbringen; aber ich hoffe, Sie werden meine Position verstehen."

„Gewiß, Harden, gewiss. Genauso klar, wie ich es selbst tue. Ich sollte nicht daran denken, es hinzunehmen, bis er kommt. Man kann mit ihm gut im Kontakt bleiben; ein bisschen hässlich , aber einflussreich. Es hat dich in eine schlimme Situation gebracht." reparieren, und Sie könnten nicht anders tun, als Sie es getan haben.

„Es ist für mich eine große Erleichterung, das von Ihnen zu hören, und bitte sprechen Sie nicht von Verpflichtung."

„Das ist in Ordnung; aber Schiller ist ein nützlicher Mann, wenn man ihm gehorchen muss. Was ist das für ein Flugzeug?" Ich fragte, als wir die Männer erreichten.

„Ein alter Typ, aber ziemlich zuverlässig. Wir verwenden ihn hauptsächlich für den Unterricht. Der Benzintank ist gefüllt, Max?" fragte er den Vorarbeiter.

„Ja, Sir, aber mit dem Motor stimmt etwas nicht, es fehlt ständig Feuer", lautete die Antwort.

Erfreuliche Neuigkeiten, wenn man bedenkt, dass in etwa zehn Minuten der mysteriöse Schiller vor Ort sein und Kain großziehen würde!

„Dauert es lange, das in Ordnung zu bringen, Max?" fragte Harden.

„Kann ich nicht genau sagen, Sir. Ich kann das Unheil noch nicht ganz begreifen."

„Lass uns einen Blick auf sie werfen", sagte Harden; und er und der Mann verschwendeten fünf der unschätzbar wertvollen Minuten der Untersuchung.

Es gab nur eins zu tun. Da der Ausgang verschlossen ist, muss ich mit dem Auto entkommen.

„Es spielt keine Rolle, Harden. Schließlich ist es nicht notwendig, wissen Sie."

„Ich fürchte, es würde mindestens ein oder zwei Stunden dauern", sagte er und blickte vom Motor auf. „Darüber ärgere ich mich wirklich am meisten."

„Nun, ich gehe zurück zu meinem Auto, ich habe dort ein paar Papiere gelassen, die ich haben möchte;" und ich wandte mich ab, als Max einen Vorschlag machte.

„Da drüben ist eine Nr. 5. Sie ist nicht so gut wie Nr. 2 hier, aber sie könnte es mit dem Leutnant aufnehmen. Ich habe für den Fall, dass Nr. 2 falsch war, ihren Tank aufgefüllt."

„Warum hast du das nicht schon früher gesagt, Max?" rief Harden.

Wenn er es getan hätte, hätte er mich vor einem sehr schlimmen Herzkrampf bewahrt. So wie es war, würde es gerade noch Zeit geben, sicher auszusteigen. Aber es hätte fatal sein können, in aller Eile aufzutauchen, also schlenderte ich lässig zur Nr. 5 hinüber, tat so, als würde ich sie begutachten, als würde die Zeit keine Rolle spielen, und kletterte gerade in den Rumpf, als wir das wütende Tuten hörten einer Motorhupe in der Ferne.

„Hallo, was kann das sein?" rief Harden aus.

„Hört sich an, als ob jemand eine Panne gehabt hätte und um Hilfe gerufen hätte", schlug ich lächelnd vor.

Ein paar Sekunden später ertönte die Hupe erneut; Diesmal viel näher. Schiller hatte es eilig und hatte keinen Fehler. Aber all diese Eile würde ihm jetzt nichts nützen. Der Bus war von einem alten Typ und brauchte die Hilfe der Mechaniker, um in Bewegung zu kommen, und Max kämpfte mit dem Propeller, um ihn zu starten.

Es gab eine kleine Schwierigkeit und ich hielt den Atem an. Es war jetzt eine Frage von Sekunden; Sekunden, die für mich Leben oder Tod bedeuteten.

Zum Glück kannte Max seinen Beruf genau und kannte auch den Bus und seine kleinen Besonderheiten. Er brachte sie in Gang, gerade als die Hupe erneut ertönte und ein Offizier, gefolgt von ein paar Soldaten und Polizisten, um die Ecke der Gebäude und auf uns zugerannt kam, wütend schrie und mit den Armen wedelte.

Ich drückte den Hebel und der Bus begann sich zu bewegen.

„Es ist Kapitän Schiller; er winkt uns, wir sollen anhalten", rief Harden.

Es war einfach zu spät. „Er wird sehen, wie ich starte", rief ich über meine Schulter. „Gib ihm meine Liebe und sag ihm, dass er früher hätte hier sein sollen."

"Wie meinst du das?" schrie Harden.

„Er wird es wissen", schrie ich. Der Lärm des Motors übertönte wahrscheinlich die Worte, denn sie lief wunderbar; Der Bus erhob sich wie ein Vogel, als er auf die Betätigung der Bedienelemente reagierte. und ich war weg.

Allerdings nicht ohne einen Jubelgruß des Kapitäns. Ich war nicht weit entfernt, als eine Kugel die Kante des rechten Flugzeugs streifte, und als ich mich umsah, sah ich, wie seine Soldaten ihre Magazine leerten, in der Hoffnung, seinen liebevollen Wunsch, mich zu umarmen, zu befriedigen.

Sie waren enorm beschäftigt. Aber es ist keine leichte Aufgabe, einen Bus mit einer Gewehrkugel zum Absturz zu bringen, und die meisten Bosches sind äußerst schlechte Schützen; Also machte ich mir darüber keine Sorgen, begann zu steigen, zeigte auf die Grenze und war bald außer Reichweite.

Mein letzter Blick auf die Erde zeigte mir eine kleine Gruppe von Punkten, die aufgeregt hin und her eilten , wie eine Anzahl verstörter Ameisen, die über die Zerstörung ihres Nestes wütend sind.

Zweifellos ging es dabei um den Zustand der Dinge in diesem Ellendorf- Nest. Schade vielleicht, dass ich nicht dabei sein konnte.

Aber es schien sich nicht zu lohnen, zurückzukehren.

Aus der Luft konnte ich die Szene ausreichend genießen.

KAPITEL XXX

DAS ENDE

Ich hatte eine schöne Fahrt mit diesem alten Übungsbus. Sie war ein recht anständiges altes Ding und ich ließ sie so richtig austoben, solange es hell war.

Ich hatte halb damit gerechnet, dass Nr. 14 in die Verfolgung geschickt werden würde, aber ich hatte einen zu guten Start, um mir deswegen Sorgen zu machen, und war ein wenig enttäuscht, dass dies in Ellendorf realisiert wurde . Es hätte selten Spaß gemacht, eine Partie Chivy-Jagd über niederländisches Territorium zu spielen; ziemlich guter Sport; aber ich musste ohne Begleitung reisen.

In der Sprache der Kommuniqués herrschte „eine gewisse Lebendigkeit", als ich die Grenze überschritt. Die Niederländer konnten die deutschen Kreuze auf den Flugzeugen sehen und ein paar Archies äußerten ihren Unmut über den Übergriff; Aber dann war ich zu hoch oben, als dass mich irgendetwas hätte aus der Fassung bringen können, und der Sturm in einer Teetasse war bald weit hinter mir.

Gegen Abend ging ich hinunter, um nach einem Landeplatz Ausschau zu halten, entdeckte einen in der Nähe eines Bahnhofs und entschied mich aus Rücksicht auf Harden für ihn. Er war sehr anständig gewesen und hatte mir unabsichtlich so viel Gutes getan, dass es nur fair war, ihm den Bus zurückzugeben.

Natürlich hatten mich viele Leute gesehen, und als ich landete, wurde ich von der Polizei, einigen Soldaten und anderen neugierigen Blicken ziemlich begrüßt, die mich ganz natürlich für einen deutschen Offizier hielten. Unter viel Aufregung und großem Zungengeschwätz wurde ich verhaftet und zum Bürgermeister der Stadt verschleppt, nachdem ich für die sichere Verwahrung der Maschine gesorgt hatte.

Er war ein dicker, fröhlicher kleiner Mann mit funkelnden, fröhlichen Augen, und als ich ihm meine Geschichte erzählte, lachte er über den Vorfall am Telefon, bis ihm buchstäblich die Tränen über die Wangen liefen und ich fürchtete, er würde einen Schlaganfall bekommen.

Er war bis ins kleinste Detail anglophil, ließ mich zustimmen, die Nacht in seinem Haus zu verbringen, versprach, für die Rückkehr des Busses zu sorgen, und besorgte mir ein paar Klamotten; blieb aber hängen, als ich vorschlug, auch Vibachs Uniform zurückzugeben . Er erklärte, dass ihn nichts dazu veranlassen dürfe, sich von einer so entzückenden Erinnerung an den Vorfall zu trennen.

Ich habe einen lustigen Abend mit ihm verbracht. Er brachte ein paar sympathische Freunde mit, und ich musste die Geschichte noch einmal erzählen, begleitet von Gelächter, Schnapsverschwendung und Bemerkungen über die Deutschen, die auf der anderen Seite jahrhundertelange Zuchthausstrafe bedeutet hätten Der Frontmann.

Die meisten seiner Freunde kamen am nächsten Tag am Bahnhof an, um mich nach Rotterdam zu begleiten; und der Zug dampfte unter einem Sturm von Jubelrufen, Hutschwenken und Glücksrufen davon. Dann begann jemand „Gott schütze den König", was alle mit voller Kraft schrien, bis ich außer Hörweite war. Der Begeisterung nach zu urteilen, hätte ich Seine Majestät selbst sein können; und meine Mitreisenden sahen aus, als hielten sie mich für einen wichtigen Bonzen.

Am späten Nachmittag erreichte ich Rotterdam, erfuhr nach einem kleinen Ärger im Konsulat den Namen von Nessas Hotel und wollte sie gerade anrufen, als mich eine unwiderstehliche Versuchung überkam.

Ich war voller Angst über mein glückliches Entkommen und konnte einfach nicht anders, als einen letzten Atemzug mit ihr als guten Abschluss zu versuchen. Ich machte mich auf die Suche nach einem guten Friseurladen, kaufte eine schwarze, glänzende Perücke und einen dazu passenden Zahnbürsten-Schnurrbart und Imperial, verdunkelte meine Augenbrauen und schminkte sie mit ein paar Fältchen und kleinen künstlerischen Akzenten dieser Art.

Es war eine recht gute Tarnung; und ein Paar schwarze Baumwollhandschuhe, zwei Nummern zu groß, und eine Art klobiger Gamp - Regenschirm trugen dazu bei, den Charakter, den ich im Kopf hatte, zu verdeutlichen. Dann kritzelte ich auf ein schmutziges Stück sorgfältig zerknittertes Papier eine Notiz, in der ich mich vorstellte.

„Sie können dem Träger vertrauen, Van Heerenveen mit Namen, ein wahrer Freund in Not für uns beide. Jack."

Ich ging in der Abenddämmerung zum Hotel und schickte den Namen ein, mit dem Hinweis, dass ich sie in einer wichtigen Privatangelegenheit sehen wolle; ein Trinkgeld sicherte mir die alleinige Nutzung des sogenannten Empfangssalons, eines schäbigen kleinen Raums mit einem Fenster; Ich dimmte das ohnehin schon schwache Licht, indem ich die Jalousie halb herunterzog, und wählte meinen Platz so, dass ich mit dem Rücken dazu stand.

Ich hatte Bedenken und hätte beinahe die Show aufgegeben, als ich die Sorge und Besorgnis in ihrem lieben, blassen Gesicht sah; Aber ich unterdrückte den Impuls, weil ich wusste, wie erfreut sie sein würde, sobald sie mich erkannte, und wie viel Lachen wir danach im köstlichen Abend gemeinsam darüber haben würden.

Sie war zutiefst verwirrt über die seltsame Figur, die ich darstellte, aber sie erkannte die Verkleidung nicht, obwohl sie fest genug starrte, um durch mich hindurchzusehen. Ihre Nervosität angesichts eines solch unerwarteten Besuchers trug dazu bei, dass ihre scharfen Augen blind wurden.

Sie blieb erschrocken auf der Schwelle stehen und runzelte besorgt und ratlos die Stirn. „Wollen Sie mich sehen, Sir? Ich konnte Ihren Namen vom Diener nicht ganz verstehen", sagte sie auf Deutsch.

„Van Heerenveen ist mein Name, meine Dame", antwortete ich. Ich hatte hauptsächlich Angst, dass meine Stimme mich verraten würde; Also sprach ich langsam, machte einen großen Schluck aus dem Namen, vertiefte meinen Ton und fügte etwas Würze hinzu, redete aus der Seite meines Mundes und rollte in absichtlich kehligem Kauderwelsch heraus, was sie meiner Meinung nach als Frage auffassen sollte Niederländisch.

„Ich spreche kein Niederländisch, Sir; nur Englisch, Deutsch und Französisch."

Ich nickte langsam und spielte ein wenig mit den losen Fingerspitzen meiner lächerlichen Handschuhe. „Würden Sie sich bitte nicht hinsetzen?" Ich sagte auf Deutsch. „Seien Sie nicht beunruhigt, ich bitte Sie. Das ist nicht nötig, wenn Sie Miss Nessa Caldicott sind."

Sie hatte die Tür halb offen gehalten, schloss sie nun und setzte sich auf den Stuhl, den ich bereit gestellt hatte, und ich saß in sicherem Abstand auf der gegenüberliegenden Seite des Zimmers.

„Ich bin natürlich Miss Caldicott."

„Da muss ich ganz sicher sein, Madam. Habe ich Ihre Erlaubnis, Ihnen ein paar Fragen zu stellen?" Die Stimme hatte sich gut bewährt, und da sie nah an der Tür und ich so weit weg war, wich ihre Besorgnis bald der Neugier. Sie war völlig verwirrt.

"Sicherlich."

„Sie kommen aus Deutschland? Stimmt das?"

„Ja, ich bin gestern angekommen."

„Darf ich bitte um Ihren Reisepass bitten?"

Sie fing an. „Warum? Tatsächlich habe ich keins; aber ich bin hier beim britischen Konsulat bekannt. Sie haben mir vorgeschlagen, in dieses Hotel zu kommen. "

„Kein Reisepass? Ähm!“ Ich grunzte und wedelte feierlich mit dem Kopf. „Ist es so, dass Sie aus Berlin kamen und etwas überstürzt von dort weggingen?“

„Oh ja. Ich war dort, als der Krieg ausbrach, und sie wollten mich in ein Internierungslager schicken; ich bin weggelaufen.“

„Ähm!“ Ich grunzte erneut und fingerte mit meinen Handschuhmonstrositäten an meinem Imperial; eine Geste, die sie mit einem flackernden Lächeln bemerkte. „Waren Sie allein, Madam?“

Sie zögerte. „Nein; aber mehr kann ich nicht sagen.“ Sie ist eine überzeugte kleine Bettlerin, sie würde mich nicht verraten, bis sie mehr weiß.

„Sie müssen offen mit mir sprechen, Madam. Ich kenne die Person, die Sie begleitet hat. Ich frage Sie, weil ich sicher sein muss, wer Sie sind.“

Davon ließ sie sich nicht anziehen. „Ich muss zuerst wissen, warum du zu mir kommst“, sagte sie mit einer ihrer schnellen Kopfbewegungen.

„Ich komme als Freundin, Madam.“

„Verzeihung, aber woher soll ich das wissen?“

Ich drängte sie hart, aber nichts konnte sie dazu bewegen, mir den Namen zu nennen. „Sehr gut, ich werde es mit einem anderen Weg versuchen. Es gab bestimmte Vorkommnisse auf der Reise. Du wirst sie mir erzählen?“

„Es kam zu einer Kollision und der Zug wurde zerstört.“

"Aber vorher?"

Wieder scherzte sie und brachte keine Silbe hervor, um mich ins Gespräch zu bringen. Ich musste meine ganze Zurückhaltung aufbringen, um nicht nach vorn zu stoßen und sie in meine Arme zu nehmen.

„Nun, was ist dann passiert? Wie haben Sie Deutschland verlassen?“

Sie dachte ein oder zwei Sekunden nach. „Das kann ich Ihnen sagen. Ich wurde mit einem Flugzeug über die Grenze gebracht und der Pilot brachte mich anschließend zum Bahnhof in Almelo, und von dort aus reiste ich hierher.“

Vandervelt hatte sein Wort treu gehalten. „Sagen Sie mir den Namen dieses Mannes, Madam?“

„Das kann ich nicht tun. Er hat mich mit größter Freundlichkeit und Rücksichtnahme behandelt und mich gebeten, das nicht zu tun.“

„War der Name Vandervelt, Madam?“

"Wie kannst du das Wissen?" sie rappte schnell.

„Es genügt, dass ich es weiß und dass Sie ihm als Schwester eines Mannes bekannt waren, der sich Hans Bulich nannte ."

Ihre Augen weiteten sich vor Erstaunen. "Wer bist du?" Sie fragte; und ich stellte sicher, dass sie angefangen hatte, Verdacht zu schöpfen, so eindringlich war ihr Blick. Wenn der Raum nicht so düster gewesen wäre, hätte sie die Verkleidung sicherlich durchschaut.

„Ich bin zufrieden", antwortete ich und hielt meinen Kopf gesenkt, während ich in einem meiner Handschuhe herumfummelte und die Notiz herausholte, die ich gekritzelt hatte. „Das ist von Hans Bulich ."

Liebes Herz, wie aufgeregt sie war! Sie sprang eifrig auf und rannte herüber, während ich es hochhielt, ihre Hände zitterten und Freudentränen in ihren Augen. „Gib es mir, bitte, gib es mir", rief sie zitternd. „Ist er in Sicherheit? Ist alles in Ordnung? Oh, Herr Heerenveen , erzählen Sie mir alles."

„Ganz sicher, Madam", schaffte ich zu antworten, denn ich wurde schnell genauso aufgeregt wie Nessa selbst.

„Oh, Gott sei Dank dafür! Dann hast du ihn gesehen, seit ich gegangen bin? Wo ist er? Immer noch in Lingen ? Bitte halte mich nicht in Atem."

„Er ist in Holland, meine Dame. Ich bin mit ihm über die Grenze gegangen."

„Und du bist natürlich gekommen, um mich zu ihm zu bringen? Oh, du bist tatsächlich das, was er sagt, ein Freund. Können wir nicht sofort gehen? Ich bin bereit. Du bist sicher, dass er keine Schwierigkeiten hat." ? Sagen Sie es mir bitte sofort."

„Er ist nicht in Schwierigkeiten, aber er möchte nicht, dass ich Sie zu ihm bringe, Madam. Es gibt etwas, das Sie zuerst lernen müssen. Sie wissen, dass er des Mordes verdächtigt wird; ich möchte ihn nicht einen Schurken nennen —"

„In der Tat, ein Schurke! Das glaube ich nicht", schrie sie und glühte vor Empörung. „Er ist einer der Edelsten —"

Ich konnte nicht zulassen, dass sie so etwas unter Vorspiegelung falscher Tatsachen sagte, also stoppte ich sie, indem ich protestierend mit einem meiner lächerlichen Handschuhe wedelte . „Bleiben Sie, meine Dame, bleiben Sie, das kann ich nicht hören", rief ich. „Ich muss dir noch etwas zeigen. Erlaube mir;" und ich ging zum Ende des Zimmers, stellte mich mit dem Rücken zu ihr und unter dem Vorwand , in meinen Taschen herumzufummeln, riss ich mir den Schnurrbart und den Kaiser ab. „Wenn

Sie wüssten, was er in diesem Moment tut, Madam, könnten Sie auch versucht sein, ihn einen Schurken zu nennen."

"Niemals!" sie schrie fast heftig.

„Dann muss ich es ablehnen, dich überhaupt zu ihm zu bringen!"

„Warum? Um Himmels willen, warum?"

„Weil ich natürlich schon hier bin", antwortete ich, während ich meine Perücke abnahm und mich umdrehte.

Sie war für eine Sekunde wie versteinert, dann stürzte sie sich mit einem Freudenschrei auf mich zu. „Jack! Jack! Dann bist du ein Schurke –"

„Habe ich nicht gesagt, dass du mich einen nennen würdest?"

„Aber ich habe es nicht getan. Ich habe auf halbem Weg aufgehört. Oh, Jack, wie gemein von dir! Und ich habe die ganze Zeit mit dir geredet und –"

Ich habe sie damals auf halbem Weg gestoppt. Sie können sich vorstellen, wie. Und es dauerte ziemlich lange, bis wir unsere stürmische Aufregung überwinden und uns auf die Geschichte meiner Flucht konzentrieren konnten.

Wie haben wir gemeinsam darüber gelacht! Was für schöne kleine Zwischenspiele es ab und zu gab! Was für unzählige Fragen musste sie stellen und dabei jedes Detail aufspüren ! Wie wir es immer wieder durchgegangen sind! Dann zurück zum ersten Teil der Reise, als wir zusammen waren! Wie wir nun, nachdem sie vorbei waren, leicht lachten über die Schwierigkeiten und Risiken, die in der Lassen-Zeit so real erschienen waren! Und wie wir mit eifrig lächelnder Ratlosigkeit über die immer noch ungelösten Rätsel diskutierten!

Wir waren einfach zwei glückliche Kinder zusammen. Die Stunden vergingen wie von Zauberhand und wir hatten noch nicht einmal ansatzweise über unsere Pläne für die Anreise nach England nachgedacht, als ein Diener hereinkam und mir mitteilte, dass das Hotel für diese Nacht geschlossen sei und ich mich auf die Suche nach einem … begeben musste Bett.

Am nächsten Morgen erfuhr ich, dass am Nachmittag ein Dampfer abfuhr, und buchte unsere Überfahrten, bevor es nach Nessa ging. Als ich ankam, schrieb sie Rosa gerade die gute Nachricht und erzählte mir, dass Vandervelt versprochen hatte, ihre Briefe auf seiner nächsten Reise mitzunehmen und in Deutschland aufzugeben, um der Zensur zu entgehen.

Ich habe auch an einige gedacht, die ich schreiben könnte. Einer wandte sich an von Gratzen und erklärte, dass ich nicht Lassen, sondern ein

Engländer sei; aber ich sage ihm nicht meinen Namen. Ein anderer richtete sich an Harden und teilte ihm mit, dass sein Flugzeug zurückgegeben würde, und bat ihn, eine Beilage an Kapitän Schiller weiterzuleiten.

„ LIEBER KAPITÄN SCHILLER ,—

„Ich bin der ‚verzweifelte Raufbold‘, mit dem Sie vorgestern am Telefon dieses interessante Gespräch geführt haben. Ich möchte bestätigen, was Harden Ihnen wahrscheinlich gesagt hat, dass nach Ihrem ersten Gespräch mit ihm der Rest des Gesprächs völlig ausgefallen war Ich bin Ihnen sehr dankbar, dass Sie mich gewarnt haben, dass die Affäre mit Leutnant Vibach – übrigens ein äußerst beleidigender Tyrann – früher entdeckt wurde, als ich erwartet hatte. Natürlich verstärkte dies meinen Wunsch zu entkommen und machte es unmöglich Ich möchte Ihren sehnsüchtigen Wunsch befriedigen, meine persönliche Bekanntschaft in Ellendorf zu machen . Dieser Eifer, möglicherweise kombiniert mit Ihrer Aufregung und Ihrem Temperament, hat Sie zweifellos daran gehindert, den Unterschied in den beiden Stimmen zu erkennen. Ihre typisch nationale Dumpfheit und Leichtgläubigkeit werden mir eine bleibende Freude bleiben . Sie haben jedoch die Befriedigung zu wissen, dass Sie mich daran gehindert haben, den neuen Flugzeugtyp wegzubringen . Aber das alte hat meinen Zweck gut genug erfüllt, denn es hat mich aus Ihrem Land und damit außerhalb Ihrer Reichweite geführt. Es ist unwahrscheinlich, dass wir uns wiedersehen, es sei denn, das Glück des Krieges bringt uns an einer der Fronten zusammen. Dann werde ich Ihnen gern den Namen des ‚verzweifelten Raufbolds‘ nennen.“

Für weitere Briefe blieb keine Zeit, da wir zum Konsulat eilen mussten, um die Dinge dort zu klären, um Ärger bei der Landung in England zu vermeiden.

Wir hatten eine reibungslose Überfahrt, die weder durch Minen noch durch U-Boote gestört wurde. Wir hörten kaum auf, die ganze Zeit miteinander zu plaudern und diskutierten hauptsächlich über zwei Themen: die Frage unserer Ehe und das Rätsel um von Gratzens Verhalten. Das erste wurde vierzehn Tage später zu unserer beiderseitigen Zufriedenheit geklärt, und wir fuhren in den Flitterwochen nach Irland, um den versprochenen Kleeblattzweig an unseren warmherzigen irischen Freund in Massen zu schicken .

Das von Gratzen -Rätsel wurde erst drei Monate später gelöst, als ich auf einem einwöchigen Urlaub zu Hause war und eine deutsche Zeitung aus der Schweiz erhielt, die einen markierten Absatz enthielt. Von Erstein hatte sich selbst erschossen, bevor er sich der Anklage wegen Mordes an Anna Hilden stellen musste.

Ich reichte es Nessa, die es mit „Geschieht ihm recht" abtat und dann auf einige kleine Markierungen und Punkte aufmerksam machte, die auf derselben Seite verstreut waren. „Ich bin sicher, dass sie etwas bedeuten", erklärte sie.

Ich habe über die Idee gelacht und sie darüber geärgert.

Aber sie hatte Recht und grübelte darüber, bis sie es herausfand. Die Markierungen waren mikroskopisch kleine Zahlen unter verschiedenen Wörtern und Buchstaben, und nachdem sie sie aufgeschrieben hatte, las sie das Ergebnis vor.

„Du hast mich nicht getäuscht. Du bist das Ebenbild meines lieben alten Freundes, deines Vaters. Von G."

Das von Gratzen -Rätsel war endlich gelöst.

Und Nessa lachte nicht. „Was habe ich dir gesagt, Jack!" „„ schrie sie und schwenkte triumphierend das Papier. „Der alte Fuchs! Er kannte dich die ganze Zeit und du hast dich für so schlau gehalten. Armer Jack!"

Ich konnte das natürlich nicht ertragen; Also habe ich sie bestraft.

Wir waren immer noch ein echtes Liebespaar, und Sie können vielleicht die Art der Bestrafung erraten, wenn ich Ihnen erzähle, dass sie dadurch errötete, ihr Haar durcheinander brachte und die Frage aufwarf, ob ich wollte, dass jeder denkt, wir wären noch in den Flitterwochen.

Natürlich sagte ich ja und bestrafte sie erneut.

DAS ENDE.

www.ingramcontent.com/pod-product-compliance
Lightning Source LLC
LaVergne TN
LVHW042355190726
843493LV00005B/1021